浙江省哲学社会科学规划
后期资助课题成果文库

当代大学生
生命价值教育研究

蒋少容　著

ZHEJIANG UNIVERSITY PRESS
浙江大学出版社

图书在版编目（CIP）数据

当代大学生生命价值教育研究 / 蒋少容著. —杭州：
浙江大学出版社，2021.12
ISBN 978-7-308-22124-5

Ⅰ.①当… Ⅱ.①蒋… Ⅲ.①大学生－生命哲学－教
育研究 Ⅳ.①B083

中国版本图书馆 CIP 数据核字（2021）第 256130 号

当代大学生生命价值教育研究

蒋少容　著

责任编辑	陈静毅	
责任校对	张培洁　汪　潇	
封面设计	周　灵	
出版发行	浙江大学出版社	

（杭州市天目山路 148 号　邮政编码 310007）

（网址：http://www.zjupress.com）

排　　版	浙江时代出版服务有限公司
印　　刷	广东虎彩云印刷有限公司绍兴分公司
开　　本	710mm×1000mm　1/16
印　　张	16.75
字　　数	240 千
版 印 次	2021 年 12 月第 1 版　2021 年 12 月第 1 次印刷
书　　号	ISBN 978-7-308-22124-5
定　　价	88.00 元

前　言

2020年春节前夕,新型冠状病毒突然来袭,给人类生命安全造成了严重威胁,疫情激发了人的生存危机,带给人们生与死的思考。中华民族坚持生命至上,谱写了一曲惊天动地的抗疫之歌。从 2020 年 1 月到 4 月,我身处武汉市江岸区,每隔 3～5 天,就要穿上厚厚的防护服,前往集中点领取预订好的蔬菜和生活必需品。在路上,我看到社区工作人员都忙碌着,手冻得通红且长满老茧。这不正是千千万万普通中国人民的代表? 在那萧瑟的寒冬里,我感受到生命之光,看到人性的高贵,一股暖流涌入心头。这场抗疫战争凝聚起中华民族的团结伟力,全景式展现了中国特色社会主义制度和国家治理优势,有助于增强大学生对中国特色社会主义的信念,提升其使命感,做新时代有格局的实践者和有德行的奉献者,展现其生命价值。作为一名教育工作者,我思索着:"何为生命?""何为生命共同体?""如何对大学生进行生命价值教育?""在现实生活中如何探寻有效的教育路径?"于是,我萌生修改博士论文、申报课题的想法。呈现在读者面前的《当代大学生生命价值教育研究》一书,是我在博士学位论文的基础上修改而成的。

全书由六章组成。第一章针对部分大学生缺乏对生命意义的深入思考,对生命价值的认知不足,导致人生目标迷茫、生命意义匮乏等现状,提出研究问题;在对国内外现状进行系统梳理的基础上,论述大学生生命价值教育的研究思路和方法。第二章介绍大学生生命价值教育的时代诉求，主要围绕四个问题展开：首先，界定生命价值概念，厘清生命教育与生命价值教育的关系，阐述大学生生命价值教育的内涵、本质、目标；其次，从"生命意义的缺失与偏差""生命价值的自我化与功利化""人生理想与信念的迷失"三个方面对大学生的生命价值认知进行分析；再次，分析当代大学生生命价值教育的现存问题；最后，对大学生进行生命价值教育的可行性与必要性进行分析，指明当代大学生生命价值教育是时代发展的要求。第三章梳理大学生生命价值教育的思想资源，主要从中国文化中的生命价值教育思想、西方文化中的生命价值教育思想、马克思主义经典作家的生命价值思想三个方面展开：第一，挖掘中国文化中的思想资源，重点对儒家的生命价值关怀、道家的生命境界、王国维的"人生三境界"、冯友兰的"人生四境界"、中国共产党关于生命价值教育的阐述进行深入分析；第二，对西方有关生命价值教育的思想资源进行分析；第三，对马克思主义经典作家的生命价值思想进行深入分析和梳理。第四章从生命价值认知教育、生命情感教育、生命责任教育、人生理想信念教育四个方面构建大学生生命价值教育的核心内容：首先，从生命价值认知教育角度，引导大学生从"主体的身、心、灵层面""人的相互性""生与死的辩证关系"三个维度深刻认识生命价值，理解生命价值；其次，从生命情感教育角度，培养大学生积极的生命情感，引导他们建构其价值世界；再次，从生命责任教育角度，增强大学生的责任意志，引导他们勇于担当生命责任；最后，从人生理想信念教育角度，引导大学生坚定信念，自觉践行对生命价值的追求，促进人的自由全面发展。第五章揭示大学生生命价值教育的内在依据，着重从四个方面展开：首先，认同大学生生命价值教育的本质，从"对生命本体的尊重与热爱""对生命意义的追寻与省思""对生命价值潜能的发掘与激发"三个维度来分析；其次，认知自我生命价值的核心要素，着重引导大学生把握"生命载体""态度""责任意识""能力"四个要素；再次，在信念与信仰的统一关系中实现生命价值；最后，在科学理解

"生命无价"的基础上,通过"生命聆听""生命对话""生命同行"进行自我教育,形成价值共识。第六章提出大学生生命价值教育的五个有效路径:一是建构敬畏生命价值的文化;二是促进和谐互动的实践活动;三是开辟新媒体空间实施生命价值主题教育;四是建立常态化的大学生生命价值教育机制;五是形成生命无价教育的合力机制。生命无价教育可在"学校与学生""家庭与学校、社会""学校内部"三个范畴要素之间形成合力,通过激发大学生生命无价的自我意识,发挥大学生家庭教育的作用,实行生命无价教育与大学生心理健康教育的有机契合,达到既定的教育目标。

本书具有以下特色:一是将实证研究和理论研究相结合,除了探讨生命价值的理论,还科学设计和编制符合实际情况的调查问卷,并以上海、浙江等地部分高校大学生为调查对象,通过数据分析,掌握第一手资料,让理论演绎能够立足于实证调查之上,使研究更具现实性和针对性;二是研究内容更加丰富和完整,引导大学生从"人的身、心、灵层面""人的相互性""生与死的辩证关系"三个维度深刻理解生命价值;三是针对新冠肺炎疫情,深入分析当前大学生生命价值教育所存在的问题,探讨新冠肺炎疫情所带来的启示,以此为契机,探寻大学生生命价值教育的有效路径,使研究更具有实效性。

蒋少容

2021 年 6 月

目　　录

第一章

绪　　论

我国正处于深化改革的关键时期,新旧观念交替,"物化"现象的影响在一定程度上冲击着人们对生命价值教育的关注。当代大学生正处于人生发展的重要阶段,其生命价值取向事关中华民族的发展。然而,部分大学生对生命价值缺乏深入思考,出现对生命价值认知不足的现实情况。因此,引导大学生深刻认知生命价值,促进他们在热爱生命的实践中提升生命价值,成为有理想、有本领、有担当的时代新人,既是时代的诉求,也是加强大学生思想政治教育的迫切要求。

第一节　问题的提出及研究意义

本节主要介绍问题的提出及研究意义。

一、问题的提出

随着现代市场经济的发展,在丰富的物质利益面前,人的生命本性得到了不同程度的洗礼,也出现了物质生活富有与精神生活匮乏的反差,以至于把人"碎片化"或分解为"单面人"。人的"生命危机"意识淡化，现代人关于生命价值的困惑呈现出两种对立的倾向：一种是世俗的物化主义倾向，把人定义为纯粹的自然性存在，认为人的生命价值就在于物质的追求和享受，忘却了生命的内在性、多样性、超越性，形成了庸俗的功利主义、拜金主义和享乐主义的价值观，使生命实践活动只为追求物的目的而展开，呈现出单一的色彩；另一种是超越的理想主义倾向，认为人是一种理想性的存在物，应该舍弃自然功利和物质欲望，人的生命价值在于其社会意义和道德价值。

作为现代社会的一个重要群体，当代大学生朝气蓬勃，正处于生命成长的特殊阶段及世界观、人生观、价值观形成的关键时期，肩负着实现中华民族伟大复兴的历史使命。做好大学生思想政治教育工作，重视对他们进行生命价值教育，让他们树立正确的人生观、价值观、理想信念等，是关涉"培养什么样的人，如何培养人"的时代育人主题所面临的重要的理论与实践课题。

近些年来，大学生中因不珍惜自己及他人生命而引发的极端事件屡有发生，给家庭、学校等带来极大的损失。2013 年，上海某高校发生"投毒案"，林某因琐事而投毒杀害室友。2015 年 11 月，湖北某高校一名女生因表白受挫，以暴走的形式在雨中自虐求死。2015 年，兰州某高校的一名男生因情感问题，捅伤女友又自残。2017 年 2 月 19 日，四川某师范大学一名女生因找工作的压力，在寝室自缢身亡。2019 年 10 月 9 日，北京某高校法学院一名女生因恋爱受挫，选择在宾馆服药自杀……这些极端事件在一定程度上反映了部分大学生漠视生命的现状。

本书认为，这种现象产生的原因是大学生缺乏对生命价值的正确认识和深入思考，而对生命价值的认知不足会引起大学生无视生命的真正意义和价值，对未来的人生意义和人生目标感到迷茫，以及产生不同程度的生命困顿问题。

因此，把大学生生命价值教育纳入高校思想政治教育研究十分必要。

生命价值教育可以使大学生更深刻地认知生命价值,培养责任意识,尊重生命价值,实现生命价值的升华。树立正确的世界观、人生观、价值观具有重要的理论意义与现实意义,也是加强大学生思想政治教育的重要举措。

目前高校对生命价值教育的重视还不够。虽然我国高校也有关于生命价值教育的内容,但还存在一些问题,其主要表现为:教育方法单一,侧重于理论说教,单方面灌输有关生命意义与价值的知识,忽视和脱离日常生活,教育缺乏针对性,未能真正激发主体对生命的热爱与对生命价值的追求。

大学生生命价值教育是针对当代大学生这一群体,根据特定时代的社会发展要求,有目的、有计划地运用一定的教育手段和方式,旨在引导大学生深刻地认知生命价值,培养其责任意识,使他们尊重生命和守护生命,自觉地创造生命价值,提升生命价值,树立正确的人生观、价值观的社会实践活动。当前,我国社会正在经历全面而深刻的变革,大学生生命价值教育也应适应时代发展的要求。因此,本书在现有研究成果的基础上,对当代大学生生命价值教育进行深入思考和前瞻性分析,以期为大学生生命价值教育的理论与实践提供参考。

二、研究意义

本书的研究意义主要有以下几点。

第一,拓展大学生思想政治教育的研究领域,促进思想政治教育的人文关怀,增强思想政治教育学科的针对性。本书以马克思主义经典作家关于人的自由而全面发展学说为理论指导,以培养具有强烈生命意识和人文关怀的社会主义建设者和接班人为根本目的,系统研究大学生生命价值教育,有助于拓展大学生思想政治教育的研究领域,促进生命价值教育的理念、内涵、方法与思想政治教育实践有机结合,提升思想政治教育的实效性,增强学科的针对性。

第二,丰富大学生生命价值教育的理论内涵。通过对大学生生命价值教育的理论基础、科学内涵、核心内容与目标、内在依据与路径等问题进行系统研究,构建大学生生命价值教育理论体系,为我国高校生命价值教育研究提供理论参考和实践指导。

第三,创新大学生生命价值教育的研究方法。大学生生命价值教育的理论建构不仅需要思想政治教育学科的基本理论为基础,还需要借鉴和吸收哲学、教育学、心理学等学科成果,在整合多学科知识和思想的基础上,创新研究方法。

第四,增强高校思想政治教育的实效性,培养担当民族复兴大任的时代新人。"以人为本"是思想政治教育的本质要求。本书能促进思想政治教育更加关注人的生命及其价值,加强理想信念教育,实现思想政治教育的人文关怀和心理疏导,提升高校思想政治教育的实效性。

第二节　国内外研究现状

自1968年美国的华特士倡导生命教育思想以来,美国、英国、日本、澳大利亚等国家进行了不同特色的生命教育实践,取得了较大的成绩。我国也有不少学者和教育工作者进行了一系列关于大学生生命价值教育的理论研究和实践探索。本书系统梳理研究现状,总结经验,以期为当代大学生生命价值教育提供有益借鉴。

一、国内研究概况

国内学者在20世纪80年代开始关注"人",由此展开了人的本质、人的价值、人性和人的主体性等方面的"人"学研究。虽然这个学科未直接涉及生命价值的问题,但为生命价值的研究奠定了良好的基础。随着科技和社会的发展,有关生命及生命价值的问题引起了学界的关注,对大学生生命价值教育的研究也得以展开。

1.关于人的生命价值研究

对人的生命价值的探讨是研究者所关注的一个重要话题。学界主要从生命价值的内涵、特征和实现路径这几个方面展开。

首先,对生命价值的内涵界定。我国学界对价值的界定主要有"需要说""意义说""属性说""劳动说""关系说"和"效应说"。具有代表性的观点有:生命价值就是一个人的生命对自身需要和社会需要的满足。那么,生命价值可界定为:人的生命对自我的价值和对社会的价值,它是自我价值和社会价值的辩证统一。[①] 类似的界定还有:生命个体从出生到死亡的这段生命历程所产生的正效应,它是生命所具有的自然价值和社会价值的统一。[②] 也有学者基于主客体关系的角度,从生命的存在与属性和人的全面发展之间建立的主客体关系来理解生命价值的内涵。[③] 还有学者立足于"需要说"的角度,强调生命价值是生命对主体生存与发展需要的满足而产生的价值。因此,生命是生命价值产生的基础,生命价值会随着生命的结束而消失。[④] 上述对生命价值的内涵追寻,研究者们或以合目的性,或以有用性,或从意义、效应等方面来界定人的生命价值,但基本上是从人的角度或从生命的角度揭示生命价值的内涵。

其次,从哲学的角度探讨人的生命价值特征并值得关注的观点有:人的生命价值具有独特性、绝对性和相对性。人的生命价值不同于满足人的某种需要的物的价值,也不同于人的劳动价值和能力价值。人的生命价值内在于生命本身,这种独特性使人的生命价值优于非生命的价值。人的生命存在价值都是平等的,不论其性别、身份、地位、受教育程度、身体状况等差

---

① 王晓红.生命价值教育的理论依据新探[J].社会科学论坛,2005(10):9-11.
② 路日亮.试论人的生命价值[J].洛阳师范学院学报,2008,27(6):24-27.
③ 唐英.价值、生命价值、生命价值观:概念辨析[J].求索,2010(7):87-89.
④ 王定功.生命价值论[M].北京:教育科学出版社,2013:54.

异,从这个意义上讲,人的生命价值具有绝对性。同时,人的生命价值不能脱离人的其他价值形态而孤立存在,总要通过人的其他价值而体现,生命个体所具有的实际价值又总是和个体的其他价值形态相关联,并表现出差异性和不等值性,这是人的生命价值的相对性。[①] 也有学者把人的生命价值与非人生命、物质的价值进行对比分析,强调人的生命价值具有平等性、终极性、普世性、权利至高性。[②] 还有学者基于人的双重生命,认为人的生命价值具有"种"和"类"的特征。[③]

最后,针对生命价值实现路径的研究,学者们也提出了一些颇具代表性的观点。张等菊从人类学的视角,强调人是非专门化的"未完成的动物",是需要接受教育的动物,本真的教育能提升生命质量,并对人的生命价值提升具有重要的作用。[④] 李晓华对生命价值与教育的关系进行论述,认为交往能实现人的生命价值,强调通过丰富的教育活动,让人充分感悟和体验其价值。[⑤] 蒲新微从实践视域中探讨人的生命价值及其实现路径,阐述实践能创造、承载、传递、升华人的生命意义和价值,因此,实践对实现和提升人的生命价值具有重要的作用。[⑥] 基于实践视域,欧阳康强调把爱心体验和责任担当贯穿于人的生命发展的全过程,以此提升生命价值。[⑦] 金丽娜从社会关爱的角度阐释生命价值的实现,从生命受之父母,成于社会的论点出发,认为应发挥社会教育的特殊作用,使社会成员关注个体生命;同时维护其生命安全,创设社会成员心理健康发展的环境,充分发挥互联网的作用,形成生命

① 崔新建.略论人的生命价值[J].人文杂志,1996(3):6-11.

② 路日亮.试论人的生命价值[J].洛阳师范学院学报,2008,27(6):24-27.

③ 高清海."人"的双重生命观:种生命与类生命[J].江海学刊,2001(1):77-82.

④ 张等菊.教育与人的生命价值:从人类学视角的思考[J].教育导刊,2001(19):8-10.

⑤ 李晓华.论关注生命价值与教育[J].教育科学,2006,22(4):17-18.

⑥ 蒲新微.论实践视域下人的生命价值及其实现路径[J].理论探讨,2009(5):82-85.

⑦ 欧阳康.爱心体验和责任担当中践行和提升生命价值:关于实践性生命教育的初步思考[J].南昌大学学报(人文社会科学版),2012(2):44-47.

教育网络。①

2. 大学生生命教育的研究

国内大学对生命价值教育的探讨，是包括在大学生生命教育的研究之中，并通过大学生生命教育的研究来展开的。

20世纪90年代，生命教育逐渐成为我国学界共同关注的话题。1992年，我国著名教育家叶澜先生从教育改革的角度出发，倡导关注生命本身，把精神生命发展的主动权还给学生，使课堂充满生机与活力。此后，其他学者也从该角度发表了见解。我国的大学生生命教育研究起步较晚，但研究取得了很大进展，相关的论著也不断涌现。研究者们从不同的角度提出具有代表性的观点，主要著作有：刘济良的《生命教育论》（2004）、《生命的沉思》（2004）、《价值观教育》（2007），冯建军的《生命与教育》（2004），王北生等的《生命的畅想》（2004），刘慧的《生命德育论》（2005），顾海良的《生命教育大学生读本》（2007），王晓虹的《生命教育论纲》（2009），梅萍的《当代大学生生命价值观教育研究》（2009），欧巧云的《当代大学生生命教育研究》（2009），何仁富等的《生命教育引论》（2010）、《大学生生命教育的理论与实践研究》（2012）、《生命教育理念下高校思想政治工作创新研究》（2019），王定功的《生命价值论》（2013），李芳的《大学生生命观教育研究》（2013），路扬的《当代大学生生命教育》（2014），王敬川的《大学生生命价值理论与生命教育实践》（2017）等。以上著作都对大学生生命教育做了论述。

我国高校也进行了生命教育的实践探索，有关生命价值教育和生命无价教育的探索也包含在里面。20世纪90年代，武汉大学通过"死亡哲学"课程，启发学生思考生命的意义。2004年，河南大学成立了生命教育研究中心，培养硕士生和博士生。2006年12月，众多专家和学者在北京对生命

---

① 金丽娜.论社会关爱对生命价值的彰显[J].求索,2010(7):109-110.

教育在中国的发展现状及其体系、模式的建构等进行了深入探讨。[①] 2008年秋季,云南省在全省较大范围内开展了以"生命·生存·生活"为主题的教育,并取得了良好的成效。2009 年之后,我国众多高校掀起了生命教育的研究热潮。2010 年 7 月,国家颁布了《国家中长期教育改革和发展规划纲要(2010—2020)》,首次从国家层面为生命教育颁发了"准生证"[②],具有重大而深远的意义。我国许多高校通过"思想道德与法治"等课程,引导大学生认知生命价值,探寻生命的意义。

3.大学生生命价值教育的研究

关于大学生生命价值教育的研究,学界的探讨主要集中在以下几个方面。

(1)大学生生命价值教育的必要性和内涵

首先,研究者们从不同的角度阐述了大学生生命价值教育的必要性,归纳起来,主要是从社会环境、教育现状和学生自身特点这三个方面来探讨。

从社会环境的角度探讨大学生生命价值教育的必要性时,有学者指出,随着社会物质文明的发展,大学生似乎获得了无尽的自由空间,但现代社会对物质生活的过分追求,使大学生在精神上缺乏归属感,无法获得真正的心灵寄托[③],由此引发了漠视生命的现象,必须引起我们的重视。

从教育现状分析大学生生命价值教育的必要性时,有学者认为标准化的教育流程,培养出来的学生缺少对生命意义的体会,很容易滋生生命的无意义感。[④]

从学生自身特点的角度探讨大学生生命价值教育必要性时,有学者从

① 乔丹,杨淑珍.当前大学生生命教育现状探究与思考[J].思想政治教育研究,2008(2):84-86.
② 何仁富,肖国飞,汪丽华,等.大学生命教育的理论与实践[M].北京:中国广播电视出版社,2012:71.
③ 陈文斌,刘经纬.大学生生命教育探析[J].中国高等教育,2006(9):83-84.
④ 贾玉珍.生命教育是高校德育的新课题[J].教育与职业,2006(33):61-62.

大学生漠视生命的现象出发,强调实施生命价值教育已刻不容缓,引导和帮助大学生提高认识水平,增强其社会责任感,推动大学生全面健康发展,具有重要的理论与实践意义。[①] 也有学者通过问卷调查的方式分析了大学生生命意识不强,生命价值观扭曲,死亡观出现偏差等现状,由此认为大学生生命价值教育十分必要。[②] 还有学者对大学生自杀现象进行了深刻的思考,并认为大学生承受着极大的生理、心理压力及就业的竞争压力,甚至对自我生存的意义产生怀疑,对物质的过度追求使他们感受不到生活的幸福,找不到精神世界的寄托,因此,开展大学生生命价值教育重要而紧迫。[③]

其次,大学生生命价值教育的内涵是研究大学生生命价值教育的逻辑起点,是开展大学生生命价值教育的基本前提,但学界至今未对生命价值教育内涵形成一个统一的说法。从现有的文献看,涉及大学生生命价值教育内涵的研究并不多见。有学者在分析"中国近现代史纲要"课程中蕴含着丰富的生命价值教育资源时,把引导和帮助大学生尊重自然生命、积极追求生命价值作为大学生生命价值教育的内涵。[④] 也有观点指出,大学生生命价值教育需要从人文关怀的角度,让大学生树立正确的生命价值观,尊重与热爱生命,为社会多做贡献,在实现生命自我价值的同时还要实现生命的社会价值,促进社会的和谐发展。该观点更多地强调人的社会生命价值以及生命价值的升华。因此,大学生生命价值教育主要由生命意识教育、生存能力教育、价值升华教育组成。[⑤] 关于大学生生命价值教育的内涵,虽然研究者有着不同的观点,但基本都强调"珍爱生命""实现生命的价值""树立健康的生命价值观念"。

---

① 贺才乐.生命价值教育:当代大学生的一门必修课[J].思想教育研究,2006(12):52.
② 王影.大学生生命价值取向的诉求与重塑[J].教育与职业,2012(21):50-51.
③ 郑爱明.大学生自杀现象引发的生命教育思考[J].医学与哲学(人文社会医学版),2007,28(1):52-54.
④ 任晓伟."中国近现代史纲要"课教学与生命价值教育[J].思想理论教育,2010(3):63-66.
⑤ 刘艺.刍议高校开展生命价值教育[J].中国成人教育,2013(22):50-52.

(2)大学生生命价值教育的目标

关于大学生生命价值教育目标的单独研究相对较少,其中具有代表性的观点有:大学生生命价值教育的目标旨在使大学生既关注自身生命,又尊重和热爱他人生命;既注重自我价值的满足,又注重社会价值的提升;除此之外,还要了解人类的生命价值、自然界中其他生命的价值。① 也有学者认为,大学生生命价值教育要以和谐发展为终极目标、以人文关怀为着力点,引导人正确处理个人与自我、个人与他人、个人与自然、个人与社会的关系,协调身心发展,培养其合作互助、平等、宽容的精神,创造人际的和谐互动,处理好人的生命与其他生命的价值冲突。② 还有观点认为,大学生生命价值教育的最终目标是要培养大学生积极乐观的生命价值观。③

(3)大学生生命价值教育的路径

如何实施大学生生命价值教育是关涉大学生生命价值教育能否取得一定成效的问题,因而也是学者们探讨的一个重要话题。归纳起来,大学生生命价值教育主要从教育理念的培育、课堂教学方法、教育者的生命素养提升等方面具体展开,虽然其内容不多,但为我们提供了重要的参考模式和行动依据。

在教育理念的培育方面,具有代表性的观点有:生命价值教育的基点是要思考"生从何来""死归何处""应做何事",并从珍视生命本体存在、敬畏生命、追求生命价值的高层次、重建生命信仰这四个方面来树立现代生命价值理念。④ 还有观点认为,高校生命价值教育应该确立其教育规划,并纳入大学生日常管理工作之中,根据大学生的特征,确定教育目标、教学内容等,生

---

① 王晓红.生命价值教育的理论依据新探[J].社会科学论坛(学术研究卷),2005(10):9-11.
② 贺才乐.生命价值教育:当代大学生的一门必修课[J].思想教育研究,2006(12):52.
③ 颜伟红.高校开展生命价值教育的必要性及其途径[J].福建论坛(社科教育版),2008(4):130-133.
④ 贺才乐.生命价值教育:当代大学生的一门必修课[J].思想教育研究,2006(12):52.

命价值教育理念应体现在"保全生命、发展生命、坦然面对死亡"这三方面。①

在课堂教学方法方面,有观点认为,可以在"中国近现代史纲要"和高校思想政治理论课中采取渗透的方式进行生命价值教育,这对于提升思想政治理论课的思想性和实效性也有重要的意义。② 也有学者对生命价值进行多维分析,倡导以课内和课外相结合的方式开展大学生生命价值教育,其中课堂教学是主渠道,注重生命认知教育;课外途径则以公益活动为依托,重点强化人生观教育,在社会实践平台中凸显生存教育。③ 还有学者从高校思想政治教育的角度探讨生命价值教育的路径,阐明整个社会环境是最好的大学生生命价值教育的教材;同时,日常的家庭生活中也蕴含着生命价值教育的有利因子,可使家庭、学校和社会发挥同向作用,共同助力大学生生命价值教育。④

在教育者的生命素养提升方面,有学者从大学生生命价值教育的重要性出发,分析教师在大学生生命价值教育中的作用,强调教师掌握着生命价值教育的话语权,因此,教育者不仅需要在理论上引导学生,更应该从行动上为彰显其生命价值做出自己的表率。⑤ 还有学者从教师的角度,强调其人格魅力对生命价值教育效果的影响,倡导教师以其人格魅力感染大学生,从而使大学生获得知识和技能,以及人生的幸福。⑥

---

① 颜伟红.高校开展生命价值教育的必要性及其途径[J].福建论坛(社科教育版),2008(4):130-133.

② 任晓伟."中国近现代史纲要"课教学与生命价值教育[J].思想理论教育,2010(3):63-66.

③ 杨冬玲.关于大学生生命价值的多角度思考[J].洛阳理工学院学报(社会科学版),2012(2):79-82.

④ 王晓红.生命教育论[M].北京:知识产权出版社,2009:171.

⑤ 朱晓明.略论教师在我国生命教育中的特殊价值及其素质要求[J].学校党建与思想教育,2012(29):43-46.

⑥ 石艳华.大学生生命教育初探[J].学校党建与思想教育,2005(6):72-73.

二、国外研究概述

西方国家对生命教育的研究起步较早,有关大学生生命价值教育的研究是通过生命教育的研究展开的。总体而言,美国、日本、澳大利亚、英国、德国等国家全面开展了生命教育的理论与实践,20世纪末,这些国家基本完成了生命教育的普及工作。

1. 美国"由死观生"的大学生生命教育研究

美国对生命教育的研究可以追溯到20世纪20年代开始的死亡教育研究。美国的大学生生命教育主张生死相依,从"由死观生"的角度帮助大学生形成生死智慧,追求生命的意义和价值。具有代表性的著作有:赫尔曼·费弗尔(Herman Feifel)的《死亡的意义》(1959)、库伯勒·罗斯(Kubler Ross)的《论死亡与濒死》(1969)、路易斯·波伊曼(Loius P. Pojman)的《生与死:现代道德困境的挑战》(1998)。1968年,唐纳德·华特士(J. Donald Walters)首次明确提出生命教育思想[1],并建立阿南达学校,开始践行生命教育思想。美国以认识生命、珍惜生命、尊重生命、享受生命、超越生命、提升生命质量、创造生命价值为生命教育的内涵,并把大学生生命教育作为应对社会危机的策略之一,具有很强的针对性和现实性。为践行生命教育,美国还成立了"美国死亡教育学会""死亡教育与咨商学会"等专业协会。

美国已经形成了一套科学的、完整的大学生生命教育体系,家庭和社会都承担生命教育的职责,家庭教育与学校教育相结合,社会主要进行研究和宣传。此外,美国还有许多资助生命教育的非政府组织,以强大的社会支持系统促进大学生生命教育发展。美国大学生命教育的教材种类繁多,以医学、心理学、社会学、哲学、宗教学等学科对生命的相关研究成果为教学材

---

① 华特士. 生命教育:与孩子一同迎向人生挑战[M]. 林莺,译. 成都:四川大学出版社,2006:149.

料[①]，在教育方式上具有多样化的特点。

2. 日本"将敬畏生命纳入德育目标"的大学生生命教育研究

日本从明治维新起就开始关注生命价值，在引进美国相关研究成果的基础上，20世纪70年代逐步在一些学院开展本土化的死亡教育。1984年，日本上智大学成立了"生死问题研究会"[②]，其目的是帮助人们寻求生活的价值，学习照顾临终病人，思考生命与死亡的意义。东京外国语大学铃木康明教授从1997年开始持续开设了"从生到死当中学习——死亡教育概论"课程，第一年的选修课就超过500人。在21世纪，日本还把有关"尊敬人的精神"和"对生命的敬畏"贯彻在人的具体生活之中，体现了对人性的尊重和敬畏生命的观念。日本的教育体系把生命教育作为道德教育的目标和内容，在教育内容和方法上，将人生观教育作为大学生生命教育的重点内容，通过各种主题教育，以渗透的形式引导学生尊重人性，追求生命价值，展现生命意义，正确处理自己同自然、他人及社会的关系。

3. 澳大利亚以"生命至上"为特征的大学生生命教育研究

澳大利亚政府十分重视生命教育的研究，在理念上强化公民对生命的责任意识：对生命负责既是对自己、对家庭负责，也是对国家负责，这是每一个公民的责任。1979年，牧师特德·诺夫斯在悉尼成立了澳大利亚"生命教育中心"，该中心已成为联合国的"非政府组织"中的一员[③]，旨在培养学生积极、健康、向上的人生观，创设一个健康的生活环境。澳大利亚政府通过各种媒体告诉公民生命至上、生命独特，对生命负责是公民的责任，并开展大学生生命价值教育，强调以正确的态度对待生命历程中的客观规律，从而

---

① 黄天中.死亡教育概论Ⅱ：死亡教育课程设计之研究[M].台北：业强出版社，1992：67.

② 靳凤林.国内外死亡学研究的现状及其展望[J].河北大学学报（哲学社会科学版），1999，24（4）58-60.

③ 何仁富，肖国飞，汪丽华，等.大学生生命教育的理论与实践[M].北京：中国广播电视出版社，2012：58.

生活得更充实、更有价值;还把有关生命价值教育方面的内容渗透在学生日常教育管理之中,注重隐性的教育方式,通过心理健康教育、危机事件处理、就业指导服务、思想道德教育等实现其目标。

4.英国以"公民教育"为核心的大学生生命教育研究

20世纪末,英国开始推动以"公民教育"为核心的大学生生命教育,并把生命教育理解为一种全人教育,旨在促进个人的社会化发展,实现个人的健康与幸福,强调学生了解自我,以正向的自尊心和自信心维持自己和他人的安全,尊重人的差异性,具有责任感,从而达到灵性、道德和社会发展的全人目标。[①] 同时,英国的"非正式死亡教育"也得到迅速发展[②],促进了高校生命教育的开展。英国的大学生生命教育采取主辅结合的课程体系,1997年的《柯瑞克报告书》明确强调,在设置专门的公民教育、个人社会和健康教育课的基础上,通过渗透性的模式开展大学生生命教育研究,使学生多角度、多方面地提升对生命的认识。[③] 总的来说,英国政府的干预力度较大,把生命教育作为跨领域课程纳入正规教育课程,在全人教育、全程教育过程中均涉及生命价值教育的相关内容,形成了富有特色的课程体系、教育内容和教育方式。

5.德国以"善良教育"为特征的大学生生命教育研究

德国将生命教育理解为"善良教育"。德国的大学教育目标包含生命教育的内涵,注重培养具有向世界开放的人格的人,教育先以理解自我、社会、现实为前提,重视对学生善良品格的培养,使学生具有健全的人格,提高其对真、善、美的感受性。在实施方式上,德国的生命教育主要以课堂教学为主渠道,通过学科渗透的方式,并辅之以相应的社会实践活动,在不同的学

---

① 徐秉国.英国的生命教育及其对我国的启示[J].福建教育,2006(11):16-17.

② CLARK V. Death education in the United Kingdom[J]. Journal of moral education,1998,27(3):393-400.

③ 汪丽华.身心灵全人生命教育:历史、理论与应用[M].北京:中国广播电视出版社,2014:37.

科和不同形式的教学中加以体现,进而实现显性课程与隐性课程相结合、知识传授与亲身实践相结合、必修课与选修课相结合的目标。在教育方法上,德国的生命教育既有理论的传授,又有具体的实践,做到理论与实践相结合,还通过思想教育和日常教育管理来开展。① 从总体上看,德国把生命教育渗透到爱国主义教育及民族意识、民族精神的培育等方面,其生命教育呈现出"从善良出发关爱生命"的特点。

总之,西方国家的生命教育研究各具特色,成果颇丰,其研究有一些共同的特点,主要体现在以下三个方面:第一,政府十分重视生命教育,并通过国家和政府的干预推动生命教育的发展。在许多西方国家,政府充分认识到生命教育的重要作用,并制定了相应的法律法规保障生命教育的开展。如1998年英国政府出台了《教育改革法案》,规定各学校管理委员会和校长有责任提供促进学生发展的课程,有关生命教育的课程就包括在里面,并通过国家干预推进。第二,学术性的咨询团体注重生命教育的理论指导,同时各教学研究会加强生命教育的研究。在英国的生命教育中有学术性的咨询团体,如个人社会和健康教育全国咨询顾问团充当政府智囊团的角色,为政府的决策提供充分的调查研究,注重生命教育的理论指导。同时,在生命教育的具体实施过程中,英国学校还成立了教学研究会,并由经验丰富的教师担任生命教育的课程召集人,领导生命教育的教材编订和加强生命教育课程的研究。第三,以渗透影响为主要形式,科学规划并丰富生命教育的内容。西方国家都注重渗透性的教育形式,把生命教育融入社会、生活等方面,并科学地规划和完善其内容。如日本把生命教育渗透到体验牧场和大自然中,使人在潜移默化中接受生命教育。英国以学生需求为基础,把民族价值观和个人发展的知识等有机结合起来,构成生命教育的立体、完整内容。

---

① 李芳.大学生生命观教育研究[M].北京:光明日报出版社,2013:65.

第三节　研究内容、研究方法及创新点

本书的研究内容、研究方法及创新点如下。

一、研究内容

本书以马克思主义经典作家关于人的自由而全面发展学说为理论指导，以马克思主义生命价值思想为理论基础，基于当代大学生这一特殊群体，深入分析大学生生命价值教育的现状，探寻系统地建构当代大学生生命价值教育的理论体系，增强高校思想政治教育的有效性，加强大学生的世界观、人生观、价值观教育，促进大学生自由而全面发展，试图为大学生生命价值教育的实践提供参考。本书的具体研究内容分为六个部分。

第一章主要阐明问题的提出及研究意义、国内外研究现状、研究内容、研究方法及创新点。

第二章是大学生生命价值教育的时代诉求。本章在对生命价值与生命价值教育进行梳理的基础上，结合大学生对生命价值的认知情况和大学生生命价值教育的现状，以及对大学生进行生命价值教育的可行性与必要性，指出当代大学生生命价值教育必须顺应时代发展的要求。

第三章主要对大学生生命价值教育的思想资源进行分析和梳理。无论是在中国还是西方国家，都有极为丰富的生命价值教育研究成果。本书对中国、西方国家有关生命价值教育的思想资源进行了分析和梳理，尤其是马克思主义经典作家的生命价值思想，总结其经验与不足，以期为大学生生命价值教育提供理论支撑和借鉴指导。

第四章主要阐释大学生生命价值教育的核心内容。大学生生命价值教育旨在引导大学生深刻认知生命价值，使其尊重生命，发展生命，自觉地创

造生命价值,实现生命价值的社会实践活动。本章从四个方面展开大学生生命价值教育的内容:首先,尊重生命,开展生命价值认知教育,使大学生深刻认知生命价值;其次,丰富生命情感,开展生命情感教育;再次,开展生命责任教育,增强其责任意识,引导大学生勇于担当生命的责任;最后,开展人生理想信念教育,引导大学生自觉追求人生理想,实现生命的价值。

第五章对大学生进行生命价值教育的内在依据进行了分析和阐释。理解大学生的特征,是我们进行大学生生命价值教育的内在依据。当代大学生有朝气、有理想、思维敏捷、求知欲望强烈、向往未来,正处于人生观、价值观形成的关键时期。他们具有较强的主观能动性和创造性,既可以接受大学生生命价值教育,认同其教育本质,深刻认知自我生命价值的核心要素,自觉地追求人生理想,探索生命的价值,又能对自我进行深刻的教育,充分展现其主动的姿态、自为的状态。

第六章探寻大学生生命价值教育的有效路径。外因只有通过内因才能发挥作用,在把握内在依据的基础上,本章从建构敬畏生命价值的文化、促进和谐互动的实践活动、开辟新媒体空间实施生命价值主题教育、建立常态化的生命价值教育机制、形成生命无价教育的合力机制方面探寻生命价值教育的有效路径。

二、研究方法

本书主要采用以下几种研究方法。

(1)交叉学科法

本书根据主题和领域,以马克思主义理论为指导,充分借鉴和利用哲学、心理学、教育学、伦理学等学科领域的学术成果和方法开展研究。

(2)实证研究法

为全面了解和把握大学生对生命价值的认知现状,本书科学设计和编制符合实际情况的调查问卷,并选取上海、湖北、浙江等地的部分高校大学生为调查对象,通过数据分析,掌握第一手资料,使理论演绎能够立足于实证调查之上,使研究更具现实性和针对性。

(3)比较研究法

本书通过国内外大学生生命价值教育的研究比较,进一步拓展和深化大学生生命价值教育研究;从肉体生命和精神生命两个维度进行比较,阐释生命无价的观点。

三、创新点

本书的创新点主要体现在以下两个方面。

(1)研究内容的创新

本书专门系统化研究大学生生命价值教育。透视学界现有的成果,生命教育具有广泛的涵盖面,生命价值教育是其重要组成部分。学界或侧重于生命教育的第一层面(首要目标)"珍爱生命",开展爱护生命与预防自杀的实践探索,或对生命教育的"珍爱生命"和"提升生命价值"两个层面进行宏观上的研究,较少专门针对如何"提升生命价值"来研究大学生的生命价值教育。本书将实证研究和理论研究相结合,系统化研究大学生生命价值教育,旨在使大学生明晰生命的自然性、精神性和社会性缺一不可的合理关系。

(2)具体观点的创新

一是本书在大学生生命价值教育本质研究上提出新观点。大学生生命价值教育本质具有层次性:第一层次是使大学生深刻认知生命无价;第二层次是促进大学生精神层面上的自我觉醒,即"对生命价值的认知由自在向自为、由自发向自觉转化,积极创造和提升生命价值"。

二是本书在大学生生命价值教育核心内容上提出新观点,从生命价值认知教育、生命情感教育、生命责任教育、人生理想信念教育四个方面构建教育的核心内容。

三是本书在大学生生命价值教育有效路径探索上提出新观点。在文化方面,倡导现代敬畏生命的伦理文化,提出将敬畏生命的精神内化到个体的行为规范,使其成为时代基本的"底线生命伦理"的观点。在合力方面,激发大学生生命无价教育的自我意识,提出生命无价教育是提升人的精神生命价值的教育,使大学生成为生命无价教育的真正主体,实现个体生命、社会生命和人类生命的融合。

第二章

大学生生命价值教育的时代诉求

我国经济的快速发展为人的自由全面发展提供了前提,人们的思想从蒙昧走向开放、自由,个体的主体性得以张扬,生命的尊严得以彰显,成功的欲望得到增强,这些都把生命的美好发挥得淋漓尽致。但是,开放的思维方式与多样的社会思潮、传统观念与现代观念的碰撞、多元化生活格局的形成,给大学生的思想与行为带来影响和冲击。他们对生命价值缺乏深入思考,对生命价值的认知还存在不足,导致发生漠视生命、伤害生命、亵渎生命价值的现象。那么,在社会的深刻变革时期,如何通过大学生生命价值教育引导和帮助他们深刻认知生命无价,促进其精神层面上的自我觉醒,使其成为具有担当精神的新一代栋梁之材,已是一个重要的时代课题。

第一节　生命价值与生命价值教育

概念是思维的基础,为深刻地认识生命价值和生命价值教育,有必要厘清这些概念,这也是当代大学生生命价值教育研究必不可少的前提。

一、生命价值的定义

1.价值

价值是一个涉及多学科、多领域的概念,它有不同的含义和规定。价值最初用于有用物,是与财富、商品等联系在一起的,运用于经济学领域。哲学用语"价值"一词和英语的"value"、法语的"values"、德语的"wert"具有相同意思。马克思曾引用《试论哲学词源学》一书对这些外语的词源做过考证,"价值"的本来含义就是"起掩护和保护作用的,可珍贵的,可尊重的,可重视的"[①]。这是我们在一般情况下所采用的基本含义。

古希腊的哲学家一般都使用善、美、正义等表达价值的含义。德国哲学家洛采、尼采等人赋予"价值"一词新的含义,把价值概念引入哲学领域,使其含义发生了根本性的变化。德国价值哲学的创始人威廉·文德尔班认为:"价值就是'意味着',就是具有意义,我们要借助于这种意义才能构造出科学知识和文化的对象,即客观世界。"[②]还有哲学家从人的情感和意志的角度,把价值看作个人的爱好、兴趣、需要等,如弗莱堡学派等。这些对价值问题的研究不乏其合理性,但基本上是基于唯心主义的,把价值视为一种主观假定、主观情趣的表达,或者是一种超现实的理想。

马克思从主体、客体关系的角度来全面揭示价值的本质,把价值理解为人们对满足他们需要的外界物进行估价,使它们具有价值的属性,赋予它们以价值[③],是"客体"对于"主体"而言的"意义",这一概念是从人们对待满足他们需要的外界物的关系中产生的。不难看出,马克思赋予"价值"概念以多维而动态的内涵,需从主体、客体、实践这三者的动态关系中进行把握。

---

① 转引自李德顺.价值论[M].2版.北京:中国人民大学出版社,2007:3.

② 巴克拉捷.近代德国资产阶级哲学史纲要[M].北京:中国社会科学出版社,1985:257.

③ 中共中央马克思恩格斯列宁斯大林著作编译局.马克思恩格斯文集:第1卷[M].北京:人民出版社,2009:526.

因此,价值是客观性、主体性、实践性和历史性的内在统一。以李德顺为代表的国内学者认为:"价值是对主客体相互关系的一种主体性描述,它代表着客体主体化过程的性质和程度,即客体的存在、属性和合乎规律的变化与主体尺度相一致、相符合或相接近的性质和程度。"①

根据以上的观点可知,人作为有生命的存在者,需要通过摄取外物才能存在,价值是由人赋予那些能满足人生存与发展需要的对象的意义。

2. 生命价值

对生命价值的理解,学者们见仁见智。有学者认为:"人的生命价值是在人的创造活动同非生命物或其他生命物的比较中产生的,人的生命价值由生命存在的价值、生命延续的价值和超越生命的价值组成。"②也有学者指出:"人的生命价值是人道价值和效用价值的统一。"③类似的观点还有:"生命价值是一个人的生命所具有的自我价值和社会价值,它是自我价值和社会价值的辩证统一。"④"人的生命价值是一个人从生到死这段生命历程所产生的正面效应之和,是自然价值和社会价值的统一。"⑤还有学者基于主客体关系指出:"生命价值是在人的社会实践活动中,生命的存在和属性以人的全面发展和社会的全面进步为尺度而建立起来的一种客观的主客体关系。"⑥此外,还有学者基于生命的结构划分,提出:"自然生理性的肉体生命、关联而又超越自然生理性的精神生命、关联人的肉体和精神而又具有某种客观普遍性的社会生命各有其对应的生命价值。"⑦"人的生命价值分为自在性的生命价值和获得性的生命价值。从时间上看,自在性的生命价值具有

---

① 李德顺.价值论[M].2版.北京:中国人民大学出版社,2007:79.
② 崔新建.略论人的生命价值[J].人文杂志,1996(3):29-30.
③ 万慧进.论人的生命的人道价值:人的生命价值概念质疑[J].医学与哲学,1999,20(3):31-32.
④ 王晓红.生命价值教育的理论依据新探[J].社会科学论坛(学术研究卷),2005(10):9-11.
⑤ 路日亮.试论人的生命价值[J].洛阳师范学院学报,2008,27(6):24-27.
⑥ 唐英.价值、生命价值、生命价值观:概念辨析[J].求索,2010(7):87-89.
⑦ 张曙光.生存哲学:走向本真的存在[M].昆明:云南人民出版社,2001:197.

永恒性,获得性的生命价值是变化的。"①

从以上关于生命价值的分析和论述看,其共同点是都认可"肉体生命",其分歧点在于对人在生命实践活动中基于肉体生命而又超越肉体生命所形成的价值的认识有所差异。

"自在"与"自为"是黑格尔哲学中的术语,他曾用这对术语来说明思维和存在的同一是由"自在"到"自为"的过程。② 在他看来,"自在"是事物处于潜在的状态,还未展现出自己和实现自己,而"自为"是潜在的东西得以实现。人的生命不仅是一种自然存在,还是一种有意识的主体存在,因此,我们用"自在"和"自为"来解释和说明生命存在和发展所产生的价值,把生命价值定义为:一个人的生命存在和发展所具有的自在价值和自为价值,即自在生命价值和自为生命价值,生命的无价是生命价值的最大化。

(1)自在生命价值

自在生命价值是指把人的肉体生命当作客体看待的时候,它对作为主体的人之自身的积极意义,包括肉体生命对人自身的价值和肉体生命对社会的价值两个方面。③

一方面,肉体生命对人自身的价值是肉体生命的自我价值。肉体生命是人之为人的前提,没有人的肉体生命,人的一切创造和自我发展都无从谈起。任何个体的存在都与其肉体生命是联系在一起的:生命存在,个体就存在;反之,肉体生命消亡,个体将不复存在。可见,肉体生命是人生来就有的,是自然给予的,具有自在的性质。

另一方面,肉体生命对社会的价值,即人的肉体生命对社会的重要意

①　余玉花.生命价值的哲学辨析[C]//上海市社会科学界联合会.生命、知识与文明:上海市社会科学界第七届学术年会文集(2009年度)哲学·历史·文学学科卷.上海:上海人民出版社,2009:20-29.

②　黑格尔.小逻辑[M].李智谋,译.重庆:重庆出版社,2006:27-29.

③　姜国峰.人之生命的实践生成论觉解:马克思生命哲学思想研究[D].长春:东北师范大学,2012:105.

义。马克思曾指出,"生命的生产,无论是通过劳动而达到的自己生命的生产,或是通过生育而达到的他人生命的生产,就立即表现为双重关系:一方面是自然关系,另一方面是社会关系"①。可见,他充分肯定了人的肉体生命在社会中的价值。人的肉体生命存在本身就是对社会的价值,它的价值在于人类生命的繁衍,没有个体生命的存在和发展,也就没有人类社会的延续和发展,个体生命是社会存在和发展的基础,充分肯定人的肉体生命对社会的价值,这是马克思唯物史观的基本观点之一。

(2)自为生命价值

自为生命价值是人超越其自在生命,由社会生命和精神生命等自为生命所产生的价值,其主要表现在两个方面,即自为生命的自我价值和自为生命的社会价值②。

一方面,自为生命的自我价值是人以肉体生命为基础,通过自我的生命实践活动所展现出的社会生命和精神生命价值。因此,自为生命的自我价值就体现为人的社会生命和精神生命对自我的价值。从社会生命对人自身的价值看,社会生命使人的生命生成更丰富的内涵。从精神生命对人自身的价值看,精神生命能为个体生命提供精神的寄托,克服生命的无意义感,引导个体生命探寻生命的意义,提升人的精神境界,也就是精神生命对人自身的价值。

另一方面,自为生命的社会价值是指人的自为生命对社会的意义和价值,主要通过人的社会生命和精神生命体现出来。从人的社会生命对社会的价值看,人的生命具有社会属性,人在自身的实践活动中建立起各种交往关系,形成了人自身独特的生命个性,使人类社会充满无限的生机和活力,

---

① 中共中央马克思恩格斯列宁斯大林著作编译局.马克思恩格斯选集:第1卷[M].2版.北京:人民出版社,1995:80.

② 姜国峰.人之生命的实践生成论觉解:马克思生命哲学思想研究[D].长春:东北师范大学,2012:106.

进而推动人类社会的发展。从人的精神生命对社会的价值看,精神生命以其指导性、创造性为社会的发展提供源源不断的动力支持,创造精神财富,从而推动人和社会的全面发展。

总之,自在生命价值是对生命存在本身的价值理解,自为生命价值是既内含自在生命,又超越自在生命所创造的价值,体现了人之生命的超越性和无限性。当然,人的自在生命价值和自为生命价值的实现,需要社会对生命个体的尊重与满足。人的生命是一切价值的前提和基础,每个生命都是弥足珍贵的。只要生命存在,就应享有作为人的价值地位。社会对个人生命的尊重首先是对生命存在、生存权利的尊重,对生命个体的满足首先是对人的衣、食、住、行等基本生存条件的满足。只有在此条件下,人的生命价值才得以实现。同时,人的生命价值实现还需要正确认识"自由"与"必然"的关系,自由是对必然的认识和对客观世界的改造,实践是自由与必然统一的基础,是必然转化为自由的桥梁。[①] 人只有在实践活动中正确认识自然界和社会发展的客观规律,才能进行自由自觉的创造性活动,从而实现生命的价值。

二、生命教育与生命价值教育的关系

生命教育是舶来品,起源于 20 世纪初在西方国家兴起的死亡学以及之后发展的死亡教育、生死教育。[②] 对于生命教育与生命价值教育的关系,可从两个方面予以理解。

首先,从内涵上看,生命价值教育是生命教育的重要组成部分。

生命教育,顾名思义,即围绕人的生命所进行的综合性教育,其内涵十分丰富,可以从不同角度进行探讨。冯建军认为,生命教育包括对生命的关

---

① 陈志尚.人学新论:马克思主义人学基本理论和重大现实问题研究[M].北京:人民出版社,2015:215.

② 冯建军.生命教育的内涵与实施[J].思想理论教育,2006(21):25-29.

注、对生存能力的培养及对生命价值的提升。[①] 刘济良认为,生命教育是在个体生命的基础上,通过有目的、有计划的教育活动进行生命意识的培养,引导学生认识生命的意义,追求生命的价值,绽放生命的光彩,即包括生命意识的培养和生命价值的追求两个层面。[②] 王东莉指出,生命教育是一种多层次的认识生命本质、理解生命意义、提升生命价值的教育,应以生命为主线,从个人推及他人、家庭、社会、国家等。[③] 何仁富等认为,生命教育是使人认识生命,尊重生命,促进生命发展,提升生命质量,实现生命价值的教育。[④]

可见,生命教育并非只是珍爱生命,可从生命知识教育和生命价值教育两个方面来把握其内涵。生命知识教育是有关生命的各种知识教育,包括生命安全知识及身体健康、心理健康的知识等;生命价值教育是在尊重生命本体的基础上,侧重于发展生命,提升人的精神生命,升华其生命价值,促进人的发展。生命知识教育和生命价值教育两者共同构成了完整意义上的生命教育。生命教育的内涵包括两个方面:珍爱生命,培养生存能力;超越生命,实现生命价值的升华。显然,生命价值教育是生命教育的重要组成部分。

其次,从内容和目标上看,生命价值教育是生命教育的核心内容。

生命教育具有多维度、多层次的内容体系,其涵盖面较为广泛。由于文化传统和社会的需求不同,生命教育内容在各个国家和地区有不同的侧重点。我国长期研究生命教育的冯建军教授认为,生命教育的内容应包括人与自我关系的教育、人与他人关系的教育、人与社会关系的教育、人与自然关系的教育、人与宇宙关系的教育五个维度。[⑤] 我国的生命教育在内容上涉

---

① 冯建军.生命教育的内涵与实施[J].思想理论教育,2006(21):25-29.
② 刘济良.生命教育[M].北京:中国社会科学出版社,2004:9.
③ 王东莉.生命教育与人文关怀:青少年教育的终极使命[J].当代青年研究,2003(6):1-6.
④ 何仁富,肖国飞,汪丽华,等.大学生命教育的理论与实践[M].北京:中国广播电视出版社,2012:141.
⑤ 冯建军.生命教育的内涵与实施[J].思想理论教育,2006(21):25-29.

及生命与健康、生命与安全、生命与成长、生命与价值、生命与关怀等教育主题[①]，是伦理教育、社会教育以及心理健康教育的综合，把爱护生命、尊重生命、维护生命安全及预防自杀作为教育的重点，主要停留在珍爱生命及预防自杀等工具性层面，包括一些大学、中学、小学的生命教育实践和探索也是基于该层面开展的。也就是说，生命教育目标有两个层面，其中珍爱生命是首要目标，追寻生命意义、探索生命价值是生命教育的最高目标。

由此可见，生命教育具有多元的涵盖面，生命价值教育在其本质上凸显生命的自然性、精神性和社会性之间缺一不可的合理关系[②]，更强调生命的无价不仅是肉体生命的无价，更是精神生命的无价。正因为如此，我们要敬畏生命，激发生命潜能，实现生命的价值，提升人的精神境界。不管是从内容还是目标上看，生命价值教育都是生命教育的灵魂与核心，若缺少生命价值教育这一部分，生命教育就不是完整意义上的教育。

三、大学生生命价值教育的内涵与本质

对大学生进行生命价值教育，首先需要在理论上厘清大学生生命价值教育的内涵和本质，这是大学生生命价值教育研究的基本问题。只有在理论上正确把握其内涵与本质，才能有效地指导大学生生命价值教育的实践。

1. 大学生生命价值教育的内涵

任何教育都是在特定的时代中进行的，每个时代的大学生都有自己的际遇与机缘，不同的时代赋予他们独特的责任与使命。因此，大学生生命价值教育的内涵也应随着时代的发展而不断丰富。

改革开放以来，我国社会在政治、经济、文化上发生了很大变化，呈现出

---

① 冯建军.生命教育的内涵与实施[J].思想理论教育，2006(21)：25-29.
② 何仁富，肖国飞，汪丽华，等.大学生命教育的理论与实践[M].北京：中国广播电视出版社，2012：324.

其独特的一面,在一定程度上影响着大学生生命价值教育的内涵。

从政治方面看,改革开放四十多年来,中国的政治环境发生了很大的变化,民众参与政治的愿望得到增强,权利意识也觉醒。民主政治有了深入的发展,且形式越来越多样化。

从经济方面看,最大的特点就是由计划经济体制向市场经济体制转变[①],我国的经济建设取得了举世瞩目的成就。在改革开放前,中国实行单一所有制结构、高度集中的计划经济体制和平均主义分配原则,经济发展水平较低,满足人民群众物质和文化生活需要的产品十分匮乏。而改革开放以来,我国实行了战略重心的大转移,以经济建设为中心,在政治、经济、文化、对外关系等方面进行了一系列的重大调整与改革。经过四十多年的努力,我国取得了巨大的成就,实现了以市场配置为主的社会资源配置方式的转变。市场经济对效益、利益的追求,以及通过市场竞争而实现优胜劣汰的重要准则,使生产力得到解放,唤醒了人的自由平等意识,极大地提高了人的主动性和积极性。每个人都可以通过自己的辛勤劳动不断改善和丰富自己的生活世界,获得属于自己的利益、财富,同时也促进整个社会的物质财富和精神财富的快速增长,建构了人的自立、自强、开放的现代心态,确立了人的独立自主、开放创新的思维方式,强化了人的公平竞争观念及分工协作、合作进取的精神,促进了人的发展。[②]但市场经济的发展也带来了消极影响,淡化了人的生命意识和道德意识。一方面,随着市场竞争的加剧,人们在家庭背景、个人禀性以及知识经验等方面存在差异,这意味着权力、地位、声望等稀缺社会资源的分配不平等,导致收入差距拉大。另一方面,人的生存压力增大,一部分人在琳琅满目的商品面前,渐渐地迷失了自我,甚至对自我存在的意义和价值也产生怀疑。

---

① 廖小平.价值观变迁与核心价值体系的解构和建构[M].北京:中国社会科学出版社,2013:135-138.

② 张兴国.当代中国社会转型与价值观的嬗变[M].北京:中国社会科学出版社,2012:64-66.

从文化方面看,其显著的变化主要体现在从集体取向到个体取向的转变[①],多元文化的碰撞与交锋,价值多元格局的形成,人的价值观念不可避免地受其影响。改革开放前三十年,在社会主义公有制经济基础之上,尽管人们的物质生活不算富裕,但崇尚精神追求,其精神生活高于物质生活,这种集体主义文化使人们形成了重义轻利、重精神轻物质,而羞于谈利益的价值取向。[②] 因此,个人依附于集体之中,个体的生命价值通过集体而得到体现。但是,改革开放以来,随着经济全球化和市场经济的发展,中国社会逐步进入了一个价值多元化的时代,多种文化相互交融与渗透。可以说,人们正处在一个多元并存、互动共生的新文化共同体中,其价值观念、道德观念、生活态度等发生了深刻变化,逐渐确立了重视个体价值和自我实现的现代社会取向,推动了价值主体多元格局的形成。

通过以上分析可以得知,新中国成立至改革开放之前的大学生生命价值教育,主要表现为人生观教育,也充分地反映了重精神轻物质、重整体生命价值,倡导集体利益至上,个体生命价值依附于浓厚的集体主义氛围之中的时代色彩。

当前,世界正处于大发展时期。我国正迈向全面建设社会主义现代化国家,奋力实现中华民族复兴伟业的新征程,正在进行人类历史上独特的创新实践,这对大学生生命价值教育提出了新的要求。2014年5月4日,习近平总书记在北京大学师生座谈会上的讲话中指出:"青年是标志时代的最灵敏的晴雨表,时代的责任赋予青年,时代的光荣属于青年"[③],要求广大青年有信念、有梦想、有奋斗、有奉献,在实现伟大中国梦的实践中成就出彩的人生。2016年12月7日,他在全国高校思想政治工作会议上的重要讲话中强

---

① 夏学銮.转型时的中国人[M].天津:天津人民出版社,2001:77-104.

② 廖小平.价值观的变迁与核心价值体系的解构与建构[M].北京:中国社会科学出版社,2013:104-105.

③ 习近平.青年要自觉践行社会主义核心价值观[N].人民日报,2014-05-05(2).

调,"教育要引导学生正确认识时代责任和历史使命,用中国梦激扬青春梦","为学生点亮理想的灯,照亮前行的路,激励学生自觉把个人的理想追求融入国家和民族的事业中"①。2019 年 4 月 30 日,在纪念五四运动 100周年大会上,他又指出,新时代中国青年要"用青春和汗水创造出让世界刮目相看的新奇迹"②。那么,大学生生命价值教育也需紧跟时代步伐,使大学生在感悟时代中担当责任、奋发有为、砥砺前行,把人生理想融入国家和人民的需要,使青春更加亮丽多彩。

因此,当代大学生生命价值教育的内涵为:针对大学生这一群体,根据社会发展要求,有目的、有计划地运用一定的教育手段和方式,引导大学生深刻地认知生命价值,使他们敬畏生命、善待生命、发展生命,自觉地创造生命价值,提升生命价值。

2.大学生生命价值教育的本质

(1)大学生生命价值教育的基本特征

任何生命都是具体的现实的生命,在不同的时期,大学生生命价值教育的内容选择、所采取的教育方法与手段也不尽相同。本质是事物的根本特征,要把握大学生生命价值教育的本质,需要首先把握好大学生生命价值教育的三个基本特征。

第一,个体性与社会性的统一。大学生生命价值教育的个体性是指要尊重大学生的个体差异性,生命是具体的、独特的,每个生命主体的价值意识都是其所处的经验感受、利益需要的反映。不同的人必定有不同的生命价值取向,生命价值教育也要有个体性的要求,不能做一元化的简单处理,也不能用所谓"大一统"的标准而采取灌输、说教的方式。当然,强调个体差

---

① 习近平.把思想政治工作贯穿于教育教学全过程 开创我国高等教育事业发展新局面[N].人民日报,2016-12-09(1).

② 习近平.在纪念五四运动 100 周年大会上的讲话[M].北京:人民出版社,2019:10.

异性并不意味着放任自流。生命价值教育也要强调社会性,任何时代的社会对个体都有一定的期望,但现实的人生活在人与人、人与社会、人与自然的关系中,与他人有千丝万缕的联系,依附于自己所属的群体,并产生了个体独特的角色和使命。人作为社会的一员,需要遵守社会的规定,承担相应的责任和义务,从而让生命因担当责任而更富有意义。总之,生命价值教育要实行个体性和社会性的统一,既要尊重个体差异性,又要把生命个体的追求引导到社会所期望的轨道上,自觉创造生命的价值。

第二,现实性与超越性的统一。当代大学生生命价值教育要以现实的生命和社会作为其立足点。当前,我国社会正在经历深刻的变革,"物化"现象的影响在一定程度上淡化了人的"生命危机"意识,这是大学生生命价值教育所面临的客观社会条件和主观认识水平,只有基于现实性,才能增强大学生生命价值教育的有效性。人的生命是"有意识"的存在,具有与生俱来的超越性,这要求大学生生命价值教育不仅要立足于现实,还要超越现实,以提升人的精神境界,实现人的自由全面发展为其最高目标,激励学生把个人的理想追求与社会的发展需要相统一,勇做走在时代前列的奋进者,在实践中探索、提升其生命价值。

第三,体验性与渗透性的统一。大学生生命价值教育认为生命意义的生成并不是空洞的说教,而是一个认识、实践和体验的过程。体验是人的生存方式,也是人追求生命意义的方式。[①] 体验是体验者的一种亲身感受和心理过程,个体只有拥有丰富、深刻的真实感受,才能真正体会到生命的真谛。生命价值教育的体验性是指让大学生积极参与实践,在实践中体会生活的悲欢离合,体验生命存在的意义,在体验中升华情感。大学生生命价值教育应注重显性和隐性相结合的教育形式,充分挖掘各种人文社会学科中蕴含的有关人的生命、精神、意义方面的素材,借助于这些学科资源采取更为自

---

① 朱小曼.情感教育论纲[M].北京:人民出版社,2007:152.

然的方式,让学生在潜移默化中接受生命价值教育,增强渗透教育效果,做到体验性和渗透性有机统一。

(2)大学生生命价值教育的本质

鉴于上述特征的分析,当代大学生生命价值教育的本质为:针对大学生这一群体,通过有目的、有计划的教育让大学生深刻认知生命无价,促进其精神层面上的自我觉醒,使其对生命价值的认知由自在向自为、由自发向自觉转化,积极主动地参与创造生命价值和提升生命价值的社会实践活动。也就是说,大学生生命价值教育的本质有两个层面。

首先,使大学生深刻认知生命无价。生命的无价不仅指肉体生命的无价,还指精神生命的无价。从根本上说,人的生命是一种时间和空间的有限存在,生命对于每个人来说都只有一次,其具有唯一性和不可替代性,生命的丧失意味着人将不复存在。人的精神生命无价是指精神生命所产生的精神价值具有可传承性、永恒性,为社会提供了无价的精神财富。这种精神是时代所孕育的而又超越时代的文明精华,是伴随历史发展而又不断丰富和提升的社会财富。精神具有巨大的感召力,激励着世世代代的人不断前进,走向崇高,使人类历史具有更为丰富的内涵。

其次,促进大学生精神层面上的自我觉醒。大学生生命价值教育是一种培养人文精神的教育,旨在使生命个体的潜能得到最大限度的发挥,凸显其生命价值,提高生命品质,提升人的精神境界。因此,大学生生命价值教育还有一个很重要的使命就是激扬精神生命,使精神主体由自在向自为、由自发向自觉转化,促进大学生的精神成长。人的生命有身、心、灵三个层面[①],人的生命成长也必然要经历生理、心理及精神这三次转折性的成长过

---

① 何富仁,肖国飞,汪丽华,等.大学生命教育的理论与实践[M].北京:中国广播电视出版社,2012:142.

程,大学生的生命成长正处于人生第三次成长过程即"精神断奶"时期①,其根本的任务就是精神层面上的自我觉醒,积极思考生命的意义,确立正确的理想信念,把握好自己生命的"方向盘",实现精神成长。每个生命都是一种有意识的存在,当这种自我意识处于自在的阶段时,生命的能量处于一种潜在的状态,有待教育来激发生命的潜能,使个体生命成为其"所是"与"所能是"。当这种自我意识进入自为阶段,其作为一种内在的巨大驱动力支配着人的活动,鲜明地表现在大学生的学习、交友等活动中。随着社会实践活动的深入和丰富,尤其是这种自我意识升华到反省自我、剖析自我时,大学生能更自觉地意识到生命的意义和价值,以更主动的姿态按照社会发展的要求设计自我、完善自我和创造自我,使生命的价值得以体现。

四、大学生生命价值教育的目标

大学生生命价值教育是引导大学生深刻认知生命价值,培养其敬畏生命、善待生命、发展生命,自觉创造生命价值,提升生命价值的社会实践活动。因此,其教育的目标可从两个方面予以理解。

1.提高大学生对生命无价的认知能力

人的生命存在首先是生物学意义上的存在,具有唯一性、不可替代性,表现为个体生命时空存在的不可重复性,一旦丧失就永远无法挽回。因此,它也是无价的。同时,人的生命作为一种存在,其本身就具有价值。每个生命都是一个独一无二的个体。大学生生命价值教育旨在引导和帮助大学生深刻认知生命无价,促进其精神上自我觉醒。因此,大学生生命价值教育要引导学生敬畏生命,并使其自觉地发展生命,提高他们对生命无价的认知能力。首先,敬畏生命。人的生命弥足珍贵、来之不易,它只有一次,具有不可

---

　　① 何富仁,肖国飞,汪丽华,等.大学生命教育的理论与实践[M].北京:中国广播电视出版社,2012:142.

逆性。对大学生来说,每个自我都是独特的个性自我,他者无法取代。所以,大学生生命价值教育需要引导学生敬畏生命,使其尊重自己及他人的生命,做到不伤害自己及他人的生命。其次,发展生命,自觉创造生命的价值。当代大学生正处于人生的重要时期,他们有思考生命意义及实现自我的需要,那么,生命价值教育还需要引导大学生追求生命的意义,创造生命的价值,并促进自我实现,使生命得以发展。

2.在热爱生命的实践中提升生命价值

生命是无价的,人应该发自内心地敬畏生命,热爱生命,自觉探寻生命的意义,实现生命价值,提升生命价值,促进人的全面发展,这是大学生生命价值教育的根本目标。人具有精神属性,人有追求自我发展、自我实现的精神需要,追寻生命意义是人之为人的根本。人都不愿意成为无足轻重、可有可无的人,人最不能忍受的是别人无视自己的存在,甚至连婴幼儿都知道用"啼哭"来表示自己的存在和需求的满足,更不用说成人。人最惧怕的是自己成为"无意义的存在""毫无价值的存在"①。当人意识到个体生命的短暂、有限,死亡是不可避免的生命归宿,总是要追问生命的意义和生活的价值,力图超越个体生命的有限而获得最大的意义与价值。人的精神生命指引着人不仅仅满足于形而下的获得,更要追求形而上的精神升华,把有限的生命引向无限、永恒的意义境界,推动社会和人类的进步。因此,大学生生命价值教育还需要引导和帮助学生树立正确的理想信念,践行对生命价值的追求,在实践中提升生命价值,促进人的自由全面发展。

---

① 高清海.人就是"人"[M].沈阳:辽宁人民出版社,2001:222.

第二节 对大学生的生命价值认知分析

当代大学生生活在广泛而深刻的社会变革时代,作为青年中的佼佼者,他们有着独特的成长经历和身心发展特点。为全面了解和把握大学生对生命价值的认知情况,以便于更好地开展生命价值教育,我们选取了上海大学、上海政法学院、华中师范大学、浙江理工大学和嘉兴学院五所学校作为施测学校,进行"当代大学生生命价值取向"的问卷调查,共发放问卷 1000份,回收有效问卷 956 份,有效回收率达 95.6%,其中文科 404 人,理工科374 人,艺术体育类 178 人。[①] 调查显示,大学生对生命价值的认识还存在不足,尚有一些亟须解决的问题。

一、生命意义的缺失与偏差

人的生命存在的主要向度是"意义"[②],"意义"决定了人的生命存在与发展的方向,也体现了生命的价值。生命意义是人们对自己生命目标的认识和追求。在心理学家弗兰克尔看来,如果人不能感受到生命的意义,就会陷入存在的空虚,这可能会导致以对权力、金钱和享乐的追求来代替对生命意义的追求,因此,他认为人类需要生命的意义。[③]

首先,部分大学生觉得生命缺乏内容和目标。在涉及"对于您现在的生活状态,您大部分时间觉得如何?"的问题时,40.5%的学生选择"空虚、无聊、没有意思",37.4%的学生选择"一般,不太满意但还可以改变",22.1%的学生选择"充实、有趣、有活力"(见图 2-1)。对于"您对大学生活的感受是

---

① 样本分布情况表见附件。
② 刘济良.生命教育论[M].北京:中国社会科学出版社,2004:187.
③ 弗兰克尔.追求意义的意志[M].司群英,郭本禹,译.北京:中国人民大学出版社,2013:82.

什么?"的问题,24.6%的学生认为"生活迷茫,前景暗淡",17.8%的学生认为"生活平淡,内心乏味",25.2%的学生认为"时好时坏,说不清楚",还有32.4%的学生认为"丰富多彩,充满希望",这在一定程度上表明部分大学生觉得生命缺乏内容和目标,有强烈的无意义感,尚需对他们进行教育和引导。在涉及"您是否对生命及生命价值进行过深入的思考?"的问题时,其中18.6%的学生选择"经常思考",33.5%的学生选择"偶尔思考",13.8%的学生选择"很少思考",34.1%的学生选择"没有思考"。同时,对于"目前,您正在寻找某种使生活有意义的事情吗?"的问题,35.7%的学生认为"不是",26.4%的学生认为"不确定",37.9%的学生认为"是",这些数据反映部分大学生对目标和价值的感受程度不高,生命缺乏意义感,不可避免地出现消沉、无聊、空虚的精神状态,他们的流行语"郁闷""无所谓"等无不表达了他们真实的内心世界。

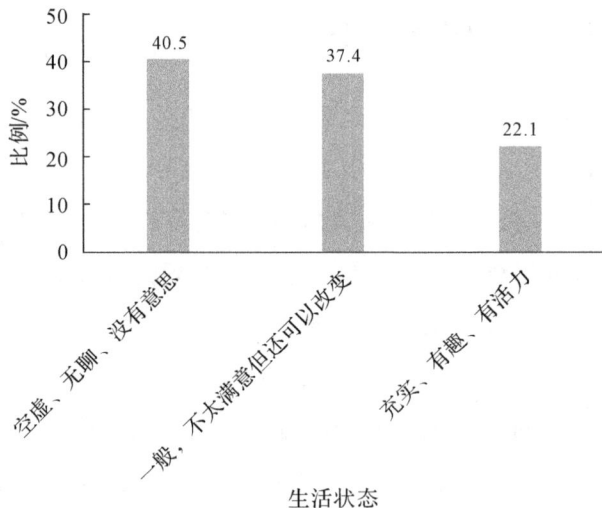

图 2-1　大学生生活状态的感受情况

其次,大学生对生命意义的追求存在一定的偏差。生命目标是生活的动力,是生命意义的表达。调查还发现部分大学生把生命目标置于短期的、生活化的目标,而缺少精神层面的选择力。在涉及"在大学生活中,您考虑最多的问题是什么?"的问题,排在前三项的是:"取得好的成就"占26.3%,"提升择业能力"占21.5%,"做兼职挣钱"占14.2%,而"赢得他人的认可与喜欢"占13.6%,"身体的健康"占12.9%,"每天心情愉快"占7.5%,"父母的近况"占4.0%(见图2-2),这表明大学生对生命意义的追求存在一定的偏差,单纯追求和满足于某种具体的生活目标,仅将生命囿于短期的目标,仍无法建构自我的精神世界。生命意义的偏差会使他们产生焦虑、迷茫的情绪,应对其进行正确的引导。

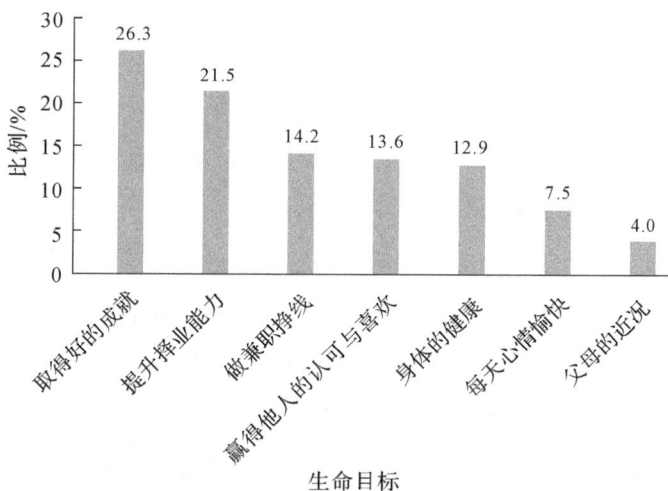

图 2-2　大学生生命目标的分布情况

二、生命价值的自我化与功利化

人的生命不仅是一种自然存在,还是一种社会存在。人的生命价值不仅体现为生命存在本身,还体现为人在实践活动中所创造的价值,以及为社会和他人所提供的精神财富。本书主要从"对生命的认知""生命价值目标的选择""生命价值实现的手段"三个方面进行问卷设计和调查,以从总体上了解大学生生命价值取向的情况。

首先,关于"对生命的认知",针对"如果您身边有大学生自杀,您对自杀的态度是什么?"的问题,33.5%的学生认为"自杀是对家人和社会不负责任的行为",27.4%的学生认为"自杀不应该,太可惜",24.8%的学生认为"要具体问题具体分析",14.3%的学生认为"自杀是痛苦的解脱和解决问题的一种方法",这表明大学生总体上是珍惜生命的,但仍有部分学生不能正确地看待生命,把自杀看作解决问题的方法,否定了人的生命存在价值。涉及"当您遇到严重的挫折或者压力时,您是否有过自杀的念头?"的问题时,30.7%的学生认为"偶尔有",27.6%的学生认为"没有",24.2%的学生认为"很少有",17.5%的学生认为"经常有"。可见,挫折和压力给大学生的生活带来了负面的影响,他们虽然珍爱生命,但其危机干预意识相对欠缺,需要引导他们正确认识人生的负性经历和生命体验。

其次,关于"生命价值目标的选择",针对"您认为生命的价值主要体现在哪个方面?"的问题时,24.6%的学生认为生命的价值主要体现在"生命的社会价值",30.5%的学生认为生命的价值主要体现在"自我价值",10.4%的学生认为生命的价值体现在"社会对生命的尊重与满足",这说明大学生在生命价值目标选择上更注重个人的价值,产生疏离社会价值的倾向。大学生的生命价值取向还体现在具体的职业选择中,对于"在选择职业时,您认为最重要的择业标准是什么?"的问题,依次排在前三位的是"较为稳定和轻松,生活有保障"占34.8%,"工作岗位有广阔的发展前景"占23.5%,"可观的收入"占21.7%(见图2-3),这些数据表明大学生注重现实、注重个人利益和眼前利益,价值目标选择有功利化倾向。在丰富的物质世界里,他们对"何以为生"的知识和本领的关注高于"为何而生存"的价值关心,他们用更多的时间和精力学习实用的知识,提高自我的能力,为未来的职业提前做好准备。

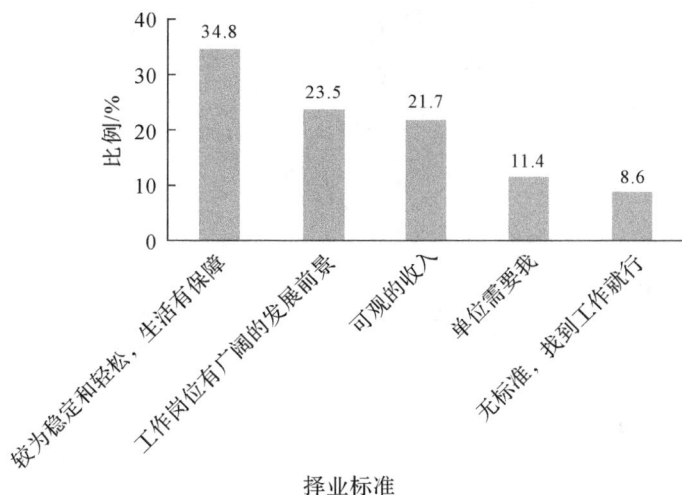

图 2-3　大学生择业标准的选择情况

最后,关于"生命价值实现手段",针对"您认为如何才能实现生命的价值?"的问题时,36.1％的学生选择"实现自己的理想",32.5％的学生认为"为自己及家人谋得名利"就是真正实现了生命的价值,还有 22.4％的学生选择通过"让我所爱的人幸福"来实现生命的价值,分别依次排在前三位,而"在为他人和社会服务中完善自我"仅占 7.2％(见图 2-4)。这表明,大学生的生命价值取向在突显务实的同时,也带有一种自我化、功利化的倾向。虽然满足个人需要无可厚非,但如果仅仅停留在此层面上,不对他们加以教育和引导,也有可能造成大学生自我意识的膨胀,而把个人的利益绝对化和扩大化,造成社会责任感的减弱,甚至放弃对社会的责任。

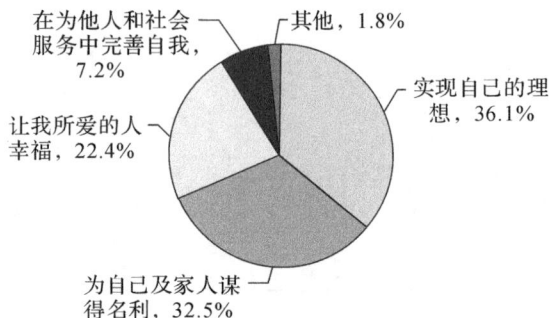

图 2-4 大学生生命价值实现手段的选择情况

三、人生理想与信念的迷失

理想信念是人的精神依托和行动的指南,是生命存在的终极归宿和精神支撑,理想信念以观念的形式展现了人对生命价值的追求。当前,我国社会正处于加速发展的转型时期,不同国家、民族之间的文化相互碰撞与冲击,尤其是功利主义、实用主义等思想观念对大学生的理想信念产生了负面的影响,调查发现其人生理想和信念存在以下两方面的问题。

首先,部分大学生在理想信念上存在迷失的现象,其理想追求表现出明显的生活化、具体化、短期化特点。在涉及"您认为人生的理想信念与生命价值的实现有关吗?"的问题时,10.8%的学生选择"没有关系",22.5%的学生选择"关系不大",43.6%的学生选择"理想信念是人的精神依托,一定有关系",23.1%的学生选择"理想是变化的,未必有关系",这些数据表明大学生基本认同理想信念,但也有部分学生因理想的飘忽不定而不能更好地认识理想信念对生命价值实现的重要作用。在涉及"目前,以下哪些是您的人生理想?"时,选择"个人发展、事业成功、家庭幸福"的所占比例为 42.5%,选择"帮助他人、奉献社会、服务人民"的占 26.8%,选择"在为社会服务中提升自我"的占 20%,选择"说不清"的占 10.7%(见图 2-5),可见,当前大学生更侧重于个人理想目标的规划与实现,表现出强烈的现实主义倾向,不能较好地兼顾个人理想和社会理想的统一。同时,在涉及"下列哪些选项是您所认可的人生理想内容?"问题,调查显示,排在前三位的分别是:"拥有理想的职业"占 30.4%,"让家人幸福快乐"占 23.7%,"拥有财富"占 17.8%,但选择"履行肩负的责任"的占 9.7%,选择"用艺术创作给他人带来美的享受"的占 10.4%(见图 2-6),这反映当代大学生的理想目标转向现实,表现出明显的生活化、具体化倾向,其理想的低层次有待提高。

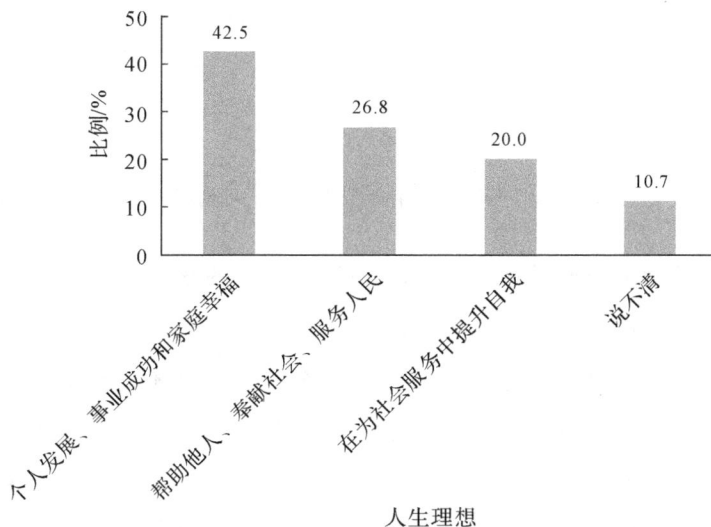

图 2-5　大学生人生理想的选择情况

　　其次,大学生理想信念的迷失还表现为在追求人生理想中,对工具理性的认同明显高于对价值理性的认同。在问及"在大学生活中,您主要做了什么?"时,选择"考取各种资格证书"的占 45.8%,选择"提高交往能力,增加就业砝码"的占 21.5%,而选择"强身健体"的占 17.6%,选择"思考生命意义"的占 15.1%,这些数据反映了大学生对工具理性的认同明显高于对价值理性的认同,其人生规划定位更加具体、实在。在涉及"在日常生活中,您关注最多的是什么?"的问题时,其中 37.4%的学生选择"找到理想的工

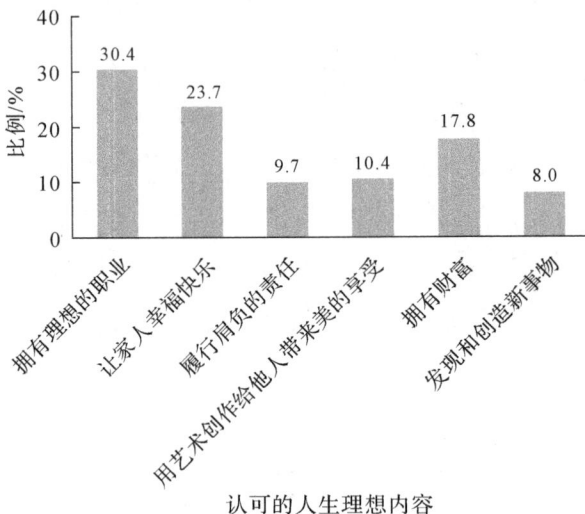

图 2-6　大学生人生理想内容的认可情况

作",26.8％的学生选择"择业能力的提升",15.4％的学生选择"保持愉快的心情",这说明他们考虑更多的是如何找到理想的工作,对"何以为生"的价值关心高于"生而为何"。为了提升就业的竞争力,他们忙于考取各种各样的资格证书,这种仅仅致力于"何以为生"的价值目标,而缺乏终极价值的审视,放弃了对"生而为何"的思考与领悟,常常使大学生在获得短暂的喜悦后,又立刻陷入更多的迷茫之中,需要对他们进行一定的引导。

第三节　当代大学生生命价值教育的现存问题

大学生生命价值教育从其组成部分来看,一方面,它并不是独立的,而是在思想政治理论课中涉及部分的内容,其主要表现为人生观教育、价值观教育或者人生价值教育;另一方面,它以通识教育或公共选修课的形式出现。虽然国内部分高校开设了通识教育和生命教育课程,其主要内容均涉及生命的价值与意义,生命与死亡的尊严、价值等,诸如武汉大学开设"生命教育大学生读本"通识课,复旦大学开设"生命教育研究"选修课,广州大学开设"生死学"课程,浙江传媒学院开设"生命学与生命教育",南昌大学科学技术学院开设"大学生生命教育"的全校公选课,江西师范大学开设"生命教育与生死哲学"的全校公选课,云南思茅师范高等专科学校开展"生命·生存·生活"的教育等,取得了积极的成果,但大学生生命价值教育也存在一些不足。

一、教育内容偏颇

市场经济的发展强化了人的主体意识,激发了人的潜能,促进了个体的发展,也推动了社会的发展。但市场经济与利益追求之间有天然的联系,它会使人的视线停留在功利层面,其行为表现出功利主义和实用主义的特征。教育深受市场经济的影响。一方面,用社会的要求片面强调个体的社会化过程,以经济、政治需要来培养人,同时表现出唯理性的特征,把人作为技术的工具加以培养。如当前对大学生就业率的片面强调就暴露了高校将大学定位成学生就业的岗前训练基地的倾向,只把人培养成社会各职业所需要的标准化人才,而忽略了个体的个性化过程。另一方面,重工具教育导致教育在提升人性方面无法发挥作用。在哲学家雅斯贝尔斯看来,教育是人的灵魂的教育,教育活动应最大限度调动人的潜能,并使人的内部灵性和可能性充分生成。如果教育内容完全按照社会规范来塑造社会所需要的人才,而忽视人的灵魂和可能性的生成,那么,它调整的是人与人之间、人与社会之间的关系,从而使教育根本无法涉及人自身及人性方面的问题,更谈不上人的潜能最大限度地调动并加以实现。

大学生生命价值教育还存在教育内容偏颇,轻视生命价值关怀教育等有待完善的地方。重工具价值,虽然传递了社会的规范,约束了人的行为,但过于强调人的"工具性",把人当作认知的工具而非有生命的人,忽视大学生的生命特点而向他们灌输生命意义与价值的知识,并未真正激发主体对生命的热爱,缺乏对生命的深层关怀。那么,教育不是教师与学生之间的交流与对话,也不是生命与生命之间的平等、尊重,最终使生命受到压抑,生命的完整性被分割,生命的意义与价值被忽略,以致学生的心灵世界苍白而无所依托,而不把自我当作认知对象。

面对工具价值、功利价值在社会的不断升温,尚处在求学阶段的大学生不可避免地被淹没于其中。部分大学生虽然能享受到丰富的物质世界所带来的充裕生活,但内心常彷徨、迷茫,不知生命该走向何方,不能积极面对生活中的压力和挫折,甚至选择极端的方式结束自己的生命或者伤害他人的生命。同时,由于自身年龄、阅历、能力及生活范围等方面的局限,大学生单靠自身未必能很好地领悟和探索生命的真谛,也很难把生命的航向指向未来,并转向人的终极关怀。因此,对大学生进行生命价值关怀尤为必要,通过生命价值关怀,使他们学会审视自我、完善自我、超越自我,从而达到充分而自由的发展。教育能体现对生命的关怀,教育只有依托生命,才能发现和孕育生命的价值。

二、教育方法单一

在现阶段,我国的大部分高校尚未单独推出大学生生命价值教育课程,而是将大学生生命教育穿插在大学生思想政治理论课之中,主要表现为人生观、价值观等相关的内容,难免出现教育方法单一、偏重理论说教的倾向。

偏重理论说教带来的后果是教育缺乏针对性、实效性、吸引力和感染力。这主要表现在三个方面:首先,通过理论灌输或说教,向大学生呈现有关生命价值的知识,陈述伟人的事迹,从伟人的价值观出发来理解生命,采取课堂上系统的理论学习。这种理论上的说教,其知识性、理论性较强,会使富有生机与活力的教育,变成生产的"流水线",难以在学生中引起心灵共鸣、共振,使教育效果低迷。其次,偏重理论说教,虽然传递了社会的要求和规范,强调教师爱学生,但这种教育活动缺乏师生之间情感的交流,只是"你"对"我"的活动,而不是"我"自己的精神活动,教育成了一种外在的负担,通过这种方式授予的理论知识,会造成一种抽象化、理想化的感觉,难以在社会生活中做到自觉践行。因此,仅有对知识和理论的掌握,并不能引起大学生心灵的共鸣,要想转化为大学生的实际行动,还需经过情感、意志、信念等完成从认知到行为的内化过程。最后,偏重理论说教,缺少生命体验,给人形成理论"大而空"的印象,在一定程度上影响了教育的吸引力和大学生学习的热情,使部分大学生对教育产生逆反的心理,造成教育效果不佳。

但生命价值的探索离不开人的体验,生命意义的生成也不是理论说教所能给予的,而是一个认识、实践、体验的过程。因此,大学生生命价值教育并不是单纯的知识与技能的传授,而是注重生命体验的教育。这主要源于:一方面,大学生生命价值教育基于大学生生命特性,而不是生命的缺场。人对生命价值体验的过程就是人对生命、生活的亲身感受、体验的过程,体验是生命的特征,是人类生存的基本方式①,人的生命具有生成性和实践性。就人自身而言,人的存在是生命个体介入生命事实的过程,人在自己的生存过程中,以某种方式表达自我的生命诉求,展示自我的生命潜能,体验人的生命历程及提升自我等。因此,人的生命整体内涵的获得在其生命的生成历程之中。另一方面,通过生命体验,大学生能更深刻地认知生命价值,从而自觉探寻生命意义,实现生命价值。青年大学生是国家和民族的未来,他们整体上激情飞扬,与此同时,他们又是稚嫩的、脆弱的,在人生的道路上难免会磕磕碰碰,产生对于生命的困顿。然而,这些亲身的感受和经历却是其生命所不可缺少的,有助于大学生正确认识自我,把握好生命的航向,为探寻生命意义、实现生命价值奠定重要的基础。

因此,大学生生命价值教育离不开人的认识、实践、体验,若在教育方法

①　刘慧.基于生命特性的生命价值及其教育[J].郑州大学学报(哲学社会科学版),2011(3):17-19.

上只注重理论说教,而忽略实践、体验,势必会造成认识、实践、体验三方面的相互冲突,使大学生生命价值教育很难有一定的针对性和实效性。

三、教育目标模糊

我国的大学生生命价值教育,不管是以独立形式,还是以渗透形式开展的教育,基本都采取大班的授课方式,通过公共选修课、通识教育课程向学生开设。从教育目标上看,这些课程还缺乏目标的层次性,忽视教育对象的共性与个性。加上课堂人数较多,教师难以把握大学生的个性差异,真正做到共性教育与个性教育的统一,从而针对性不强。

关于共性与个性的关系,不妨借用马克思的一句话,即"人是特殊的个体,并且正是人的特殊性使人成为个体,成为现实的、单个的社会存在物,同样,人也是总体,是观念的总体……又作为人的生命表现的总体而存在一样"[①]。实质上,马克思阐释了作为主体的人,都是其共性和个性的统一体。个体的成长过程就是一个不断摆脱孤立状态而走向群体和社会领域的社会化过程,同时又是在社会化的过程中,展示其独特个性而成为社会成员的过程。高清海先生在谈到"类"与"种"的区别和联系时,实际上也是对共性与个性关系的一种阐释。在他看来,"种"通常意味着"界限","类"代表一种最高的统一性[②],"类"在"种"的基础上生成,既包括"种",又高于"种"。人与人既有确定区别,在本质上又是具有一体性的,人与人的关系就属于这种"类"关系。人的类本质作为人的本质的统一性,不但必须以个体的差异性、多样性乃至对立性为内容,而且它也只能在无限多样的个性中去体现自己、实现

---

① 马克思.1844年经济学哲学手稿[M].北京:人民出版社,2014:81.
② 高清海.人的"类生命"与"类哲学":走向未来的当代哲学精神[M].长春:吉林人民出版社,1998:245.

自己、完成自己。① 由此可知，作为个体的人，一方面，他有独特个性的生活和活动；另一方面，他也生存在统一的类活动、类生活之中。任何主体的人都是共性和个性的统一体。

任何一个大学生都是其共性与个性的统一。他们正处在人生发展的重要时期，是世界观、人生观、价值观形成和发展的关键阶段。他们年龄相仿，生活阅历相似，智力水平相当，心理发展特征相近，都需要具备基本的思想道德素质、科学文化素质及参与社会实践活动的能力，都需要担当时代所赋予的历史使命与责任，表现出诸多的共性。但作为个性的大学生，他们之间存在各种差异，分别来自不同的家庭，有着不同的人生经历、独特的思维方式，由此形成了不同的精神需求，在实际生活中所面临的困惑、问题等也各不相同，形成了教育对象的个性特征。这就要求大学生生命价值教育在强调共性的同时，也关注学生个性，从学生的实际出发，贴近学生，真正做到以"人"为本；尊重学生的差异与个性化，因材施教；在共性中看到个性，在个性中把握共性，做到共性教育与个性教育的统一，引导学生探寻生命意义，从而实现生命价值。

第四节　对大学生进行生命价值教育的可行性与必要性

大学生是社会的一个特殊群体，是国家、民族的希望及实现中华民族伟大复兴的后备力量。他们正处于生命成长的特殊阶段，以及世界观、人生观、价值观的塑造时期，具有较强的接受力、可塑性，其价值取向关涉未来整个社会的价值取向。因此，对他们进行生命价值教育，引导他们深刻地认知

---

① 高清海. 人的"类生命"与"类哲学"：走向未来的当代哲学精神［M］. 长春：吉林人民出版社，1998：238.

生命无价,树立正确的理想信念,自觉地追求生命价值,提升其精神境界,使他们成为能够担当重任的新一代栋梁之材,促进人的全面发展显得尤为重要和必要。

一、大学生生命价值教育的可行性分析

大学生的主体意识具有可塑性,他们可与教育者进行思想交流;同时,丰富的生命价值教育资源及多样化的教育手段可以充分发挥其作用,使大学生生命价值教育得以实施。

1. 大学生主体意识具有可重构性

主体意识是人区别于动物的本质特征,指作为认识和实践活动主体的人对于自身的主体地位、主体能力和主体价值的一种自觉意识,是主体自主性、能动性和创造性的观念表现[①],它包括主体的自我意识和对象意识,即主体不仅能意识到自身的需要、价值、能力等,还能把人的本质力量充分展示在对象性活动中,使其外部世界变成有益于自身发展的"人化世界"。

主体意识的觉醒是实现人自由发展的前提,培养和引导积极健康的主体意识,是开展大学生生命价值教育不可或缺的重要组成部分。主体意识具有生成性、选择性、自主性、社会性和实践性[②]。首先,主体意识是一个生成与发展的过程,它会随着社会生活的变迁而赋予主体意识新的内容,其生成和发展也是主体不断进行选择和创造的过程,并且还在生成的途中。其次,主体意识的自主性使人能深刻认识人与自我、人与自然、人与社会的关系,并由此自我调节,充分利用各种社会关系来开拓进取。同时,主体意识也能使人充分地、自觉地认识到自我的力量,有效地实现自我控制,从而自信地面向实践。最后,主体意识还表现为奋发有为的实践意识,使人从他

①　李有库.高校德育应注重强化大学生主体意识的培养[J].思想理论教育导刊,2004(1):69-71.
②　卢卫林.论大学生主体意识培养的现实意义[J].学校党建与思想教育,2015(2):69-71.

人、社会、历史的视角来指导自身的社会实践活动。因此,对人的主体意识的培养和塑造具有十分重要的意义,大学生生命价值教育旨在通过教育使人深刻认知生命无价,并促进其精神层面的自我觉醒,对生命价值的认知由自在向自为,由自发向自觉转化,积极创造生命的价值,提升生命价值。显然,培养和引导积极健康的主体意识,发挥人的主体性,是大学生生命价值教育的目标。

大学生的主体意识是指大学生作为社会生活中的具体成员,对于自身的主体地位、主体能力和主体价值的一种自觉认识、理解、判断和反应的心理状态。[1] 当代大学生是可爱、可信、可贵、可为的[2],他们肩负着时代的重任和使命,是推进中国特色社会主义现代化建设和实现"中国梦"的后备力量。因此,对大学生主体意识的塑造和构建显得尤为重要和必要。大学生主体意识的可重构性从以下两方面予以理解。

首先,大学生正处于世界观、人生观、价值观形成的关键时期。

世界观是人们对整个世界的基本看法。人生观是人对自身的存在以及活动的意义、价值等问题的基本看法和态度。[3] 不同的人生观决定着不同的生活态度、人生道路和人生理想。价值观是人们对价值问题的根本看法。从根本上讲,世界观、人生观、价值观代表着人们对世界、人生的追求及价值取向的根本看法,指挥着人的思维方式、理想信念、思想境界和行为准则等,具有"总开关"的作用,因此,对于每个人来说,树立正确的世界观、人生观、价值观都至关重要。

大学生有较强的自我意识,视野开阔,思想活跃,善于捕捉新观念、新思想、新潮流,是时代的弄潮儿,正处于世界观、人生观、价值观系统的培育和

---

① 卢卫林.论大学生主体意识培养的现实意义[J].学校党建与思想教育,2015(2):69-71.

② 罗容海.做"可爱可信可贵可为"的新青年[N].光明日报,2014-05-08(2).

③ 陈志尚.人学新论:马克思主义人学基本理论和重大现实问题研究[M].北京:人民出版社,2015:350.

成形时期。同时,大学阶段既是知识积累的重要时期,又是开拓人生、成就事业的"准备期"。在这个阶段,大学生需要确立自己的人生观、价值观、生死观以及生活观,为自己的生命找到意义。[①] 这也是大学生生命成长的需要和身心发展的特点。然而,我国目前正处于社会转型时期,思想的多样化、价值的多元化及各种社会思潮的传播和发展,冲击着大学生的思想和价值观念。他们缺乏社会经验,对自我能力的认识往往不够完善,在人生目标的定位、理想信念的确立上有较强的可塑性,此时正好通过生命价值教育及时补充精神营养,充分挖掘其内在的潜能,激发其成长的内驱力,充分地认识自我及自我与周围客观世界的关系,促进其主体意识的形成、主体能力的提升及精神层面的自我觉醒,以理想照亮现实,从而更自觉地规划自我发展的蓝图。

其次,从人的主体意识发展看,个体主体意识有其任性和盲目的特点,如何发扬其积极面,把个体主体意识升华为社会主体意识,可通过大学生生命价值教育来引导和塑造。

第一,个体主体意识有其任性和盲目性,若不加以引导,有可能造成个体主体意识的发展失衡。马克思曾明确指出:"凡是有某种关系存在的地方,这种关系都是为我而存在"[②],因此,在实践中,主体意识的"为我"倾向,就可能有不同的内容。那么,主体意识就可分为个体主体意识和社会主体意识[③],前者仅仅囿于自我,后者包括对社会的责任与义务的认识。当个体以生活的创造者姿态出现,在社会关系中确证自己的本质,从而创造自我的价值时,个体主体意识的确立是社会动力系统的激活剂[④],并对社会的发展

① 何仁富,肖国飞,汪丽华,等.大学生命教育的理论与实践[M].北京:中国广播电视出版社,2012:184.
② 中共中央马克思恩格斯列宁斯大林著作编译局.马克思恩格斯选集:第1卷[M].2版.北京:人民出版社,1995:81.
③ 高兆明.论个体主体意识与社会主体意识[J].社会科学战线,1990(3):49-56.
④ 高兆明.论个体主体意识与社会主体意识[J].社会科学战线,1990(3):49-56.

具有深刻意义。但当个体以自然任性的冲动支配自己时，就有可能导致个体主体意识发展的畸形与失衡，甚至造成个人与社会的对立。对此，黑格尔曾指出："当自我意识把其他一切有效的规定都贬低为空虚，而把自己贬低为意志的纯内在性时，它就有可能或者把自在自为的普遍物作为它的原则，或者把任性即自己的特殊性提升到普遍物之上，而把这个作为它的原则，并通过行为来实现它，即有可能为非作歹。"①也就是说，虽然个体主体意识在一定程度上启发了人的能动性和创造性，但缺少了主体的社会性本质特征，它也有可能往消极的方面发展，造成人的野心勃勃、自私自利、唯我独尊，甚至极端的个人主义。大学生正处于人生发展的关键时期，但受多元文化思潮的冲击和影响，部分大学生把个人利益看作一切行为的目的，被金钱、物质所束缚，一味追求物质利益，结果丧失了自我，精神空虚，还需要通过大学生生命价值教育引导和帮助他们。

第二，人的社会性规定了应当以普遍的社会利益为个人活动的最高准则②，因此，个体主体意识需要升华为社会主体意识。个人是社会中的人，社会由个人组成；个人不可能脱离社会生活而独自存在，社会是个人发展的场所。当个体在探究生命的意义与价值时，能领悟到以社会整体的事业为自我的本质时，个人利益与社会利益达到了统一，个体主体意识就升华为社会主体意识。倘若人人沉溺并停滞于个体主体意识阶段，人人为自己，社会生活就可能陷入混乱的秩序，社会无从发展甚至走向衰落。处在世界观、人生观、价值观形成时期的大学生不可避免地受到社会各种因素的影响，尤其是功利主义、消费主义等思想观念的冲击，使他们不能正确地认识其社会角色，而对社会责任与使命担当有所疏离，这可通过大学生生命价值教育来引导和塑造，使他们的个体主体意识升华为社会主体意识。

总之，大学生正处于世界观、人生观、价值观的形成时期，具有较强的可

---

① 黑格尔.法哲学原理[M].杨东柱,尹建军,王哲,译.北京:北京出版社,2007:142-143.
② 高兆明.论个体主体意识与社会主体意识[J].社会科学战线,1990(3):49-56.

塑性,他们的个体主体意识还需要引导和升华为社会主体意识,这为大学生生命价值教育的实施提供了内在动力。

2.多样化教育手段具有可利用性

教育手段是指教育者在教育活动中作用于受教育者所借助的各种条件的总和,包括物质手段和精神手段。[①] 本书所指的教育手段侧重于精神手段,即教育者为达到教育目的所采取的多种形式与途径。大学生生命价值教育内容的实施、活动的展开及教育目标的达成,都需要依托一定的载体。大学生生命价值教育的实施不仅可利用显性载体,还可利用隐性载体,使显性载体和隐性载体相互结合、相互补充,共同发挥作用,从而达到既定的教育目的。

显性载体是指采用各种公开的场所和方式进行有组织、有系统的教育。与隐性载体相比,它是一种明显的"有形"存在,往往具有开门见山、有声有色的特点,承载的教育信息大多带有较强的理论性和导向性,担负着正规化、系统化的教育任务,是其他载体所不具备的。开展大学生生命价值教育,有效的显性载体为:课堂教学,如生命价值教育的公共选修课;专题讨论和专题讲座,如"生命意义与价值"的专题讲座。教育者可根据大学生的特点,有针对性地选择载体进行大学生生命价值教育,以增强教育的实效性。

隐性载体是相对于显性载体而言的,它不易被教育对象觉察,通过隐蔽的方式引导受教育者。生命价值教育的隐性载体是指利用比较间接、含蓄、隐蔽的形式,使大学生在潜移默化中接受生命价值教育的方式。大学生生命价值教育的内容既可以渗透到教育环境(包括家庭教育环境和社会教育环境)之中,又可以渗透于各类活动过程之中,从而达到更好的教育效果。当前,可利用的隐性载体有文化载体、人际关系载体、网络载体、活动载体、传媒载体等。

[①] 赵玉英,张典兵.教育学新论[M].济南:山东人民出版社,2012:32.

首先,文化载体以寓教于境的方式,有效增强大学生生命价值教育的吸引力。

文化载体通过营造一定的教育情境、氛围,以潜移默化、暗示的形式直接或者间接影响人,从而实现教育的目的。这是文化载体区别于其他载体的一个重要特征。利用文化载体是寓教于境的有效方式,能有效增强大学生生命价值教育的吸引力。这主要源于人是文化的存在,从某种意义上来说,人之所以为人,主要因为他习得了文化,能创造和传承文化,文化是人所特有的能力,文化是人类在社会实践过程中所获得的生产能力和所创造的物质、精神财富的总和。[①] 人的生命成长无不需要漫长的文化学习与养育,文化能感染人、影响人、塑造人,启发生命的灵性,引导生命个体探索生命的意义,提升生命的价值。总之,文化为教育提供了丰厚的资源,在文化的滋养和浸染下,人能更深刻地认知生命价值,并在实践中践行热爱生命的行动。在文化多元化的发展趋势下,中国文化与西方文化、传统文化与现代文化、精英文化与大众文化之间相互渗透与影响,从其积极意义上讲,文化作为一种精神力量,能拓宽个体生命发展的空间,为个体探寻生命的意义和实现生命的价值提供更多的可能性。大学生生命价值教育可借助文化载体中的有利因素,使大学生在潜移默化中接受特定文化的熏陶,从而增强生命价值教育的吸引力。

良好的校园文化是开展大学生生命价值教育的有效载体。校园是大学生学习和生活的地方,形式多样、丰富多彩的校园文化对大学生具有独特的吸引力,为大学生生命价值教育的开展提供了良好的环境。校园文化是由全体师生员工共同创造并遵循的独特的价值标准、心理特点、审美情趣、思维模式和行为规范,以及与此相关的优良的学风、校风等[②],它包括学校的物质文化、制度文化和精神文化,这三者之间相互联系,相互影响,相互促进,

---

① 陈少雷.文化价值观的哲学省思[M].北京:社会科学文献出版社,2015:27.
② 肖秋芳.校园文化是地方高校思想政治教育的有效载体[J].教育探索,2011(7):128-129.

共同构成了校园文化的有机的统一整体。校园文化具有导向、激励、调节、规范和社会化的功能，能塑造学生的精神、心灵、性格，使生活于其中的每个学生都能有意、无意地接受文化的熏染，在思想观念、行为方式以及价值取向上与既定文化保持一致，调整心态使其与校园精神合拍，对生活于其中的每位大学生都具有规范约束的功能，以达到社会化的目的。因此，高校应充分发挥校园文化环境的作用，营造尊重生命价值的校园文化，以人的生命为本，使之体现在学校的全部教育形式之上，建构生命价值高于一切的校园文化精神。校园物质环境、课堂学习、社会实践活动以及学校管理等方面，都承载着对生命价值的重视与尊重。除此之外，高校可以充分依托学生组织和社团开展校园文化活动，形成丰富多彩的生命健康系列文化活动，并使之常态化、项目化，共同营造校园尊重生命价值的文化氛围，以喜闻乐见的形式满足大学生交往、调整、放松、归属的心理需求，引导他们探寻生命的意义和价值，使他们在思考、体验中领悟生命的责任，提高对生命价值的认知，使大学生接受潜移默化的、润物细无声的教育。

其次，人际关系是有效发挥大学生生命价值教育的重要载体。

个体生命不是孤立性的存在，离开了他者，个体生命根本无法存在。有研究者把人际关系列入隐性德育的载体[①]，并认为人际关系是隐性德育的重要人文空间，良好的人际关系是有效发挥隐性德育功能的关键。本书也赞同这一观点，认为融洽的人际关系为大学生生命价值教育的开展创造了和谐互动的人文氛围，是实施大学生生命价值教育的重要载体。

对于大学生而言，学校的人际环境主要是同学关系、师生关系，良好的人际氛围能创造和谐的生活空间，给人温暖、愉悦的人文氛围，使浸润于其中的人发现生命的意义，感受生命的力量，并促进自我的成长与完善，展现生命的价值，是促进生命成长与发展的重要条件。因此，良好的人际关系是

---

① 詹玉华.高校隐性德育环境三维空间的若干思考[J].中国农业大学学报(社会科学版)，2006(3):87-90.

生命价值教育的有效载体。一方面,从师生交往层面看,生命价值教育不同于一般以知识传授为目的的教育,它是一种人文精神的教育。从一定意义上讲,教育的有效性又依赖于良好的师生关系。更确切地说,这需要教育者在其教学活动中所展现的不仅是知识的光芒,更是人格的魅力;不仅能在理论上引导学生,更能在实际行动中为生命价值的彰显做出自己的表率;以其积极向上、力争上游的人格魅力来影响和感染学生[①],使学生获得的不仅是知识和技能,更是人生的体验和生命价值创造的幸福。这将对学生起到很好的示范作用,使得生命价值教育的效果更佳。另一方面,从同学交往层面来看,同学之间的交往是大学生活的重要组成部分,很自然地形成了相互模仿、相互认同、相互合作的群体氛围。那些在学习、生活等方面表现突出的同学往往能成为榜样或者标杆,激励其他同学奋发向上。正因为如此,他们才能在相互影响、相互教育中探寻生命意义,共享人生经验,共同成长;才能在耳濡目染中感受积极向上的人生观和价值观;才能在相互交流与沟通中完善自我,提升自我,践行热爱生命的行动。由此可见,良好的人际关系也是生命价值教育的有效载体。

再次,传媒载体以寓教于情的方式,提升大学生生命价值教育的感召力。

传媒的信息对人们的思想观念、生活方式、心理状况等有广泛的影响。充分认识并有效利用各种传媒载体,是开展大学生生命价值教育不可忽视的问题。传媒有传统媒体与新媒体之区别,这里的"传媒"是指新媒体,它不同于传统意义上的报纸、广播、电视、杂志等媒体,是互联网、手机和其他新技术组成的媒体总称。有研究表明,"目前青少年对社会的基本认识,甚至是人生观、价值观的形成,50%以上的影响来自传播媒介"[②]。新媒体为大学生生命价值教育带来了前所未有的机遇,它能以文、图、声、像等传播生命价

---

①　石艳华.大学生生命教育初探[J].学校党建与思想教育,2005(6):72-73.
②　骆郁廷.当代大学生思想政治教育[M].北京:中国人民大学出版社,2010:12.

值教育的内容,以富有声音、韵律和节奏的动态之美,以鲜明清晰、逼真、生动的形式,给人一种身临其境的感觉,使大学生既受到静态美的陶冶,又受到动态美的感化作用,以此展现生命之美,这为大学生生命价值教育增添了不少的吸引力和感召力。因此,无论是网络载体还是数字电视等,只要是包含人文情感、人文关怀以及人文精神的题材都可以作为大学生生命价值教育的素材,本书试以网络载体为例加以说明。

随着信息技术的发展,互联网成为继报纸、广播、电视之后的"第四媒体",已成为人们日常生活中不可缺少的一部分。网络高效的传播速度、大众的广泛参与、广袤的空间区域、宽广的交流范围,以其能听、能看、能写的双向交流模式,具有其他媒体无法比拟的优越性。网络不仅满足了当代大学生对新技术、新手段、新知识的需求,还可使教育者充分利用网络的海量信息,以及文字、画面、声音等网络传播的多媒体特征,从而不断地丰富生命价值教育的素材,使生命价值教育更具有艺术感染力,更具有时效性。但是网络也是一把"双刃剑",其虚拟性、隐匿性等特点,很容易导致人的网络行为"失范"、道德人格的缺失,尤其是网络游戏中生命的死而复生现象,消解了人对生命的敬畏、生命的神圣性,因此要合理利用网络。

高校是网络时代进行大学生生命价值教育的重要阵地。第一,高校可充分利用互联网开设网上生命价值教育专题,在生命价值教育和理想信念教育的有机结合中引导和帮助大学生形成正确的世界观、人生观、价值观,增强大学生生命价值教育的有效性。第二,高校可充分发挥学校现有的网络平台和其他公共交流平台,如"学校—学院(系、所)—教师—学生"四级网络平台,开展大学生生命价值教育,也可借助教师的个人网页、博客、微博、微信朋友圈等,采用互动式交流和疏导的手段,从而提高教育的吸引力和感染力。第三,高校可借助学校心理咨询网站进行生命价值教育。随着网络成为大学生活不可缺少的一部分,学校心理咨询网站逐步成为高校心理健康辅导的重要手段。网络以其匿名性、随意性、超时空性以及自主性的特点,吸引大学生尝试网上心理咨询,可使他们放下对身份、年龄与保密性的顾虑,有利于大学生敞开心扉,客观地陈述自身的问题,以互动的方式深刻细致地剖析产生问题的原因等。但是人生观问题往往与心理问题夹杂在一起①,大学生生命价值教育完全可以利用心理咨询网站,及时解决大学生生命成长与发展中的问题,使教育更具有针对性。

最后,活动载体以寓教于行的方式,增强大学生生命价值教育的实效性。

人类的任何活动都是围绕着一定的目标展开的,大学生生命价值教育也不例外。活动载体是指教育者为达到一定的教育目的,有意识地把相关的教育内容寓于一定的活动之中,使受教育者在参与活动的同时,对活动中承载的教育信息加以吸收与消化。② 活动作为大学生生命价值教育的有效载体,其区别于其他载体的最大特征就是活动本身,它以其内容真实性、参与性、体验性等特点,对大学生具有天然的亲和力,有利于生命价值教育内容的便捷传导,使大学生在潜移默化中接受教育,从而达到生命价值教育的理想效果。同时,活动载体还能较好地实现教育与自我教育的统一③,使大学生主动思考生命,感悟生命的意义,体验生命的价值,从而自觉地规划生命愿景,提升生命的价值。活动载体是实现大学生生命价值教育与自我教育相统一的重要形式。在一定意义上,活动载体还能使大学生在接受生命价值教育、自觉追寻生命意义、提升生命价值的同时,在某种程度上扮演着教育者的角色,在活动中感染和影响其他同学对于生命价值的认知、对理想信念的确立等。也就是说,活动载体还能使大学生生命价值教育客体主体化,扩大生命价值教育面。

这里所言的活动载体是指教育者和受教育者都可以参与的,而且有别

---

① 郑晓江.青少年自杀及暴力现象的生死哲学透视[J].中国德育,2007(1):29-32.
② 陈华洲.思想政治教育方法论[M].武汉:华中师范大学出版社,2013:97.
③ 张耀灿,陈万柏.思想政治教育学原理[M].北京:高等教育出版社,2001:204.

于校园文化活动和显性生命价值教育活动的那一类。大学生生命价值教育的活动载体大致可分为:社会实践型,如大学生志愿服务活动;素质拓展型,如大学生心理素质拓展活动、心理健康月活动;参观游览型,如参观生命价值教育实践基地等。这些都是开展大学生生命价值教育的有效载体,能为大学生生命价值教育增添无穷的力量。

3.教育资源具有可发挥性

教育资源是教育活动得以展开的基础和条件。从教育学的视野分析,教育资源由教师资源、学生资源、教育环境资源、教育信息资源组成,其中教育信息资源着重于课程资源。[1] 从教育传播学的角度看,教育活动就是一个传播的过程,教育资源是维持教育传播的诸要素,但教育信息资源是指人文知识和科技知识等。[2] 显然,教育资源主要指课程资源和与生命价值教育有关的人文知识等教育信息资源,它们都可以纳入生命价值教育活动,为大学生生命价值教育的开展提供生动而丰富的题材。

大学生生命价值教育的资源较为丰富,既能充分发挥传统资源的优势,又能发挥历史资源和现实资源的作用。除部分高校已经开设的"人生与哲学""生命教育与生死哲学""生命学与生命教育""生命·生存·生活教育"等公共选修课,以及融入思想政治理论课和心理健康教育课程中的教育资源之外,还可从以下几方面充分挖掘,并加以发挥作用。

(1)传统资源

传统资源指可被大学生生命价值教育所利用的传统文化因素的总和。我国传统文化中蕴含着丰富的生命价值教育元素,其不仅体现在各家流派的思想中,而且还蕴含在中国传统节日、古代诗词及中国传统经典著作中。这些宝贵的资源是人类优秀文化的记录和保存,对大学生实施生命价值教

---

[1] 唐明钊.教育资源系统研究[M].重庆:西南交通大学出版社,2014:26.
[2] 唐明钊.教育资源系统研究[M].重庆:西南交通大学出版社,2014:28.

育理应在其中寻找资源。

我国的很多传统经典著作是关于生命价值教育的,如《论语》不仅是通常意义上所说的道德修养的著作,还是一本关于生命价值实现的书,其中"道"就体现了生命的终极关怀和人生的最高目标;《大学》所提供的"贯通天人"的生命学问,为人的生命价值升华提供了可能;《礼记》是对人的生命本质的探索和人的社会属性的规范,从言行举止的规训到内在道德的教化,内外相互影响,从而提升人的境界。

传统节日文化中的生命价值教育资源主要有三点。

一是春节和清明节的祭祀彰显敬畏生命之情。传统节日文化中涉及许多祭祀的活动,主要集中在春节和清明节进行,春节期间有祭祖、郊祀等,清明节有扫墓、祭拜先辈、悼念革命先烈等活动。面对已经逝去的生命,人们以缅怀的方式祭奠,表达对过去生命的纪念、对当下生命的珍惜及对未来生命的愿景。祭祀过程能使人深刻认识生命的生死样态,其根本的意旨在于融敬畏意识于生命本身[①],让人尊重生命、热爱生命。如今祭祀的方式发生了变化,但不管是传统形式的扫墓,还是现代形式的绿色祭祀等,都体现了敬畏生命的情感。生命价值教育可以清明节文化为载体,采取寓教于境的方式创设教育情景,强化学生对生命的敬畏之情,使敬畏生命成为融入生命本身的价值观。

二是端午节和重阳节蕴含着关爱生命、尊重生命价值的意蕴。中国传统节日自古以来就对人的生命及其价值十分关注,端午节和重阳节蕴含着关爱生命、尊重生命价值的教育资源。在古人看来,农历五月五日的阳气最旺,易伤人,为抵御充满瘟疫之气的"恶日"[②],他们运用医药学、运动保健知识来保护生命,方法有挂菖蒲、饮雄黄酒、洗药草浴、佩戴香袋等。生命存在

---

① 周静,李敏.从疏离走向相辅而行:传统节日文化中的生命教育资源[J].当代教育科学,2015(8):11-14.

② 大乔.图说中国节[M].北京:中国社会科学出版社,2009:105.

是生命价值得以产生的前提和基础,这种护生方法里蕴含着关爱生命、尊重生命价值,促进共同体得以延续的意蕴。重阳节是农历九月初九,九九是两个阳数,九九谐音久久,重阳节主要体现在除邪避秽的原始动机里,体现在登高的群体运动中以及赏菊戴茱萸的养生行为中,后来逐渐演化为祈求长寿意涵的"老人节"[①],体现了崇生、爱生的生命态度,蕴含着关爱父母、尊重生命价值、祈生的情感。因此,学校可根据大学生的特征,有选择性地开展丰富多彩的社会实践活动,让节日中蕴含的生命价值教育资源发挥其教化功能,使大学生在潜移默化中接受教育。

三是春节、中秋节、元宵节蕴含着追求和合之美的生命价值。春节有"拜年"习俗,元宵节有举家"赏花灯"习俗,中秋有"赏月、吃月饼"习俗等,这些节日活动都是在亲朋好友的相互问候、相互关爱的人文氛围中进行,展现了热闹、圆满的生命和合状态,蕴含着对和合之美的生命价值追求。与他人融为一体的"和合"意识是生命发展的需要[②],人在"和合"意识中感受需要与被需要,从而肯定自我的生命意义,展现生命的价值。这些节日中以特殊的饮食、活动方式表达生命价值的愿景,启迪人追寻生命的意义,实现和合之美的生命价值。对大学生来说,这些传统节日是一种自然的"生命体验场",是学生表达生命情感、体验生命价值的重要方式。由于这些节日普遍为放假的非在校时间,因此,学校可在节日前后精心设计活动,赋予这些节日新的生命力,激发大学生深刻认知生命价值,引导其主动追求真、善、美的意义,实现生命的价值。

(2)现实资源

与传统资源相比,现实资源是指在我国新时期产生并存在的,可以被大学生生命价值教育利用的各种因素。现实资源具有时代的特征,是开展大

---

① 大乔.图说中国节[M].北京:中国社会科学出版社,2009:180.
② 周静,李敏.从疏离走向相辅而行:传统节日文化中的生命教育资源[J].当代教育科学,2015(8):11-14.

学生生命价值教育的鲜活素材。

一是人性光辉中的大学生生命价值教育资源。在新时期,我国涌现出许多典型的先进人物,感动中国,感动世界。他们用独特的方式,凸显了人性的光辉,诠释了生命的价值,为大学生生命价值教育提供了生动而翔实的教育资源。虽然他们有不同的身份、背景和生命历程,但他们每个人身上都有一种让人震撼的精神力量,体现了人性之美,唤醒了生命的力量,诠释了生命的价值,绽放了生命最高尚的光芒,体现了当代中国的精神风貌,引导人的生命价值取向,可以通过媒体将这些先进人物事迹进行颂扬,使其成为大学生生命价值教育的鲜活素材。

二是困境与挑战中的大学生生命价值教育资源。困境能激发生命的强大动力,唤醒其潜在的能量,使人在挑战中开创生命的价值。我国存在许多以不屈不挠、顽强拼搏、自强不息的精神挑战特大困境、展现人的精神境界的事件,为大学生生命价值教育提供了丰富的感性素材。他们展现了人类美好的品格和行为,彰显了生命的价值,同时也引发人对生命价值的深刻思考,激发了人对生命价值的敬仰之情,使人意识到生命的有限,从而为生命注入更为丰富的精神内涵。在这种生存信念的支撑下,他们战胜生命本然状态中的死亡与痛苦,使生命过程由实然走向应然,由自在走向自为[①],提升其生命价值。例如,汶川地震博物馆就展示了在特大的困境与挑战面前人类崇高的精神境界,启迪大学生珍惜生命,善待生命,在热爱生命的实践中努力创造生命的价值,为大学生生命价值教育的有效开展提供了精神食粮,增强其育人效果。

4.教育者与受教育者的思想具有可交往性

交往是指在一定的社会、历史条件下,人们之间相互往来,并进行物质

---

① 靳凤林.让生命价值铭刻为民族记忆:汶川大地震中的生死伦理[J].郑州大学学报(哲学社会科学版),2009(1):10-11.

与精神交流的社会活动。交往是人的基本精神需要之一,存在于人的一切社会活动中。德国著名哲学家、社会学家哈贝马斯认为:"交往理性的范式不是单个主体与可以反映和掌握的客观世界中的事物的关系,而是主体间性关系,当具有言语和行为能力的主体相互进行沟通时,他们就具备了主体间性关系。"[①]在他看来,交往是主体之间的关系,而非个人的"独白式"行为。主体间性是交往行为的重要基础,语言是交流思想、表达情感的工具,缺少了语言符号,交往就成了"无米之炊",而无法进行下去。人的交往行为是以语言为沟通媒介的交流,使交往主体在对话关系中达成沟通和理解。交往行为的核心是"理解",与目的行为、规范行为、戏剧行为相比,交往行为是较合理的社会行为。语言是一种促进全面沟通的媒介,应充分发挥其沟通和协调功能,使言说者、听者与主观世界、客观世界等发生关系,从而进入一个共同的语境,达成"共识"。

从以上的交往行为理论看,交往不是一种静态的社会关系,而是动态地表现主体之间的相互作用、相互沟通、相互理解。

教育者与受教育者之间的交往关系也就具有平等性、交互主体性和共享性的特征。首先,从平等性看,教育者与受教育者是共在的主体间的存在方式,他们是现实的生命个体,是有思想、有需求、有灵魂的生命主体,两者在法律、人格上是平等的,既有发表意见的权利,又可以倾听、共同参与教育活动。其次,在交互主体性上,教育者与受教育者之间的活动是主体间的交往活动,两者可就共同的经验与思想进行交流,教育不再是教育者的个人独白、单向灌输,而是与受教育者共在的自我进行交流与沟通。最后,在共享性上,教育者与受教育者相互尊重,相互理解,将心比心,每个人都可以对生活中的酸甜苦辣、是非对错、好恶真假等发表感受和见解,进行平等对话、情感交流、精神相遇、经验共享。

---

① 哈贝马斯.交往行为理论[M].曹卫东,译.上海:上海人民出版社,2004:375.

　　对话是教育者与受教育者主体间交往的重要展开形态和灵魂。思想的本质是对话[①]，思想不仅可以通过对话产生，还可通过对话充满活力。从某种意义上说，教育者与受教育者之间的交往就是思想的交往。大学生生命价值教育的价值内涵和人文旨趣也蕴含于教育者与大学生的思想交往中。从教育者来看，教育者是现实的生命个体，生存于一定的社会关系之中，也有人的精神需要。在教育活动中，教育者以其独特的知识、丰富的人生经验和情感体验为大学生澄明精神世界，引导其生命价值取向，通过交往使主体双方超越自我的界限，与他人、社会和世界达到融合。从受教育者来看，大学生思想活跃，个性突出，自主意识不断增强，渴望与人真诚交往，进行对话，迸发思想的火花。正是在这种双向的平等互动中，教育者与大学生之间进行思想、情感、人格、精神等方面的交流与沟通，从而传递生命知识，领悟生命意义，共享生命智慧，并主动建构自我的精神世界，提升生命品质。这种主体间的交往关系实质上也就是教育者与受教育者之间思想的交往。

　　总之，交往是教育者与受教育者之间关系得以建立和表征的基本形式。没有交往，教育关系便不能成立，教育活动也就不可能产生；离开了思想的交往，教育只能是外在的关系。教育者与受教育者的思想交往，使两者之间的对话得以继续，为大学生生命价值教育的实施提供了不可或缺的前提条件。为更好地达到育人目标，大学生生命价值教育不能仅仅依靠教育者的知识或者理论传授，还有赖于教育者与大学生之间实现精神的交流和心灵的沟通，更需要他们通过大量实景式、全真式的交往，在相互平等、相互理解、相互欣赏与相互关爱的语境下，展开对话，共享人生经验、人生智慧。这样才能更好地帮助大学生树立正确的世界观、人生观、价值观，体悟生命，理解生命，认知生命的无价，从而达到既定的生命价值教育目标。

---

　　① 王向华.对话教育论纲[M].北京:教育科学出版社,2009:5.

二、大学生生命价值教育的必要性分析

大学生生命价值教育旨在引导大学生深刻认知生命无价，促进其精神上的自我觉醒，自觉地创造生命价值，参与提升生命价值的社会实践活动。对他们实施生命价值教育既是大学生自身适应社会、成长成才的内在要求，又是新时代建设社会主义现代化强国和实现民族复兴伟业的历史使命，促进人全面发展的时代要求。

1.大学生成长成才的内在要求

当代大学生是传承和实现中国梦的重要依靠力量，他们视野开阔、思维活跃，正处于生理成熟和精力旺盛的时期。他们处在追寻生命意义、探索生命价值较困惑的阶段，对自我的发展怀有一定的梦想与期待，正是这种内在的动力，促使其不断地探索和实践，从而实现自我、展现青春的力量。然而，当今世界正处于大变革的时期，西方各种社会思潮的传播和蔓延，冲击着大学生的价值观念，给他们理想信念的确立和价值体系的形成带来了消极的影响。部分大学生存在漠视生命、轻视生命价值、曲解生命价值的现象，对生命价值还缺乏正确的认知和深入的思考，这会影响他们对未来人生目标的追求。因此，对大学生开展生命价值教育是大学生成长成才的内在要求。

第一，大学生的成长与发展需要正确的方向指引。2014 年，习近平总书记在北京大学师生座谈会上的讲话指出："抓好这一时期的价值观养成十分重要。这就像穿衣服扣扣子一样，如果第一粒扣子扣错了，剩余的扣子都会扣错。人生的扣子从一开始就要扣好。"[1]因此，对大学生进行生命价值教育，引导他们深刻认知生命价值、尊重生命价值，培养其责任意识和担当精神，帮助他们树立正确的理想信念，使他们自觉地追求人生理想，展现其生命意义和价值，是大学生成长成才的内在要求。

---

[1] 习近平.青年要自觉践行社会主义核心价值观[N].人民日报，2014-05-05(2).

第二，大学生的成长与发展需要精神动力。人是意义性的存在，人的发展需要精神的支撑，如果缺少精神的动力，人则无法展现其主观能动性，更不可能取得个人的进步与发展。大学生生命价值教育的本质在于使大学生深刻认知生命无价，促进其精神层面的自我觉醒，使他们对生命价值的认知由自在向自为、由自发向自觉转化。从根本上说，大学生生命价值教育是一种培养人文精神的教育，能为个体生命的成长与发展提供精神给养，发掘与激发其生命价值潜能，引导其进行生命价值的创造和实践，提升其精神生命价值，培养其责任意识，让他们在尊重生命、善待生命、敬畏生命的同时胸怀社会，领会生命的意义和价值，形成积极向上的人生观、价值观，树立坚定的理想信念。

2. 实现大学生历史使命的时代要求

党的十八大以来，习近平总书记高度重视青年工作，对青年寄予厚望，并指出："青年一代有理想、有担当，国家就有前途，民族就有希望，实现中华民族伟大复兴就有源源不断的强大力量。"[①]"只有把人生理想融入国家和民族的事业中，才能最终成就一番事业。"[②]"把自己的梦想融入人民实现中国梦的壮阔奋斗之中，把自己的名字写在中华民族伟大复兴的光辉史册之上。"[③]"新时代是奋斗者的时代。"[④]这为当代大学生的成长、成才指明了前进的方向，提出了新的要求，赋予了新的意义。因此，加强大学生生命价值教育，把他们培养成为具有担当精神的新一代栋梁之材，是新时代全面推进社会主义现代化国家建设和实现中华民族伟大复兴的时代要求。

第一，实现中华民族的伟大复兴是大学生的重要使命与担当。大学生是青年中的优秀者，他们思维敏捷、视野宽广，其能否担当责任直接关系到

① 习近平.在同各界优秀青年代表座谈时的讲话[J].中国高等教育，2013(10):3-5.
② 习近平.勇做走在时代前列的奋进者、开拓者、奉献者[N].人民日报，2013-05-05(1).
③ 习近平.在欧美同学会成立100周年庆祝大会上的讲话[N].人民日报，2013-10-22(2).
④ 习近平.关于"不忘初心、牢记使命"论述摘编[M].北京：中央文献出版社，2013:242.

国家和民族的未来。人的发展离不开强大的动力支撑和坚实的现实基础，中国梦为大学生的成长提供了精神动力，指引他们树立科学的人生理想，明确大学生的责任担当。对大学生开展生命价值教育使其深刻认知生命价值，培养其责任意识，自觉地追求人生理想、担当重任，成为对国家和社会有用的人，为社会发展、国家富强、民族复兴贡献自己的力量，这是加强新时代大学生思想政治教育，立德树人，落实培育时代新人主题的重要体现，也是全面建设社会主义现代化国家和实现民族伟大复兴的时代要求。

第二，在实现中国梦的实践中彰显其生命价值。中国梦是国家富强、民族振兴的梦，更是青年一代的梦。它为大学生的成长与发展赋予了新的时代意义。因此，这要求大学生不仅要成就自我，还要履行相应的责任，肩负起时代赋予的重任，担当学习与创新的责任、服务于民众的责任、完善和提升道德的责任①，把自我的实现与国家富强、民族复兴结合起来，胸怀大志，以梦想照亮现实，坚定自己的理想信念，在实现中国梦的进程中展现自我的青春梦。因为个人是社会中的人，个人只有在集体中才能找到自己安身立命的依托②，才能不断地丰富和提升生命的意义，充分展现其生命价值，让自我的青春更加饱满。生命价值教育有利于大学生坚定理想信念，把个人的理想融入实现民族振兴的洪流伟业，自觉追求人生理想，彰显其生命价值，这是时代赋予大学生的历史使命。

3. 促进人全面发展的客观要求

人的全面发展是"人以一种全面的方式，也就是说，作为一个完整的人，占有自己的全面的本质"③。人的全面发展要求大学生生命价值教育对个体生命的成长提供精神动力，引导个体生命把握提升的方向，促进个体生命实现其价值。

---

① 梅萍，罗佳.中国梦与大学生的时代责任[J].思想教育研究，2014(1)：49-52.
② 梅萍，罗佳.中国梦与大学生的时代责任[J].思想教育研究，2014(1)：49-52.
③ 马克思.1844年经济学哲学手稿[M].北京：人民出版社，2014：81.

　　大学是人生的特殊阶段，是人生发展定向的关键时期，实施大学生生命价值教育有利于大学生深刻认知生命价值，培养其生命情感，使他们用积极的情感引导其价值追求；引导大学生追求生命意义，使其成为具有责任意识的人；启迪大学生的精神世界，使其担当起实现中华民族伟大复兴的时代使命，成为德才兼备、全面发展的合格建设者和接班人，在社会主义现代化建设和实现中华民族伟大复兴的洪流伟业中展现其生命价值，更好地促进人的全面发展。对生命及其价值的正确理解是人全面发展的基础，如果缺乏正确的生命价值观念，也就没有人的发展，更谈不上人的全面发展。总之，开展大学生生命价值教育是引导和帮助大学生成长，彰显其生命价值，促进人全面发展的客观要求。

第三章

大学生生命价值教育的主要思想资源

一部人类文明史就是人类不断追寻生命意义,探索生命价值的历史,无论是我国传统文化中的生命智慧,还是西方生命哲学以及马克思主义经典作家的生命价值思想都蕴含着大学生生命价值教育不可或缺的思想资源。追寻先人的足迹,深刻认识这些思想资源,对其加以批判继承,是我们当前进行大学生生命价值教育的重要前提。

第一节　中国文化中的生命价值教育思想

本节主要介绍中国文化中的生命价值教育思想。

一、中国传统文化中的生命价值教育思想

在我国古代几千年传统文化的长河中,有许多关注生命及其价值的思想,以孔孟为代表的儒家学说和以老庄为代表的道家生命境界说蕴含着有关生命价值教育思想的意义,主要探讨了如何理解生命和安顿生命。

1.儒家对生命价值的关怀

儒家思想在我国传统文化中占据主导地位,其围绕"人"而展开,儒学在一定意义上可被称为"人学"。在儒家看来,人是有道德的动物,人生的意义就在于理解它、发展它和实现它,把追求"仁"作为最终的理想和目标。儒家的这种人生观对人的思想观念及性格产生了较为深远的影响。

孔子作为儒家学派的创始人,"重生贵人",在所有的生命中,最看重人的生命;强调重孝道,保全生命,并以此教育他的弟子。读《论语》,我们便可以深切体会到孔子对生命的无限热爱与珍惜。据《论语·乡党》记载:厩焚。子退朝,曰:"伤人乎?"不问马。① 孔子对人生命的关切溢于言表。当然孔子也是关心动物的,《孔子家语》中曾记载孔子家的狗死了,他还特地嘱咐子贡用席子包好埋掉,不要让狗头直接和土接触。② 孔子"贵人",肯定人的存在本身就是价值,珍爱自我及他人的生命。孔子的学说,其核心的观念即"仁",也就是以爱己之心待人,肯定对方生命存在的价值。对于怎样珍惜生命以及如何保全生命,孔子强调孝道。他认为生命是孝亲的基础,尽孝就要保重身体,维护生命存在;"身体发肤,受之父母,不敢毁伤,孝之始也;立身行道,扬名于后世,以显父母,孝之终也"③。由此可见,孝是爱护生命的表现,也是尊重生命、延续生命、增长生命的人性表现。

在生死观上,孔子认为,人之生命的产生与消亡是自然变化的常理,也是人无法改变的客观事实,人应该尽力做好自己该做的事情,做好现在的工作和尽好应尽的责任,生命的意义在于现世。从"未知生,焉知死?"④可得知,孔子认为,人不懂得生就不会懂得死,人活着最重要的事情就是搞懂活着的道理,重视生命的价值,并探寻死亡的意义。这表面上看似回避了死

---

① 陈晓芬.中华经典藏书:论语[M].北京:中华书局,2016:130.
② 杨朝明.孔子家语[M].开封:河南大学出版社,2008:358.
③ 胡平生,陈美兰.礼记·孝经[M].北京:中华书局,2007:221.
④ 陈晓芬.中华经典藏书:论语[M].北京:中华书局,2016:140.

亡,实则是对生死意义的辩证领悟。孔子以"仁"为高尚的人生追求,对生命价值反思的起点和归宿是以"仁"为崇高目标的伦理道德,通过人的精神境界超越生死,提倡行"仁",并在"仁"中升华自我的人格境界。正是在对存在意义的自觉关注上,孔子的价值观突破了生命的有限而取得了无限的意义,充满了对人类命运的终极关怀,显示其精神的超越性。

孟子继承和发扬了孔子的思想,使"仁"的思想内涵更加丰富,鲜明地提出人性本善的观点。在他看来,人生来就有恻隐之心、羞恶之心、恭敬之心和是非之心,这是人的本性和道德心,道德是人的本性之所在。孟子对"命"有着深刻的体悟,认为每个人都有义务顾全自己的生命,确保其不会置身于危险的处境中,唯有顺受"正命",才是对自己的生命负责。在《孟子·尽心上》中,孟子指出"夭寿不贰,修身以俟之,所以立命也"[①]。他直言生命有限,应该勇敢地面对人生,通过充实每一天,积极修身和积善,尽责任,激励人性,克服生死困惑,以此彰显其生命的意义。孟子肯定生命的价值,并提出"生于忧患而死于安乐也"[②],把忧患意识上升到国家民族的高度,强化自我的道德修养,追求生命的自我完善,倡导人要积极地看待生命中的挫折与成败,不要轻言放弃。

在生死问题上,孟子继承和发扬了孔子的生死观,强调"义"的重要意义和价值。他指出:"鱼,我所欲也;熊掌,亦我所欲也。二者不可得兼,舍鱼而取熊掌者也。生,亦我所欲也;义,亦我所欲也。二者不可得兼,舍生而取义者也。"[③]在孟子看来,生命虽然珍贵,但在道义面前,人应该以大无畏的精神升华生命,从而实现生命的不朽。正是这种精神,深深地影响中华民族的性格和精神追求。

---

① 万丽华,蓝旭.中华经典藏书:孟子[M].北京:中华书局,2006:290.
② 万丽华,蓝旭.中华经典藏书:孟子[M].北京:中华书局,2006:257.
③ 万丽华,蓝旭.中华经典藏书:孟子[M].北京:中华书局,2006:266.

2.道家的生命境界

生命境界观是道家思想的重要内容。以老子、庄子为代表的道家倡导自然无为和淡泊超越的生命境界观,以自然生命与"道"相合实现自由逍遥、摆脱世俗的束缚和限制的超越境界。

老子是道家学派的创始人,他把"道"作为产生世间万物的本体,提出"道生一,一生二,二生三,三生万物"[①],"道"既指宇宙本源,又指自然客观规律。在他看来,人的生命是宇宙的万物,源于"道",并从"道"的高度解读生命与死亡,视生死为自然,人的死意味着归于"道"。老子认为"道"为万物之源,它的法就是"自然",即真我的、自然而然的状态。[②] 因此,人不应该违背自然的规律,在遵循事物自然性情的情境中,使自我的意志和努力渗透到对象之中,从而达到有为的目的。这是一种辩证理性的处世观点,而非"悲观"的人生哲学。从"道法自然"的生命本源出发,老子还主张人要顺应人的自然本性而生存发展,看淡生死,顺其自然,反对人为地求生、厚生或贪生等[③];在为人处世的生存策略上,老子从"反者道之动"命题出发,认为世间万物都有其对立面并相互转化,在社会生活中以水做比喻,人应该柔弱谦下,以不争为争[④]。老子深感现实社会的不确定,人生短暂,人应该按照其天性而充分地享受人生的自由和欢乐,但人还受到现实社会各种"物"的诱惑,人的精神世界受到困扰,对于如何既保全个体生命,又避免遭受精神上的痛苦,老子以"道"超越并认为这是主体解脱的根本途径。他以"婴儿之未孩"比喻,说明自我追求的是一种自然的解脱状态,能站在超越万物之别的高度体验"道",而众人、俗人皆处于束缚状态,受功名利禄、贫富贵贱的束缚和限制,身心无法超越。

---

① 饶尚宽.老子[M].北京:中华书局,2006:108.
② 饶尚宽.老子[M].北京:中华书局,2006:42.
③ 饶尚宽.老子[M].北京:中华书局,2006:51.
④ 饶尚宽.老子[M].北京:中华书局,2006:20.

战国时期的庄子继承和发展了老子"道"的境界论,在他看来,"逍遥"即摆脱限制,达到精神的自由,而达到逍遥的重要途径是齐物。[①] 庄子认为:"天下莫大于秋毫之末,而泰山为小;莫寿于殇子,而彭祖为夭。"[②]在他看来,天地万物之间的差别是相对的,万物的是非正误、美丑和贵贱也是相对存在的。现实世界变化万千,任何事物都处于矛盾对立和转化之中,只有认识到彼此之间并没有绝对的对立,才能消除事物之间的分别"对待",从"齐物"的视角看待万物,从而实现心灵的超越、自由的境界。庄子向往心灵的自由,将自由视为人的天性,倡导把生命置于自然背景下,使其自然本性自由发展,解除心灵的"枷锁",实现心与"道"合一的境界,从而达到身心的超越。在他看来,自由很难在现实生活中实现,只能在心灵境界中存在,因为现实生活千变万化,生老病死等让人无所适从。虽然如此,但并不能阻碍人的心灵境界的提升,只有有德之人才能做到"知其无可奈何而安之若命"[③]。

在生死问题上,庄子主张"齐生死",人应采取"顺天""超然"的态度,才能获得心灵的自由与超越,实现生命的极境与自由无碍的境界。《庄子·养生主》中面对老子的死亡,庄子借秦失之口说:"适来,夫子时也;适去,夫子顺也。安时而处顺,哀乐不能入也。"[④]因而,只有自由心性的有德之人,才能做到超越生死,视生死为自然规律,享受精神自由的逍遥与愉悦。庄子认为圣人自身具有很大的局限性,不能达到他所提出的逍遥自由境界,为达到物我一体,应以"至人""神人"为理想的人格,真正做到"生死两忘,与道为一",进入"天地与我并生,而万物与我为一"的逍遥自由境界。[⑤]

由此可见,庄子逍遥自由境界的实现离不开人的理想和意志等因素,需要发挥人的主体性,也是人自我超越的心灵境界。

---

① 庄子.庄子[M].韩维志,译.长春:吉林文史出版社,2001:7.
② 庄子.庄子[M].韩维志,译.长春:吉林文史出版社,2001:8.
③ 庄子.庄子[M].韩维志,译.长春:吉林文史出版社,2001:22.
④ 庄子.庄子[M].韩维志,译.长春:吉林文史出版社,2001:17.
⑤ 庄子.庄子[M].韩维志,译.长春:吉林文史出版社,2001:3.

总之,我国传统文化中对生命意识的关注更加注重人的精神生命的提升与超越。无论是先秦儒家对人的生命道德理想的塑造,还是先秦道家以"真人""圣人"的精神人格对人的培养,都凸显了通过内在的精神修养,达到超越生死的理想人格境界,从而使有限的生命具有无限的永恒性。这些思想所蕴含的积极合理成分对引导大学生深刻认知生命及其价值,尊重生命,正确看待困难与挫折,唤醒他们的精神意识,塑造其精神,升华其人格,提高其生命境界具有重要的意义。

二、中国近现代文化对生命价值的关注

中国近现代文化对生命价值的关注较多,其中近代国学宗师王国维先生的"人生三境界"和现代哲学家冯友兰先生的"人生四境界"极具深度、耐人寻味,给当代大学生生命价值教育以重要的启示。

1. 王国维"人生三境界"对生命价值教育的启示

古今论"境界"者颇多,而王国维的"人生三境界"较使人有感而发。凡是初识王国维者,莫不是从其"境界论"入手。在王国维看来,人生有不同的境界,要成大事业、大学问的人必须经过三种境界:第一境界为"昨夜西风凋碧树。独上高楼,望尽天涯路";第二境界为"衣带渐宽终不悔,为伊消得人憔悴";第三境界为"众里寻他千百度,蓦然回首,那人却在灯火阑珊处"。①王国维的"境界论"虽为集句,然而经他巧妙借用,将禅学、诗学与人生哲学熔铸一体,并"夺胎换骨",别有一番蕴意,这正是其"三境界"的魅力之所在。

究其字面意思可以得知:这三种境界是人的认识能力在不同阶段的反映,意指人生难免会迷茫、孤独而不知前方的路,但要登高望远,俯察路径,明确目标和方向,了解事物的全貌。人生意义的获得绝非一蹴而就,而必须经过辛苦的劳作,具有锲而不舍的精神、坚韧不拔的毅力,方能获得。

---

① 王国维.人间词话[M].滕咸惠,译评.长春:吉林文史出版社,2004:38.

仔细品味,我们却发现其"人生三境界"以高低不同的层次展现了人生意义的求索过程。第一境界实质上是说生命主体承担存在的责任,寻求存在价值,并生发出焦虑、孤独之情。"独上高楼"表示王国维先生尊崇那些伟大人格者,如屈原、杜甫、苏轼、陆游等,并在道德上要达到该种境界而求索。第二境界强调行动和精神的重要性,指明人生意义的探寻要付诸行动,需要顽强的意志、坚持不懈的精神。"衣带渐宽"体现了王国维先生的一种忘我的精神,饱含着对家国天下的忧患。第三境界意指生命主体在求索中产生顿悟,找到建构人生意义的基本方向。"寻他千百度"体现了王国维先生的人生观,在他看来,治国之路在文化、道德,而民族文化道德的提升则在美育,他寄希望于文学艺术和审美建构人生意义和存在价值。可见,王国维的"境界"是对生存本质的整体性把握[1],力图向我们说明人生意义的获得是一个迷惘—求索—顿悟的过程。

总之,王国维的"人生三境界"用自然现象来解释人间现象,促使"境界论"向主体性的"内审美"转化,建构了一个"精神内敛"的人生境界,对大学生正确对待挫折和困难,以及生命价值教育的有效开展具有重要的启发。

2.冯友兰"人生四境界"对生命价值教育的启发

冯友兰先生是中国现代史上杰出的思想家、哲学家,他在汲取中国古代哲学关于境界论的基础上,构建了"人生四境界"说。该学说蕴含着丰富的内容,为大学生生命价值教育提供了有益的借鉴。

冯友兰先生以"觉解"和"意义"来规定境界。他认为,意义发生于自觉及了解。[2] 境界是人觉解的程度,境界的不同是由于认识的互异[3],每个人对人生的了解不同,因此,人生的境界也不同。在他看来,人生的境界可以分为自然境界、功利境界、道德境界、天地境界。具体要义如下。

---

① 潘海军.王国维与克尔凯戈尔"三境界"异同管窥[J].北方论丛,2016(3):56-61.

② 冯友兰.理想人生:冯友兰随笔[M].北京:北京大学出版社,2007:52.

③ 冯友兰.理想人生:冯友兰随笔[M].北京:北京大学出版社,2007:53.

其一,自然境界。该境界中的人按照本能或者"社会的风俗习惯"去做事。冯友兰先生所指的"才"即人的自然本性,"习"是指社会习俗,"顺才而行"即按照人的自然本性而行事,"顺习而行"是指遵循社会习俗而行事。冯友兰先生认为自然境界是最低的,在此境界中的人,按照人的生理的自然要求和习惯传统照章行事,以本我为中心,以本能的生物形式存在,展示了人的自然性的人格,做事只是做事,仅此而已,对于其所做的事情,既不懂得为什么要这样做,也不明白这样做的意义。当然,人首先要解决的是吃饱穿暖,衣、食、住、用、行,这是人的基本需要,也表明人的"顺才","一社会内之人,必按照其所属于之社会所依照之理所规定之基本底规律以行动,以维持其社会之存在"①。人生活在一定的社会中,其行为都必须遵循一定的规则,这表明人的"顺习"。可见,处于自然境界中的人做事,只是不得已而为之,生活也成了因为人不能不活着而为之的行为,失去了其根本意义,现代社会中有很多人在一定程度上处于自然境界。

其二,功利境界。在该境界中,人的行为是"为利",以"占有"为目的。冯友兰先生认为,所谓"为利"就是为自己的利,功利境界的本质就是为自己,表明人是现实的人。处于此境界中的人,以自我为中心来取舍,展示的是人的生物性的人格,有时候也会为社会服务,为国家做点事情,其动机更多的是为一己之私。功利境界中的人为追求"利",其方式也大不相同,有时候甚至可以流血牺牲,但最终目的就是一个"利"字。处于该境界中的人虽然对自我的行为有确切的了解,但这种了解只能局限于一己之私,局限于通过自我的努力追求自身的利益。自然境界和功利境界虽然是一般人的境界,但两者却有所不同,功利境界中的人,其行为都有确切的目的,以自我为取舍。

其三,道德境界。处于该境界中的人,其行为以"贡献""与"为目的,以

---

①　冯友兰.三松堂全集:第 4 卷[M].郑州:河南人民出版社,1986:558.

他人和社会为中心,展现了人的社会属性。冯友兰先生认为,处于道德境界中的人,对"人"有较为清楚的认知,知晓人是社会的人,社会也是由具体的个人组成。个人只有在社会中才能生存,个人只有在社会中才能发挥自身的作用,从而使自我得到完善。因此,道德境界中的人能够辩证地看待个人与社会的关系,按照道德规律行事,尽职尽责,不计较个人利益,充分展示人的社会性,其行为是行义,是对人"应当"怎样的理解,对社会意义的觉解,目的是"与";而处于功利境界中,人的行为则是取利,是为了一己之私,目的则在于"取"。冯友兰先生认为处于道德境界的人为贤人,他们不计个人利害,按照社会的要求发展自我、完善自我,这才是"人应该成为的人",道德境界具有较高的觉解,非一般人所能达到。

其四,天地境界。处于道德境界的人是"与",而不"取",已经很高尚了。然而,在冯友兰先生看来,道德境界中的人并非真正的理想人格,还有比道德境界更高的境界,那就是天地境界。天地境界以宇宙为中心,展现了人的宇宙性的人格,是一种最佳或最高的境界,只有圣人,具有真正理想人格的人才能达到该境界,不仅能尽人伦尽人职,还能尽天伦尽天职,即能为人类、为宇宙做事,深刻体悟人之为人的根本所在,堂堂正正地做人,不但对社会有贡献,而且对于宇宙也有贡献。具有这种理想人格的人,即孔子所讲的"圣人"、庄子所说的"天人合一"的"至人"。在冯友兰先生看来,只有以天地境界为追求目标,人类才会在其生命实践活动中超成败、超贵贱、超生死,趋宇宙之利而避宇宙之害,甚至为了人类的根本性的利与害,而舍弃个人的、局部的、暂时的利益。这种天地境界是最高的觉解,需要完善的教化,是人"应当成为的人"。

从冯友兰先生的人生四境界可知,境界是人的本质的内在展开,代表人的自然人化的水平。[①] 实质上,他从修养论的视角,把人的生命存在分为四

---

① 刘东超.生命的层级:冯友兰人生境界说研究[M].成都:巴蜀书社,2002:104.

个层级①,其中自然境界为生命存在的起始层级,天地境界为生命存在的最高层级。自然境界和功利境界的人或出于本能,或出于物欲,其做事的"意义"是狭隘的、较低级的,是"现在就是的人";而处于道德境界和天地境界的人则为社会和人类做事,其"意义"是宏大的、高级的,因而是实现每个人的自由而全面发展的前提②,是"应该成为的人"。前两者是自然的产物,后两者是精神的创造。③也就是说,一个真正意义上的人是做事,并且持有"为社会和人类"做事的动机,那么,整个人生就是其境界不断发生和提升的。按照这种要求做人,就是有意义的人生,或者有价值的生存。人生是生命的具体展开过程,因此,生命也就有了意义,人的生命价值也是在其境界中不断得以展现和提升的。冯友兰的"人生四境界说"对于大学生理想人格的培养和塑造,以及精神境界的提升具有重要的启发。

三、中国共产党关于生命价值教育的阐述

重视青年、关怀青年是中国共产党的优良传统。党的十八大以来,以习近平同志为核心的党中央继续高度关注青年教育问题,并结合当今世界发生的深刻变化,提出了许多新要求、新观点和新思想,蕴含着丰富的生命价值教育内涵,为当代青年生命成长与发展提供了强大的思想武器。

1.对青年生命价值的关怀

青年为国家发展和民族进步发挥着重要的推动作用。党的十八大以来,习近平总书记继承了党的优良传统,多次强调"青年兴则国家兴,青年强则国家强",并指出:"青年一代有理想、有担当,国家就有前途,民族就有希

---

① 刘东超.生命的层级:冯友兰人生境界说研究[M].成都:巴蜀书社,2002:102.
② 孙正聿.探究真善美[M].长春:吉林人民出版社,2007:208.
③ 冯友兰.中国哲学简史[M].北京:北京大学出版社,2010:391.

望,实现我们的发展目标就有源源不断的强大力量。"①他从以下两方面表达
对青年生命价值的关切。

第一,关怀青年的生命价值就是重视国家的发展。党的十八大以来,我
国的经济、文化等各项事业取得了巨大的成就,习近平总书记结合国际形势
和国内建设实际,明确指出:"现在,我们比历史上任何时期都更接近中华民
族伟大复兴的目标,比历史上任何时期都更有信心、有能力实现这个目
标。"②这一论述表达了全体中国人民的内心期盼,调动了广大人民参与社会
主义现代化建设和为实现中华民族伟大复兴的奋斗动力。习近平总书记认
为,中华民族的伟大复兴需要坚持中国道路,弘扬中国精神,凝聚起万众一
心、众志成城的强大精神力量。实现民族复兴大业的根本力量在人民,全体
中国人民应为实现中华民族伟大复兴贡献自己的智慧和力量。正是基于这
样的认识,他指出,青年是国家和民族的希望与未来,是社会发展的重要推
动力量,中国梦的实现离不开广大青年的参与。可见,他对青年生命价值和
国家的发展有着全面而深刻的认识,积极肯定青年的重要作用,并号召广大
青年与国家和民族结合起来,在实现中国梦的生动实践中放飞青春梦想③,
展现和实现其生命价值。

第二,关怀青年的生命价值就能看到人类的未来。习近平总书记具有
宽广的国际视野,他走访过许多国家,深刻地意识到青年在加强世界联系与
沟通中发挥着不可替代的重要作用,站在世界和人类未来发展的高度,从广
大青年的责任与担当、人类和平与发展事业、构建人类命运共同体三个方
面,表达对广大青年生命价值的关切。面对经济全球化,世界各国之间的交

① 中共中央文献研究室.习近平关于青少年和共青团工作论述摘编[M].北京:中央文献出版
社,2017:3.
② 中共中央文献研究室.习近平关于青少年和共青团工作论述摘编[M].北京:中央文献出版
社,2017:14.
③ 习近平.决胜全面建成小康社会 夺取新时代中国特色社会主义伟大胜利:在中国共产党
第十九次全国代表大会上的报告[M].北京:人民出版社,2017:70.

往更加紧密,但也存在不和谐的因素。如何改变这一困境？对此,他有着独特的思考,认为世界各国青年是一支重要的青春力量。只要各国青年加强携手合作,人类就会有光明前景。2015年10月26日,习近平总书记在对联合国教科文组织第九届青年论坛的致电中,表达对世界青年的殷切希望,并指出"全球青年有理想、有担当,人类就有希望"①。可见,青年在人类发展中发挥着重要的作用,要关怀广大青年的生命价值,加强青年教育,使其具有责任和担当精神,只有这样,世界才有希望,人类才能实现美好梦想。在当今世界,和平与发展是时代的主题。如何让和平成为世界各国人民的普遍共识？习近平认为,人类的和平与发展需要青年力量,应充分发挥青年在维护世界稳定和推动世界发展中的中坚力量。在人类历史的发展过程中,人类始终追求美好的社会。当今世界生产力高度发展,人们的交往日益紧密,各国之间相互联系、相互依存。习近平强调重视青年在构建人类命运共同体中的作用,应充分调动其积极性和能动性,推动不同文明交流互鉴,促进其生命成长与发展,展现其生命价值。

2.青年生命价值教育任务与内容的阐述

青年生命价值取向关乎国家和民族的发展,中国共产党始终以培养"我们的一切事业的继承者"②为教育目标。中国共产党从全局视野出发,把培养中国特色社会主义事业的建设者和接班人作为根本任务,并结合当前我国正在全面推进中国特色社会主义事业发展,从理论和实践上为青年生命价值教育指明具体的内容,为高校实施生命价值教育提供基本的思想遵循。

第一,以科学的理论武装青年。科学的理论为青年的生命成长、生命价值实现奠定坚实的理论基础。习近平总书记十分重视青年的科学理论教育,要求广大青年学习党的科学理论。早在2013年5月4日,他在北京同

---

① 习近平.习近平主席在联合国教科文组织第九届青年论坛开幕式上的贺词[N].人民日报,2015-10-27(1).

② 邓小平.邓小平文选:第1卷[M].北京:人民出版社,1994:254.

各界青年座谈时,就明确提出要加强科学理论学习的要求,对如何运用理论成果教育青年的问题,发表自己的宝贵意见。此后,他在不同的场合也多次强调要用马克思主义中国化最新成果武装青年头脑,帮助他们树立科学的世界观、人生观和价值观。在他看来,加强科学理论学习就是要让广大青年认识到科学理论对于国家发展和个体生命成长的重要性,进而坚定政治方向,用马克思主义的立场、观点、方法看待问题、解决问题,在学习、生活实践中准确运用科学理论,自觉投身中国梦的生动实践,成为担当民族复兴大任的时代新人,提升生命价值。

第二,以理想信念引领青年生命价值。理想信念指引人生的方向,缺乏理想信念或者理想信念不坚定,人就会得"软骨病"。习近平总书记密切关注青年的理想信念问题,并对理想信念的建构提出自己的看法。他认为:广大青年要自觉加强科学理论学习,并在认同的基础上,坚定理想信念;加强历史知识的学习,深刻把握历史规律,认清中国特色社会主义发展的前景,坚定对党的信任,坚定中国特色社会主义的信念,坚定实现中华民族伟大复兴的信心,完成历史赋予的时代使命和责任;加强基本国情的认识,科学把握当前我国所处的历史方位,把生命价值理想与中华民族的伟大复兴有机融合,"坚定理想信念,志存高远,脚踏实地,勇做时代的弄潮儿"[①]。同时,他还要求各级党委和政府多关怀青年生命价值,做青年生命价值信仰的引导人和指路人,引导广大青年树立社会主义的共同理想,坚守人生信念,创造和实现生命价值。

第三,以社会主义核心价值观引领青年生命价值。习近平总书记多次强调树立和践行社会主义核心价值观的重要性。他认为,青年正处于生命成长的关键时期,拥有正确的价值观对于青年的健康成长、生命价值实现具有重要的思想基础。2014年5月4日,他在北京大学调研时,指出青年要树

---

① 习近平.决胜全面建成小康社会　夺取新时代中国特色社会主义伟大胜利:在中国共产党第十九次全国代表大会上的报告[M].北京:人民出版社,2017:70.

立和践行社会主义核心价值观,努力在实现中国梦的伟大实践中成就出彩的人生,展现生命的价值。2016 年 4 月 26 日,他在考察中国科技大学时,对青年学子提出"踏踏实实做事,踏踏实实做人"的要求,号召广大青年做好自己的本职工作,将科学知识用在实处,通过踏实地履行"行",提升实现生命价值的能力,丰富生命价值。

3.青年生命价值教育方法与路径的分析

人的生命价值实现不仅是人自己的事情,还有赖于国家、社会的扶持与帮助。在教育路径上,习近平总书记提出了一系列重要的思想主张,为当代中国青年生命价值教育目标的达成指明了正确的方向。

第一,青年层面:要主动做到两个"自觉"。青年生命价值的实现与国家、民族的命运紧密相连,因此教育路径也不是孤立的。在习近平看来,广大青年需要主动做到两个"自觉":其一是自觉将"小我"融入"大我"。人民是历史的创造者,人民具有无穷的力量。中国共产党历来倡导广大青年尊重人民,扎根人民,向人民学习,在与人民的同甘共苦中实现自己的发展。习近平号召广大青年与人民一起拼搏,同祖国一道前进,自觉将人生理想融入国家和民族的事业,做维护人民利益的践行者,在奋力推进中国特色社会主义伟大实践中实现人生价值,彰显生命的意义。其二是自觉践行社会主义核心价值观。社会主义核心价值观是当代中国精神的集中体现,凝结着全体人民共同的价值追求。青年要"牢固树立社会主义核心价值观""从中汲取丰富营养"[1],在实践中自觉践行社会主义核心价值观,坚定"四个自信"。这些观点为提升青年素质、促进青年更好成长和实现生命价值提供了重要的路径。

第二,国家层面:培养造就一大批一流教师。教师是推动学生生命成长与发展,培养社会主义建设者和接班人的重要力量。习近平总书记十分关

---

[1]　习近平.青年要自觉践行社会主义核心价值观[N].人民日报,2014-05-05(2).

心教师队伍的成长。2014年9月9日,他在北京师范大学考察时,向广大教师提出"做党和人民满意的好老师"的号召,要求广大教师具有崇高的理想信念、高尚的道德情操、较高的知识水平、仁爱之心,尊重学生,关爱学生,引导学生形成正确的道德认知,促进学生人格的健康发展,引领学生坚定生命价值信念,更好地实现生命价值。同时,习近平总书记还强调,教师队伍建设关乎青年生命价值的实现和国家的发展。党和政府要重视教师队伍建设,提升教师队伍的整体素质,充分调动其培养青年人才的积极性和主动性,进而为青年学生生命价值实现提供重要的教师力量。高校只有具备一流教师,才能拓展青年成长进步空间,才能培养具有担当精神的时代新人。习近平总书记"培养造就一大批一流教师"的理念,为广大教师更好地开展生命价值教育,帮助青年实现和提升生命价值提供了重要的思想指导。

第三,世界层面:树立世界眼光。当今世界是开放的世界。习近平总书记认为,全社会都应树立世界眼光,加强合作。青年的生命成长与发展也要具有国际视野。他在不同国家和地区考察时,还发表了相关的讲话。2014年4月1日,他在比利时布鲁日欧洲学院倡导广大青年用"平等、尊重、爱心"看待世界,用"欣赏、包容、互鉴"的思想理念看待世界的不同文明。2014年7月4日,习近平在韩国首尔大学发表演讲时指出:"希望两国青年互学互鉴、增进友谊,共当中韩友谊的忠实继承者,争做亚洲振兴的积极参与者。"[①]2016年,在首届清华大学苏世民书院开学典礼的贺信中,他勉励世界青年,希望"通过教育树立世界眼光,增强合作意识,共同开创人类社会美好未来"[②],同时号召苏世民书院为世界青年提供学习机会,开阔其眼界,促进交流互鉴,为增进世界人民的福祉做出青年人的贡献。在他看来,世界青年并非彼此割裂,只有相互学习,交流互鉴,才能进步,促进自己生命的成长,进而为国家之间的合作和世界经济的发展提供青春力量,实现人生的精彩。

---

① 习近平.共创中韩合作未来 同襄亚洲振兴繁荣[N].人民日报,2014-07-05(2).
② 习近平致首届清华大学苏世民书院开学典礼的贺信[N].人民日报,2016-09-11(1).

习近平的这一理念具有宏大的国际视野和世界格局，不仅为我国青年生命价值教育提供了重要的方法指导，也为世界其他国家青年生命成长分享了中国智慧。

第二节　西方文化中的生命价值教育思想

西方对生命及其意义的追寻和探索有着漫长的历史，积累了深厚的思想资源，最早的可以追溯到古希腊时期。

一、古希腊哲学中的生命价值教育思想

古希腊哲学对人的生活、生命十分关注和重视。一部希腊思想史就是围绕人的生命与生活而展开的，显示了一种人文精神的曙光。智者运动的奠基人普罗泰戈拉提出"人是万物的尺度"，其关切人的生命，重视人的价值，认为人才是社会历史的中心主体、历史的创造者和裁判者，高扬了人文启蒙精神。这种人本主义思想的萌发，对于当时的思想解放有深远的影响。

苏格拉底把人们的眼光从天上拉到了地下，真正完成了从自然到人的哲学变革。他用德尔斐神庙墙上铭刻的"认识你自己"这句箴言，作为建立"人的哲学"的宣言，认为外部的物质条件是人的生命形成和发展的外在条件，人的真正意义和价值却在于人的心灵，倡导"不要关心'自己的'，而要先关心自己，让自己尽可能变得最好和最智慧"。[①] 苏格拉底有关生命价值的思想，主要有以下几点：首先，苏格拉底认为有意义和价值的生命在于道德上的"善"，把"自制"作为"认识你自己"的智慧。[②] 在他看来，一个人连自己

---

① 柏拉图.苏格拉底的申辩[M].吴飞,译.北京:华夏出版社,2007:126.
② 柏拉图.认识你自己[M].王晓朝,译.武汉:长江文艺出版社,2014:15.

都不能认识,就忙着研究一些和他不相干的东西,这是十分可笑的;人来到这个世界上"最大的益事"乃是灵魂的最大改善,这是个体人生的基础与核心。苏格拉底强调"认识你自己",使人认识到人之为人的最高使命,引导人关注自己的灵魂,确定人生的目标,实现美好的人生;提示人们人生的目的并非钱财、名誉、地位,而是自我灵魂的美善。[①] 其次,苏格拉底强调反思人生,他的名言"没有经过这种审察的生活是没有价值的"[②],指明人要对自我不断反思,努力寻求生命的意义和价值。在苏格拉底看来,只有爱智的生活才是好的生活,爱智的过程是对生活不断省察、关爱灵魂的过程,以人的自我认识来引领生活,提升生命本身的质量。最后,苏格拉底认为人应该在反思生活和生命的基础上追求美好的人生,只有这样的人生才有意义和价值。[③] 在他看来,生死问题虽然重要,但真理、道德和正义却高于生死问题。在生命的最后阶段,苏格拉底坚决捍卫自己的生存信念,为追求真理而走向死亡,从而向世人昭示了其生命价值。

二、近代西方哲学中的生命价值教育思想

文艺复兴把人从宗教和神学的统治下解放出来,开始了近代西方人文主义的传统。人文主义教育就发端于此,它反对对人的奴役,歌颂人的伟大,倡导人的尊严,确立人的主体地位,尊重人的个性,倡导人的自然发展和自由发展,高扬人性。因此,在该时期,人的生命、人的尊严、人的价值得到了高度的重视与关注。

到17—18世纪,人类进入理性的时代。法国思想家帕斯卡尔在《思想录》中指出:"人是一根能思想的芦苇,是自然界最脆弱的东西,宇宙中任何

---

① 柏拉图.认识你自己[M].王晓朝,译.武汉:长江文艺出版社,2014:5-6.
② 柏拉图.苏格拉底的申辩[M].吴飞,译.北京:华夏出版社,2007:191.
③ 柏拉图.苏格拉底的申辩[M].吴飞,译.北京:华夏出版社,2007:191.

微不足道的东西都可以毁灭他,但人比那些致命于他的东西仍然高贵许多。"①人虽然是大自然中一个渺小的种类,生命如此脆弱,就连空气和水都足以致其于死地,但人比动物伟大,人有思想,人能知道自然界对他的影响以及自己的死亡,思考生命的意义和价值。人的全部尊严就在于其独特的思想,倘若人对自己的生存状况和命运都漠不关心,那就根本不是自然界的人。

德国哲学家康德从道德哲学的高度提出"不论是谁,在任何时候都不应把自己和他人仅仅当作工具,而应该永远看作自身就是目的"②,在思想领域掀起了重视人的幸福,高度评价人的价值与尊严的狂飙,强调每个人都是独一无二、有内在价值、有尊严、有理性、有自由意志的。同时他又指出,既然人是目的,那么对人的生命的存在与维护便是必然的,所以不能任意地亵渎、摧残、戕害生命③,不能把自己和别人仅仅当成实现目的的手段;人应该发挥其积极性和主动性,发展人的潜在能力,努力为自己和他人的目的实现而承担责任,实现生命的价值。对于自杀,在他看来,每一个人的生命不只关乎自己,更关乎整个人类。自杀者放弃了自己的人格性,毁灭了道德;贬低了自己的人性,违背了自己对他人的义务。④

法国伟大思想家卢梭的自然主义思想在西方教育领域具有重要的里程碑意义。他从自然主义思想出发,倡导把人的天性还给人,要尽力将人真正成为人的可能性发掘出来。他特别注重教育,主张按照大自然的规律和儿童的天性进行教育,强调自然看待人的生命,并使之成为能够自我实现、身心和谐发展的教育目的。⑤ 其思想主要体现在四个方面:第一,教育要遵循

① 帕斯卡尔.思想录[M].张志强,李德谋,译.重庆:重庆出版社,2006:93.
② 康德.道德形而上学原理[M].苗力田,译.上海:上海人民出版社,2002:52.
③ 康德.道德形而上学原理[M].苗力田,译.上海:上海人民出版社,2002:48.
④ 康德.康德道德哲学文集[M].李秋零,译.北京:中国人民大学出版社,2016:577.
⑤ 卢梭.爱弥儿:论教育(上)[M].李平沤,译.北京:人民教育出版社,2001:362.

人的生命发展规律,舒展人的天性。他认为教育应随着生命的诞生开始,要以人的自然生命为前提,不能人为地干扰和阻碍儿童天性的自然发展。① 第二,活动是儿童生命的本真状态,应该让儿童在活动中获得知识,体验自我,感受生活,获得身心的自由生长,促进其生命的发展。② 第三,通过各种考验磨炼意志,增强儿童生命的本能,卢梭认为"对生活的体验愈少,则保持生命的希望愈小"③,并建议用各种考验来磨砺儿童的性情,获得生命力量,使其生命的本源更为坚实,能够经受挫折与打击。第四,关爱学生,尊重其合理的欲念,他认为自爱是本源性的欲念,是先于其他欲念的,始终符合自然秩序,自爱意味着爱自己胜过爱其他一切,对自我生命有最大兴趣,对自我的存在担负特殊的责任。④ 由此可见,卢梭的自然教育思想有着生命教育的意蕴,开启了教育的新视野,后世的许多教育家无不受到卢梭教育思想的洗礼,对后世的教育具有深远的影响。

三、现代西方哲学中的生命价值教育思想

现代西方哲学对人的生命及其意义的研究成果丰硕,其中具有代表性的观点和流派如下。

1. 存在主义的生命价值思想

存在主义是 20 世纪西方哲学中的一个重要流派。存在主义的先驱尼采等人很早就开始关注人的生命。尼采以哲学思索为人的第一需要,甚至在疾病缠身的半昏迷状态中,他也没有停止对生命意义的追寻。他对生命本体、强力意志和超人的阐释,都是对人性的深入开掘,对生命意义的新解释。

---

① 卢梭.爱弥儿:论教育(上)[M].李平沤,译.北京:人民教育出版社,2001:3-4.
② 卢梭.爱弥儿:论教育(上)[M].李平沤,译.北京:人民教育出版社,2001:276.
③ 卢梭.爱弥儿:论教育(上)[M].李平沤,译.北京:人民教育出版社,2001:69.
④ 卢梭.爱弥儿:论教育(上)[M].李平沤,译.北京:人民教育出版社,2001:289-290.

　　在尼采对形而上学的建构中,他高呼"上帝已死",把欧洲人直接推向了信仰危机的悬崖,因此,在没有上帝的世界里,人们必须为自己的生活寻找新的目标和意义,建立新的价值轴心。尼采认为价值内在于生命,人生短暂,只有充分尊重自然生命的创造意志,成为精神上的强者,才能实现人的价值。① 因此,人生的意义在于积极创造,努力使生命富有力量,这样才能充分地感受人生。即使是人生的痛苦与磨难,也会在精神的感召下化为人生的快感和快乐。这是一种充满奋发向上的生命情感、激越勃发的生命状态、富有激情的人生。尼采的强力意志说代表了一种新的人生态度,充分地肯定了生命的价值。不仅如此,尼采还在对人生意义的思考中,把"超人"作为人生理想的象征,赋予"超人"种种美德,展现"超人"的美和力量,促使现代人自我创造、自我实现、自我超越。尼采以人的生命为出发点对形而上学进行重新建构和转换,较大地影响了20世纪的生命哲学、存在主义等流派,其思想的精华对于唤醒人的生命意识,启迪人的精神,发挥人的创造性具有深远的意义。

　　存在主义中的另一位代表人物是哲学大师海德格尔,他的"向死而生"学说具有远见的卓识、独树一帜的风格,对后人探寻生命的意义具有重要的启发。海德格尔认为"死亡是此在的最'本己'的可能性"②,在他看来,死亡是一种"此在",是"此在"的终结,不应排斥在人生之外,是人生最大的可能性,不能由旁人替代,也不能被别人拿走;人根本就是一种"迈向死亡的存在",因此人要"本真地生存",知道自己的生存是向死而生的,并面对死亡,真切地热爱此生此在,完成应尽的责任,才不会枉度一生,活出个人的特色,充分凸显"此人"所以成为"此人"的意义与价值。③ 海德格尔的死亡思想强调死亡对于人存在的至关重要性,呼唤人们由"死"反观"生",值得我们深入

① 尼采.查拉特斯彻如是说[M].莫辛幸,译.广州:中山大学出版社,2011:84.
② 海德格尔.存在与时间[M].陈嘉映,干庆节,译.北京:生活·读书·新知三联书店,2006:302.
③ 冯沪祥.中西生死哲学[M].北京:北京大学出版社,2002:137.

思考。

存在主义学派中还有雅斯贝尔斯、萨特等代表人物,雅斯贝尔斯主张教育是人的灵魂的教育,而非知识和认识的堆积,教育使具有天资的人能把握生命的意义,自己决定成为什么样的人。[①] 也就是说,教育的根本目的在于使每一个人认识到自我的存在,并养成良好的生活态度,做精神富足的人,进行个体的自由发展。在萨特看来,"人是自己造就的,他不是做现成的,他通过自己的道德选择造就自己,而且他不能不做出一种道德选择,这就是环境对他的压力"[②]。因此,人要获得生命的意义,就要进行自由的选择。

2. 生命哲学中的生命观

针对近代尤其是 19 世纪以来,科学主义和理性主义的迅速发展所导致的人性的泯灭、人的主体性丧失、生命意义的丧失等问题,生命哲学反对把人的生命视为纯粹意义的生物体,主张找回"失落的精神世界",注重生命的整体性,倡导生命的意义和价值,使人成为真正的人。

"德国现代哲学鼻祖"狄尔泰,用"生命"一词指人类生活的整个范围,在他看来,生命的意义在其表达之中[③],只有通过体验、表达和理解,才能认识生命。因此,他强调生命的体验和表达,把体验作为生命的基础[④],要求体验者在体验中存在,并与体验融为一体,通过文字的表达等把生命深处的东西挖掘出来,唯其如此,才会对生命产生更为深刻的理解,并确保人的完整性得以实现。现代西方哲学的开启者柏格森沿袭了尼采的思想,以生命内在自我的尊重和激发,极大地丰富了生命哲学,体现了一种内在自我实现的根本途径和方式。生命冲动是其生命哲学思想的精髓与核心,在他看来,"生命冲动"为创生世界的本体,生命的存在来自生命的冲动;生命力是推动事

---

① 雅斯贝尔斯.什么是教育[M].邹进,译.北京:生活·读书·新知三联书店,1991:4.
② 萨特.萨特哲学论文集[C].潘培庆,汤永宽,魏金声,译.合肥:安徽文艺出版社,1998:130.
③ 穆尔.有限性的悲剧:狄尔泰的生命释义学[M].吕和应,译.上海:上海三联书店,2013:258.
④ 穆尔.有限性的悲剧:狄尔泰的生命释义学[M].吕和应,译.上海:上海三联书店,2013:243.

物发展变化的本源,"绵延"是生命的存在状态,是自我内心的体验,是生命的内在展开以及生命冲动的运行不息,诚如他所言"我们的人格不断成长,日趋成熟,每一瞬间都是全新的……我们的每一状态都是历史中的独创时刻"①。因此,生命的绵延过程是个体在每一个具有历史独创性的状态中,通过不断演进和超越实现个体的存在价值的过程,人是自我生成的存在物。与其他生命哲学家一样,柏格森也强调生命的体验、感悟,并把人分为表层自我和深层自我,深层自我是个体生命冲动萌发的源泉,唯有体验才能探求隐藏着的深层自我,而直觉则是个体认识自身存在,对自我进行批判、反省和发展的根本途径和方式。②

　　总之,哲学家们以"生命力""生命绵延""生命冲动"等阐明价值、文化、社会和人生,以不同的侧重点来建立自己的生命哲学,但他们都对生命及其意义进行了深入的反思与追问,揭示了人的生命贵在精神文化层面的提升;以生命的提升和完善为出发点与落脚点,倡导教育要打破知性对人的钳制,把教育变为文化的涵养和人生的体验,陶冶人的灵魂,塑造理想人格,其思想的精华对唤醒大学生的生命意识,深刻认知生命价值,树立正确的生命价值观念具有良好的启发作用。

3.人本主义教育思想中的生命价值

　　20世纪中叶,源于美国的人本主义教育思想在世界上产生了重大的影响,它继承了近代以来欧洲的人文主义传统,借教育的力量涵育人性,希望教育能对价值的失落起到补偏救弊的作用,建立社会所需要的价值观、人生观。这一思想的主要代表人物有马斯洛、罗杰斯。他们倡导尊重人的生命以及人的潜能和价值,关注人的发展,在强调人的自然本性的基础上,更加注重人的精神超越,反对工具理性和实用理性对人的生命的压制和异化,注

①　柏格森.创造进化论[M].肖聿,译.北京:华夏出版社,2000:9-10.
②　费尔曼.生命哲学[M].李健鸣,译.北京:华夏出版社,2001:64-65.

重培养具有创造性的人,以完善的人性教育为依归。

美国著名心理学家、教育家马斯洛认为,人的自我实现是人的最高层次需要,是人的终极价值追求[①],强调人要倾听生命内部的呼唤,认可自我和他人,并与他人友好相处,发展生命的潜力,达到人的自我实现。人本主义教育将帮助"人尽其所能成为最好的人"[②],他强调自我实现的创造性更多的是由人格造成的,自我实现的重点应是如何开发人的创造性。在马斯洛看来,最合乎人性的价值选择是促进人格的健全发展,或者是促进人的潜能充分实现。因此,从根本上讲,教育就是帮助人达到他能够达到的最佳状态,其目的是人的"自我实现",也就是形成丰满的人性,达到高度的发展。马斯洛的人本主义教育思想在西方教育改革中产生了重要的影响,对于我们当今的大学生生命价值教育有着良好的启发作用。

另一位美国著名的人本主义心理学家罗杰斯把"以病人为中心的心理疗法"运用到教育领域,提出了"以学生为中心的教学"[③]。他认为,自我实现的人就是充分发挥作用的人,人的自我实现是人的真实自我的实现[④],也是一个不断进行的过程,而非一味追求个人的愉悦生活;教育的目标是使学生成为"学会如何学习的人""学会如何适应变化的人",从而成为能适应社会要求的"充分发挥作用"的人。[⑤] 可见,罗杰斯的教育思想实质上就是使学生充分认识自我,追求生命的意义,发展人的潜力,实现生命价值的超越。

纵观西方文化中的生命价值意识,从古希腊时期以苏格拉底为代表倡导追求生命的意义与价值,追求人格的完善,到近代西方人文主义对人自然生命的关切,对人的生命及其价值的重视与尊重,再到现代西方哲学家对人的情感、意志等非理性因素的重视和高扬,这些对生命及其意义的关注与追

---

① 马斯洛.动机与人格[M].许金声,译.北京:华夏出版社,2012:29.
② 戈布尔.第三思潮 马斯洛心理学[M].吕明,陈红雯,译.上海:上海译文出版社,2001:76.
③ 江光荣.人性的迷失与复归:罗杰斯的人本心理学[M].武汉:湖北教育出版社,2000:192.
④ 江光荣.人性的迷失与复归:罗杰斯的人本心理学[M].武汉:湖北教育出版社,2000:60.
⑤ 江光荣.人性的迷失与复归:罗杰斯的人本心理学[M].武汉:湖北教育出版社,2000:196.

问共同构成了人类一幅波澜壮阔的历史画卷。他们对人的生命价值及其教育的探索与思考拓宽了人的视野，为当代大学生生命价值教育研究提供了许多探索的空间，值得借鉴。

第三节　马克思主义经典作家的生命价值思想

马克思主义经典作家的生命价值思想是建立在对时代的剖析、对实践的科学考察和对理论的深入研究基础之上的，具有科学性和实践性，是我们进行大学生生命价值教育的重要指南。

一、生命价值意识是社会生活的反映

生命价值意识是社会生活的反映，两者之间是一种反映论的关系，即社会存在决定社会意识，社会意识是社会存在的反映。人的生命价值意识与人的特定的生活方式、生产方式、地位、需要、利益以及人生经历等密切相关。不同的社会生活决定不同的生命价值意识，社会生活是人作为社会存在的实际生活过程。人的生命价值意识是其社会生活的反映，可从三个方面予以理解。

首先，人是有生命的感性存在，人在其社会生活中感悟和发现生命的意义与价值，形成自己的生命价值意识。马克思在《德意志意识形态》中说："意识在任何时候都只能是被意识到了的存在，而人们的存在就是他们的实际生活过程。"[①]从该论述中我们可以得知，社会存在是指人的实际生活过程，而社会意识则是人们对于自身社会存在的意识。人总是生活在特定的

---

① 中共中央马克思恩格斯列宁斯大林著作编译局.马克思恩格斯选集:第 1 卷[M].2 版.北京:人民出版社,1995:72.

物质生活条件之下的，从事各种各样的活动，包括物质生产活动和精神生产活动，以满足基本的生存和发展需要。人所产生的观念既是关于自我的观念，又是同自然界、他人之间关系的观念；人的认知方式、情感方式以及意志方式无不受其所处的社会地位、所受教育内容的影响，并由此反映不同的社会生活内容。人在自我的生命活动中，关照自身的生命需求和生存状况，在日常生活体验中认知生命，丰富生命的情感，感悟和发现生命的意义与价值。在实践中，每个生命主体在内心深处对于"生命是什么""生命从哪里来，到哪里去""生命肩负着什么样的历史使命"等问题都有一个基本观念，这些基本观念也就是生命价值意识，正是在人们的生活实践中产生并形成。人的生命价值意识既凝结过去对生命价值的实践经验与感受，又反映对当下生命价值问题的根本看法、态度等。不同的人，由于各不相同的社会地位与利益需要等，由此形成了不同的生命价值意识。

其次，人在特定的社会关系中生活，形成人的社会意识和生命价值取向。人作为一种特殊的生命存在物，并不是孤立存在的，而是处在一定的社会关系和联系之中，这是人与动物相区别的根本关系，因此，没有社会关系，也就没有真正意义上人的存在。马克思在《德意志意识形态》中指出，"那些发展着自己的物质生产和物质交往的人们，在改变着自己的这个现实的同时也改变着自己的思维和思维的产物。不是意识决定生活，而是生活决定意识"①。那么，人在一定生活中形成对自我及其角色的认识，在特定的社会关系中产生对自我、对他人、对社会的根本立场、观点和看法，体现相应的价值诉求。因此，人的实际生活过程形成了人特定的社会意识和生命价值取向，其生命价值意识的内容和倾向都是生命主体自身的社会存在和生活经历的反映。

最后，人处在一定的社会历史发展过程中，人的生命价值意识是社会历

---

① 中共中央马克思恩格斯列宁斯大林著作编译局.马克思恩格斯选集:第1卷[M].2版.北京:人民出版社,1995:73.

史发展的映现。人是处在一定社会历史发展过程中的,既是历史的前提,也是历史的产物和结果。人的劳动实践的历史性决定了人和人特性的历史性,也决定了人的社会生活内容,映现了该时期的人的生命价值意识。在《政治经济学批判》序言中,马克思指出"不是人们的意识决定人们的存在,相反,是人们的社会存在决定人们的意识"①,也就是指社会意识随着社会存在或实际生活的发展而变化。只有在特定生活过程中,实际生活的当事人才可能形成特定的生命价值意识。生命价值意识随着人们的实际生活过程的发展而发展,同时又促使人们能动地变革自身生存处境以及相应社会条件。在不同的时空,由于社会传统、发展水平、社会制度、风俗习惯等方面的差异,生活于其中的人们有着完全不同的生命价值意识。

由此可见,社会存在决定社会意识,社会意识是社会存在的反映。人的生命价值意识是人在一定的社会物质生活条件下,彼此结成一定的社会关系,从事劳动,在实践中不断满足自我日益增长的物质文化需要,而获得更多的自由,促进生命发展的过程映现。

二、对生命本质的阐释

人的生命本质是指人的生命如何产生和发展的问题。马克思立足于人的实践活动理解和把握人的生命,并对其进行了全面的阐释。在他看来,费尔巴哈把人仅仅看作"感性的直观",而非"实践的、人的感性的活动"②。他认为:"社会生活在本质上是实践的"③,"通过实践创造对象世界,改造无机

---

① 中共中央马克思恩格斯列宁斯大林著作编译局.马克思恩格斯选集:第2卷[M].2版.北京:人民出版社,1995:32.

② 中共中央马克思恩格斯列宁斯大林著作编译局.马克思恩格斯选集:第1卷[M].2版.北京:人民出版社,1995:60.

③ 中共中央马克思恩格斯列宁斯大林著作编译局.马克思恩格斯选集:第1卷[M].2版.北京:人民出版社,1995:60.

界,人证明自己是有意识的类存在物"①。因此,实践是人的存在方式,对人的生命本质的理解要在实践的基础之上。

实践是人有目的的创造性活动,是人的生命存在与发展的前提和动力,人在实践中表现自我,肯定自身,确证生命的本质力量。实践是人的生命本质,可从三个方面予以理解。

首先,人的生命是一种自然存在,具有自然属性。劳动是积极的创造性的活动,是人所特有的自由自觉的活动,劳动创造了人,促进了人的发展。恩格斯在《劳动在从猿到人转变过程中的作用》中特别强调了人是唯一因为劳动而摆脱纯粹的动物状态的动物,他指出,"手不仅是劳动的器官,它还是劳动的产物"②。正是通过劳动,人的四肢逐渐变成了人的生命机体,人的喉头也得到了改造,学会发出清晰的音节,从而产生语言。劳动使人脑高度发达,而富有多样的本能欲望等需要,劳动促进了人的思维、人的五官感觉和人的智力发展,使人具有区别于动物的根本特征。马克思在《德意志意识形态》中写道:"一切人类生存的第一个前提也就是一切历史的第一个前提,这个前提就是人们为了能够'创造历史',必须能够生活,但是为了生活,首先就需要衣、食、住以及其他东西。"③而物质生产实践为人的生命存在提供了必要的生活资料,从而满足生命的自然需要,维持生命的延续,没有劳动、实践为人提供这些必要的物质生活资料,人的生命将无法生存。实践还是一种强大的推动力,支配着人的生命发展方向。"已经得到满足的第一个需要本身、满足需要的活动和已经获得的为满足需要而用的工具又引起新的需

---

① 中共中央马克思恩格斯列宁斯大林著作编译局.马克思恩格斯选集:第1卷[M].2版.北京:人民出版社,1995:46.

② 中共中央马克思恩格斯列宁斯大林著作编译局.马克思恩格斯选集:第4卷[M].2版.北京:人民出版社,1995:375.

③ 中共中央马克思恩格斯列宁斯大林著作编译局.马克思恩格斯选集:第1卷[M].2版.北京:人民出版社,1995:79.

要"①,人在实践中改造客观世界,也改造着人自身,使人的自然需要的对象、内容及满足方式发生根本的改变,使人的生命区别于动物的生命。实践、塑造和发展生命的自然属性,使人的生命成为"能动的自然存在物"。

其次,人的生命还是一种社会存在,具有社会属性,实践生成和发展其社会属性。在马克思看来,"只有在社会中,人的自然存在对他来说才是人的合乎人性的存在"②,实践是人有意识的创造性活动,决定了人的生命存在的交往性、合作性和归属性,也决定了社会关系的广度和范围。实践是社会性的活动,营造了生命个体的现实生活场域,使其总是在一定的社会关系中进行实践活动。正是因为实践,生命个体才能在与他人的交往中相互合作、竞争和学习,从而丰富生命的意义,展现生命的价值。换言之,人的生命所具有的社会属性既是适应实践的需要而产生,又是通过实践而发展的产物。实践生成和发展其社会属性,离开了实践,人的生命将无法展现其社会属性。

最后,人的生命是一种有意识的存在,具有精神属性,实践生成和发展其精神属性。"动物仅仅利用外部自然界,简单地通过自身的存在在自然界中引起变化;而人则通过他所做出的改变使自然界为自己的目的服务,来支配自然界。"③"有意识的生命活动把人同动物的生命活动直接区别开来。正是由于这一点,人才是类存在物。"④人的生命具有精神属性,人能在实践中展现自我的知识、能力等本质力量,使"自在之物"转化为"为我之物",创造出属人的对象世界,同时也使自己成为主体性的存在,在实践中关照生命的生存际遇,追寻生命的意义,在激情与热情中发挥其生命价值潜能,展现生

---

① 中共中央马克思恩格斯列宁斯大林著作编译局.马克思恩格斯选集:第1卷[M].2版.北京:人民出版社,1995:79.

② 马克思.1844年经济学哲学手稿[M].北京:人民出版社,2014:79.

③ 中共中央马克思恩格斯列宁斯大林著作编译局.马克思恩格斯选集:第4卷[M].2版.北京:人民出版社,1995:383.

④ 马克思.1844年经济学哲学手稿[M].北京:人民出版社,2014:53.

命的本质力量。实践是人的生命发展的动力,人在实践中表现自己、实现自己、成为自己和确证自己,实现生命的价值。实践使人成为"有意识的存在物",离开实践,人的生命无法展示其主体性,发挥其创造性,从而改造客观世界和生命本身;离开实践,人的生命将无法展现其精神属性。

总之,实践是人的生命本质,人的生命所具有的自然属性、社会属性和精神属性不能脱离人的实践而独立存在。实践构成了人的生命存在和发展的前提与动力,人的生命总是在实践中得以生成和揭示。实践是人的生命之根和立命之本[①],离开了实践,人将无法获得人之为人的生命意义和价值。

三、关于生命价值的分析

马克思在积极汲取前人思想成果的基础上,从"现实的人"出发,着眼于人的生命实践活动和社会关系,从社会历史发展中寻求人的自由而全面发展,实现全人类的解放,以此把握人的生命价值,展现了其革命性、辩证性和科学性的一面,为大学生生命价值教育提供了行动指南。

人的生命不仅是一种自然存在、社会存在,同时也是自为地存在着的存在物。[②] 马克思在《1844 年经济学哲学手稿》中指出:"一个种的全部特性、种的类特性就在于生命活动的性质,而自由的有意识的活动恰恰就是人的类特性。"[③]人的生命活动与动物有根本的不同,人是有意识的存在,人能在自己的生命活动中创造对象世界,改造自然界,证明自己是有意识的存在物。诚然,人与动物都进行生产,但动物只是在肉体需要的支配下生产它所需要的东西,而人懂得"按照任何一个种的尺度来进行生产,并且懂得处处

---

① 杨耕.为马克思辩护:对马克思哲学的一种新解读[M].北京:中国人民大学出版社,2010:55.
② 马克思.1844 年经济学哲学手稿[M].北京:人民出版社,2014:104.
③ 马克思.1844 年经济学哲学手稿[M].北京:人民出版社,2014:53.

都把固有的尺度运用于对象;因此,人也按照美的规律来构造"①。这表明人的生命还是一种主体存在和价值存在。人应该在实践活动中,用理性、激情、目的和理想追求自己的对象的本质力量,展现劳动的积极性、主动性和创造性,使自己成为具有能动性、自主性和自为性的人,在价值追求中,奉献社会与完善自我,彰显其生命的自为本性。马克思历来强调对于人类的贡献,早在青年时代,他就牢牢地确立以"人类的幸福"和"人自身的完美"为主要原则来选择职业②,告诉人们不要把这两种利益敌对起来。在马克思看来,如果一个人仅仅为自己而劳动,他永远也不可能成为伟大的人物,因为那些为了人类共同目标而劳动的人被人类历史称赞为"高尚者",那些为了人类幸福而劳动的伟大人物被人类永远记住。所以,人应该在为"人类的幸福"中实现"我们自身的完美"。③

实现人的自由而全面发展是人的生命价值追求的根本目标。马克思正是从人的生命活动的内在要求关照"劳动异化"的现象,把自己的价值理想定位为人类的解放,并且把人类解放确定为"每个人的自由发展是一切人的自由发展的前提"④。在马克思看来,人的生命在自由自觉的活动中表征其存在,也是一个不断扬弃和自我超越的过程,正是通过这种"物化"或"异化",个体生命和它所处的物质世界也会在更高的程度上"人化",并最终实现人的自由而全面发展。他对人的发展的三大历史形态进行了分析,从其论述来看,在第一阶段,即"人的依赖关系"阶段,生产力水平十分低下,个体生命要依赖群体才能生存,人类所追求的主要是生存价值。在第二阶段,即

　　① 马克思.1844年经济学哲学手稿[M].北京:人民出版社,2014:53.
　　② 中共中央马克思恩格斯列宁斯大林著作编译局.马克思恩格斯选集:第1卷[M].2版.北京:人民出版社,1995:459.
　　③ 中共中央马克思恩格斯列宁斯大林著作编译局.马克思恩格斯选集:第1卷[M].2版.北京:人民出版社,1995:459.
　　④ 中共中央马克思恩格斯列宁斯大林著作编译局.马克思恩格斯选集:第1卷[M].2版.北京:人民出版社,1995:294.

"物的依赖关系"阶段,人的生命存在沦为物的工具和手段,马克思深刻地批判了"商品拜物教",并指明还原人的主体地位,改革那些使人的生命存在表现为"物的价值"的社会关系,才能重新确立人的生命价值。在第三阶段,即自由个性阶段,人不再处于异化状态,是人的生命完整本质的生成,正如马克思所说:"人和自然界之间、人和人之间的矛盾的真正解决,是存在和本质、对象化和自我确证、自由和必然、个体和类之间的斗争的真正解决"①,也就是指人的主体性得到充分发展,个人的发展和人类的发展是协调一致的,人通过自由自觉的活动认识自我,并在实践中充分展现自我的生命潜能,最终达到人的自由个性的生成。

实现人的自由而全面发展是人的生命价值追求的最高表现、最高境界。马克思主义经典作家提出,"每个人的自由发展"是"一切人的自由发展"的条件,"要不是每一个人都得到解放,社会本身也不能得到解放"②,真正的"共同体"将是一个以每个人的自由发展为前提的"自由人的联合体",人类最终会实现这样的生命理想状态,即在理想上崇高、在能力上强大、在行动上自主的自由而全面发展的人。从其论述来看,"自由人的联合体"是人和社会所追求的价值目标,是个人全面发展得以实现的有效社会形式。每个人的发展和社会的发展是相互依赖、互为条件的。人是社会的人,社会也是人的社会,没有单纯的"每个人"和"类",每个人总归是"类"的每一部分,"类"也总归是由"每个人"所构成的整体。那么,人的自由而全面发展不仅是个体潜力、能力、自由个性等的充分发展,还是人类劳动能力、社会关系的全面发展,全面发展中的"人"是个人与人类的矛盾与统一;全面发展中的"发展"在目标上不仅是无限与有限的统一,还是个体发展和人类发展的统

---

① 马克思.1844年经济学哲学手稿[M].北京:人民出版社,2014:78.
② 中共中央马克思恩格斯列宁斯大林著作编译局.马克思恩格斯选集:第1卷[M].2版.北京:人民出版社,1995:294.

一[①]；全面发展中的"全面"是人的自然性和社会性的统一。从这种意义上看，人的全面发展是一种生命境界，体现在人类发展的每一个进步中[②]，使每个人作为存在能够完全地实现其存在，这就是生命的意义和价值，也是人的生命价值追求的最高境界。

通过以上的分析可知，马克思主义经典作家对生命价值的分析是丰富而全面的，其深刻揭示了人的生命价值及其表现形式，并为人的本质不断提升，以及推动人的发展指明了方向，给我们以重要的启示，要义如下。

其一，人是双重生命存在，人应提升其本能生命，走向人的"类"生命，通过创造实现人的生命价值。

马克思主义经典作家对生命价值的分析告诉我们，人是自然生命和自为生命的存在。自然生命是人和动物都有的，而"自为生命"则属于人的特有生命，因此，人不仅具有自在的生命本性，更具有自为的生命本性；自然生命是人存在的前提与基础，人的自在生命价值是人所固有的，理应受到应有的尊重与爱护。然而，人的生命价值的真正载体主要在于人的自为生命，由此理解便能解开人的生命价值的奥秘。人的生命价值在于人的创造，人在劳动中展现人的生命力量。

因此，人应该发挥其主体性和创造性，超越其本能生命，走向人的"类"生命，确立人的价值追求，通过人的创造在实践中不断充实自我、升华自我，提升人的精神境界，走出"自我"的局限，把有限的自我引向无限的、永恒的"大我"，提升人的生命价值。

其二，人的自由而全面发展体现了对个体生命价值和人类命运的深切关怀，人具有社会属性，应把个人的发展融入人类社会的发展，自觉进行生命价值的创造与实践。唯有如此，人才能实现真正的自由发展。

---

① 魏晨明.人的发展问题研究[M].北京：中国社会科学出版社，2012：159-161.
② 魏晨明.人的发展问题研究[M].北京：中国社会科学出版社，2012：169.

　　人的自由而全面发展的学说不仅是对个体生命价值的关切,更是对全人类生命价值的无限关怀,是把个体生命融入无产阶级和全人类解放的崇高理想,以实现人的自由而全面发展为最高目标,将生命价值凝结在永恒的历史之中。在马克思主义经典作家看来,人的自由而全面发展是个体发展和人类发展的矛盾与统一,也是人的自然性和社会性统一的全面发展。这启示我们,人的生命价值是变化的,是一个不断生成和发展的过程,也是人的本质力量在实践中不断得以提升而实现的过程。因此,人应自觉地把个人理想与人类社会发展的必然趋势相统一,使生命价值目标随着人的本质力量的提升而得以实现。只有这样,人才能实现真正完整的自由发展,并在发展中提升其生命境界,这是人的自由发展的最高层次。

第四章

大学生生命价值教育的核心内容

与中小学生相比，大学生视野开阔，具有强烈的求知欲，主体性日益觉醒，自主意识进一步增强，其自我完善的愿望比较强烈。他们通过对自我的认知、体验和控制调节，在内心形成了一个肩负时代使命，又有一定知识才能、具备特定人格的大学生形象。因此，大学生生命价值教育可通过生命价值认知教育、生命情感教育、生命责任教育、人生理想信念教育，使大学生深刻认识生命价值、理解生命价值，勇于担当生命的责任，自觉追求人生理想，成为具有担当精神的新一代栋梁之材。

第一节　生命价值认知教育

生命价值认知教育是大学生生命价值教育的重要内容，旨在使大学生深刻认知生命价值，提高其认知能力。大学生对生命价值的认知，既可从主体的身、心、灵，或者生理、心理、精神三个层面来认识，又可从人的相互性来理解，还可以从生与死的辩证关系中深刻领悟。

一、从身、心、灵层面理解生命价值

人的生命作为一种实际存在,是身、心、灵的统一体[①],这三个同时呈现的层次分别具有不同的功能。"身"即身体或者躯体,是每一个人最直接的生命存在,可以用肉眼直接观察到生命的存在;"心"即心理,是生命存在的活动中枢,生命存在的动能系统,人可以用心觉知、感受外在世界、自我及自我与外在世界的关系,意识体验到生命存在;"灵"即精神,相当于英文中的spirit,是生命存在的最高部分,是人的生命活动的一种"自我觉悟",人可以领悟到的生命存在,也可被称为"灵性精神生命"[②]。那么,从这三个层面理解生命价值,人的生命价值可分为生命的自发存在价值、生命的自觉存在价值和生命的超越性价值。

1.生命的自发存在价值

生命的自发存在价值,即生命作为一种存在所具有的天然价值,它既是生命价值的一种形式,又是人的基本价值。人的生命作为一种特殊的存在,不同于满足人需要的物的价值和人的劳动价值、能力价值等,其本身就具有特殊的价值。从一定意义上讲,只有深刻地理解生命的自发存在价值,才能真正地认知生命价值;忽视生命的自发存在价值,必然导致生命价值的失落。这可从以下两点予以理解。

其一,人的生命是独一无二的,具有无可比拟的优越性,其高于一切。在世间中,人的生命最为宝贵。古希腊时代的毕达哥拉斯主张:"生命是神圣的,因此我们不能结束自己或别人的生命。"我国唐代名医孙思邈也曾指

---

① 何仁富,肖国飞,汪丽华,等.大学生命教育的理论与实践[M].北京:中国广播电视出版社,2012:343.

② 何仁富,肖国飞,汪丽华,等.大学生命教育的理论与实践[M].北京:中国广播电视出版社,2012:343.

出："人命至重，有贵千金，一方济之，德逾于此。"[①]他们都高度彰显了人的生命的神圣性及其在世间万物中的至高无上性。每个生命都是独一无二的，都有价值，他者无法替代。因此，我们要敬畏生命，不伤害生命。任何对生命价值的轻视乃至以任何非法手段剥夺生命的行为，都是对人类生命价值与尊严的严重亵渎。

其二，人的生命存在本身就具有价值。只有生命存在，才谈得上人的物质生活资料的生产和"种"的繁衍，才谈得上人的其他问题。人的生命相对于人的创造和发展而言，是一个不可缺少的前提。[②]人的生命存在是一切价值关系存在的前提与基础，也是一切价值的先决条件。因此，维持人的生命存在是每个人不可剥夺的权利，人的生命价值理应受到他人和社会的尊重与维护，对他人生命及其价值的尊重就是对他人价值的承认。

生命的自发存在价值具有普遍的意义，不论贫贱、病残、智慧、性别、受教育程度、地位的高低及社会贡献的大小等，只要其生命存在，就都享有其作为人的价值地位，都应该受到相同的尊重。也就是说，生命的自发存在价值具有平等性。因此，从身体层面看，人的生命价值具有普遍的意义，只有对其深刻理解，我们才能真正地认知生命价值。

2.生命的自觉存在价值

生命的自觉存在价值是生命个体将自己的潜能表现出来的价值，即生命潜能的自我实现。它是人通过创造性的活动，不断自我选择和自我塑造的过程，也是人的劳动价值或者创造价值的体现。

生命具有潜能，犹如一座有待开发的金矿，蕴藏着无限的力量。对生命潜能的认识，早在20世纪初，美国实用主义哲学家威廉·詹姆斯就明确指出："与我们应该成为的人相比，我们只苏醒了一半。我们的热情受到打击，

---

① 孙思邈.备急千金要方[M].北京：华夏出版社，2008：15.
② 崔新建.略论人的生命价值[J].人文杂志，1996(3)：29-30.

我们的蓝图没能展开,我们只运用了自己头脑和身体资源中的极小一部分。"①人本主义心理学家奥托在《人的潜能》中指出:"人只发挥了十分之一,或者较十分之一更少的潜能。"②不仅如此,生命的潜能还是多方面的,可通过创造力、精神潜力、脑力活动潜能表现出来。同时,潜能是价值的基础,潜能决定价值,潜能的发挥就是价值的实现。③ 因此,人需要释放与发挥潜能,因为这是自然的倾向。每一个人只有不断发掘自己的潜能,才能进行人生旅途上最有意义的探索。

生命潜能的自我实现是人不断自我选择和自我塑造的过程。个体怎样实现生命潜能,以及在多大程度上实现生命潜能,尽管与后天的个人努力及外界环境等因素密切相关,但最终取决于人自己,更确切地说,取决于自我选择和自我塑造。人有发展自己的愿望和要求,人的自我实现既是自然的,又是必要的,诚如马斯洛所言,"从人的天性中可以看出,人总是不断地寻找一个更加充实的自我,追求更加完善的自我实现"④。生命潜能的实现离不开人的自我选择和自我塑造。人的生命具有生成性,人需要通过自己的活动完善和发展自己,必须靠自身的努力去实现自己的价值。当然,人生并不是一开始就是由自我选择与塑造的。在人生初期,父母、老师和社会为我们设计和塑造,这既是不可避免的,又是必要的。但当人成长到一定程度时,人把生来就具有的这种自我意识转化成为要求,也就是在先前的基础上再次进行自我设计与自我塑造。社会存在是如此丰富多变,人的自我选择具有丰富性;选择产生行为,而行为塑造了不同的人。自我既是作者,又是作品;自我既是自我实现的对象,又是自我实现的主体。每一个人都好像一个画家,最终人生是什么样,全看我们怎么塑造,但在自我实现过程中,通过自

① 戈布尔.第三思潮　马斯洛心理学[M].吕明,陈红雯,译.上海:上海译文出版社,1987:58.
② 奥托.人的潜能[M].刘君业,译.北京:世界图书出版公司,1988:3.
③ 马斯洛.人的潜能和价值[M].林方,译.北京:华夏出版社,1987:5.
④ 马斯洛.人的潜能和价值[M].林方,译.北京:华夏出版社,1987:398.

我反省、自我认识，并根据自我的特质和社会条件等选择理想的实现方式，从而使自我的潜能得到充分、自由的发展，这是非常必要的。

因此，生命潜能的自我实现是人进行自我选择和自我塑造的结果，同时也是个体成为主体，个体作为主体活动，发挥潜能的过程。

同时，生命潜能的自我实现也是通过人的创造性劳动而完成的过程。生命潜能是人的生命所具有的潜在能量，但毕竟处于尚未实现的状态，有待劳动和实践来加以塑造和充实，否则，根本谈不上人的自我实现。人是一个创造性的存在，创造性是人的主体性的重要标志，也是人的本质力量的集中体现[①]，人不仅是创造性的，还是超越性的，只有不断地创造、不断地超越，才能使生命潜能得以释放。正是实践的创造性，使人的生命潜能得以挖掘与激发，使人的生命价值得以生成和实现。从"认识你自己"到"成为你自己"，这是一个不断培养自我、提高自我、发挥自己潜能的过程，同时也是价值创造与价值实现的过程，展现人的本质力量，体现人的劳动价值或者创造价值的过程。不仅如此，人还是超越其所是的存在[②]，人不像动物那样单纯依靠自然界的恩赐，而是在自己意识和意志的支配下，凭借对自己生命活动的把握，在劳动中表现自我、肯定自我，展现人的潜能。人在创造中寻找人所"期待"的信息，赋予对象以人的生命力量，不断地创造属于人的意义，使自在的世界不断变成属人的世界，并使自我不断地发展。人的创造过程使人从无知到有知，从知之不多到知之较多，这既是人的认知的超越，又是其价值世界和精神世界的超越。人创造了人自己，也创造了人的世界。人在创造中历经生命的自我成长与发展，从而实现自我，这就是生命的自觉存在价值。

3. 生命的超越性价值

生命的超越性价值是个体生命存在超越自我，使生命的意义和价值取

---

① 陈志尚. 人学新论：马克思主义人学基本理论和重大现实问题研究[M]. 北京：人民出版社，2015：95.

② 孙正聿. 探究真善美[M]. 长春：吉林人民出版社，2007：196.

向在更高层次的价值彰显,是生命在精神层面的展现。人的生命在超越层次包含求真、求善、求美等多维价值,诸如德行生命价值、社会生命价值、精神生命价值等,都是对自然、本能生命的超越性价值。

首先,从精神生命价值来看,人的精神生命价值是指生命个体对自我的提升,以及对他人、社会等的精神慰藉与关怀。[①]

第一,精神生命能指引和提升人的肉体生命,对人的发展起着重要的导向性作用。人的肉体生命是自然给予的,受到自然性的制约,具有自在的性质,其所关注的是生命的本能和生理欲望的满足,但人的吃、喝等机能如果脱离了人的劳动而成为唯一的终极目标,那么,人就形同动物,人的生命本质则表现为动物的自然属性。人的精神生命引导人的肉体生命,促进人的发展。不仅如此,人的精神生命还为个体提供精神寄托,驱赶生命的雾霾,洞察生命的意义,探索宇宙的奥妙,寻找人类的精神家园。精神生命为生命个体提供心灵的归宿,使生活中的人能够向往并坚持生活的目的,使之成为一种对生命的承诺,使人不再仅仅为了生命本身,而是把生命活动变成自我意识的对象,超越生命本能的支配,主宰自我的生命活动,挖掘生命的内在潜能,展现人的本质力量,提升自我,促进人的发展。正是在人的精神生命的指导下,个体生命摆脱物性、感性和有限性的形而下的满足,提升至无限、永恒的高度。

第二,精神生命把人的生命引向更高形式和更深层次,推动人和社会的发展。一是精神生命追求生命自由开放的"无限性",使人不再受肉体生命的本能制约[②],摆脱物性、感性和有限性的形而下的满足,把人的生命提升至无限、永恒的高度,并不满足于已经实现了的自由,总是在现有的自由的基础上追求更高、更大、更宽广的自由境界,从而使人对自由的追求形成了一个从现实到理想、从有限到无限的不断升华的有机发展链条。正是因为人

---

① 王定功. 生命价值论[M]. 北京:教育科学出版社,2013:87.

② 王定功. 生命价值论[M]. 北京:教育科学出版社,2013:87.

的生命对自由不断追求和实现,人的精神生命逐步地得到发展、完善和升华。二是精神生命还追求生命的完整性和超越性。[①] 人是身体和精神的完美结合,尊重人、关怀人首先表现为对人的身体的尊重与关怀[②],撇开人的身体而谈人的精神,势必会使活生生的人性和生活变得干瘪。人的真实本性和生活本来就是丰富和全面的,既有精神的一面,又有肉体的一面,他们水乳交融、不可分割,对于人类来说都是不可缺少的部分,没有所谓的高低、贵贱之分。不仅如此,精神生命价值还追求生命的超越性,精神生命具有意识性、文化性、指导性、创造性,激荡着人内在的创造力量,使个体生命在精神层面上逐步走出自我局限的范围,超越个体自我即"小我",而融入社会自我甚至人类的"大我",实现个体生命、社会生命和人类生命的融合,使个体生命成为既"自强不息"又"厚德载物"的大生命,不断地迈向真、善、美的价值境界。

　　"类"精神是人性的最高层次,要正确理解和处理人与人、人与社会、人与自身本质的关系,关心人及其赖以生存的一切,追求人性发展与完善的超越精神。[③] 高清海把本能生命基础上由人创造的自为生命称为"类生命"[④],"类生命"已突破个体局限,具有与他人、他物融合为一体性的关系,因而也就获得了永恒、无限的性质。[⑤] 精神生命提升肉体生命,追求生命自由开放的"无限性",追求生命的完整性和超越性[⑥],使得个体生命不断走向更高的形式和更深的层次,促进"类"意识和"类"精神的形成,同时也推动人和社会的发展。

　　其次,从智慧生命价值来看,人生而为人,蒙上苍厚爱,赋予了人以万能

---

① 王定功.生命价值论[M].北京:教育科学出版社,2013:87.
② 王定功.生命价值论[M].北京:教育科学出版社,2013:87.
③ 申明.发展人的"类"精神:当代教育的神圣使命[J].求索,2002(5):127-129.
④ 高清海,胡海波,贺来.人的"类生命"与"类哲学"[M].长春:吉林人民出版社,1998:37.
⑤ 高清海,胡海波,贺来.人的"类生命"与"类哲学"[M].长春:吉林人民出版社,1998:37.
⑥ 王定功.生命价值论[M].北京:教育科学出版社,2013:87.

的"智慧"①,使人敢于同自然去抗争,敢于向自己的命运提出挑战。智慧是人特有的一种复杂的机能,是人的灵性的集中体现。② 人是具有智慧的生命存在。人除了本能生命,还有智慧生命,智慧生命是人的理性智慧、价值智慧和实践智慧的统一,是人的认识、态度、情感与价值观的统一。③

智慧生命的最大表现就是其超越性向度,它使人对于个人生存、发展的状态进行积极的审视和省察,以及对于未来发展的多种可能性进行批判性的反思和理想性的引导,使人的精神境界不断得以升华。对智慧生命价值的理解可从以下三方面把握:一是人的智慧生命价值体现于理性智慧。它指向人良好的生存方式和生活样式,洞察生命的意义,使自我的精神更加健康、完满、崇高,从而减少生命活动的盲目性和破坏性,促进价值的创造。生命智慧是生命的指南针、控制器,给人的认识、评价、选择等以正确的方向,并能恰当地协调好人与自然、人与自身、人与人的各种关系,使人的生活充满了理性智慧。二是智慧生命价值体现于价值智慧。它使人不满足于动物式的享受,树立新的理想,超越社会现实,迎接新的挑战,建立新的世界,使人能在生存竞争中有效地保护自己、丰富自己、发展自己,实现自我价值。三是智慧生命价值体现于实践智慧,它指向人的实践能力或实际本领,使其活动成为具有探索性、创造性的活动,做到合规律性和合目的性的有机统一。智慧在实践上表现为明智,它既是知识又是能力,呈现在人的认知、评价、决策等各种实践活动之中,与人的其他机能相比较,具有显著的特点。生命智慧使人能注重整体观照,妥善处理个体与整体、物质与精神、私利与公益等这些人生基本关系;恪守推己及人,时时处处想到别人;力求做到恰如其分、合情合理;不仅能积极追求自我实现,还能为他人和国家谋取福利,并在实践中充分展现人的主体性、价值性、自觉性、自由性等人的"类本质"

---

① 高清海.人就是"人"[M].沈阳:辽宁人民出版社,2001:117.
② 江畅,周鸿雁.幸福与优雅[M].北京:人民出版社,2006:11.
③ 靖国平.追求生命智慧:让教育踏上幸福之路[J].教育研究与实验,2008(3).

特征,正确地处理知识与德行、个体与整体、物质与精神等各种现实问题,在创建新的生活世界中,树立起明确的人生方向,寻觅自己的精神家园,从而驱赶生命的空虚感,体认生命价值,为人类寻求安身立命之本。

通过以上的分析可以发现,生命的自发存在价值、生命的自觉存在价值和生命的超越性价值共同组成了人的生命价值的完整体系。大学生从身、心、灵层面认知生命价值,可使他们敬畏生命、珍爱生命、尊重生命,挖掘生命潜能,呈现自己的生命力,让生命活出价值,升华人的精神境界,建立类我化的人生观,使有限的生命走向超越,实现生命的超越性价值。

二、从人的相互性理解生命价值

作为人类社会交往的一种基本属性,相互性是指人之间、群体之间、民族之间及国家之间相互依存、相互作用、相互影响的关系。那么,从人的相互性视角理解生命价值,则需要基于人的实践活动,从人与人的相互性、人与社会的相互性来理解生命价值。

人的生命存在是一种关系性存在。马克思在《关于费尔巴哈的提纲》中指出:"人的本质不是单个人所固有的抽象物,在其现实性上,它是一切社会关系的总和。"[①]在《德意志意识形态》中,马克思和恩格斯又指出:"社会关系的含义在这里是指许多个人的共同活动,至于这种活动在什么条件下、用什么方式和为了什么目的而进行,则是无关紧要的。"[②]这表明人的生命存在不是孤立的,而是处在相互依存的各种关系之中。人的相互性作为人类实践活动中的一种互动机制,使人之间相互依存、相互影响,从而促进生命价值的形成和发展;同时,这种互动机制也使人与社会之间相互作用、相互影响,

---

① 中共中央马克思恩格斯列宁斯大林著作编译局.马克思恩格斯选集:第 1 卷[M].2 版.北京:人民出版社,1995:56.

② 中共中央马克思恩格斯列宁斯大林著作编译局.马克思恩格斯选集:第 1 卷[M].2 版.北京:人民出版社,1995:80.

推动人和社会的发展。

首先,人的生命价值的形成和发展通过人与人的相互性实现。人的生命具有独特性,每个生命个体都来自不同的遗传基因,并处于不同的境遇之中,每个人的思维方式、体验、选择和行为习惯等无不受到他人的影响。人的道德意识是在对待自己、对待他人的关系中形成和实现的。人对生命价值的认知也是在人的相互性中获得的。人能从他人热爱生命、珍爱生命的行为中获得对生命的热爱之情,对人生的积极态度,以及对生命无价的认知;人在给予对方的过程中能发现自己、认识自己及找到生命的意义和价值,体验到给予所带来的幸福,也使对方获得情感体验,如喜悦、感激、崇拜等,通过自己的行为给予或者传递给其他人。总之,人在相互性中展现自我的生命力量,唤醒对方的生命,分享生命的喜悦,提高自我,成就他人;人在相互性中赋予对方的生命以意义,通过给予挖掘生命的潜能,实现生命的价值,这是人通过相互性促进自身发展,使生命价值得以形成和发展的过程。

其次,人的生命价值的形成和发展通过人与社会的相互性得以实现。人是社会中的人,社会是人的社会,人和社会之间相互依存,相互影响,相互作用;人的发展依赖于社会的发展,社会的发展也就是人的发展,这就是人与社会的相互性。人的生命价值的形成、发展及实现通过人与社会的相互性得以展现,可从以下两方面加以理解。

第一,人的生命价值的形成和发展过程是人与人的相互性过程。人与动物有根本的区别,动物只有本能生命,其所有的规定都铭刻在生物遗传基因里面。因此,对动物来说,只要顺从生命本能的支配,无须自己操心,一切便会完成得很好,但人不同,人需要在特定的社会文化环境中学习和掌握知识、技能,接受文化的熏陶,追问生命的意义,在人之间的相互关系中塑造自我、完善自我,促进人的生命价值的形成和人自身的发展。人在社会化的过程中意识到生命的有限,省察生命的意义,以死亡为参照,指向"生"的思考,努力于当下,积极进行自我塑造,追寻生命意义,实现生命的价值等,离开了人与人的相互关系都无从获得。同时,生命价值一旦丧失,也必然通过人与人的相互性发生影响。从这个意义来讲,人的生命价值的形成与发展是人与人的相互性过程。

第二,社会的需要不断推动人进行实践创造,使人的生命价值实现通过人与社会的相互性来实现。生命是一种关系性的存在,任何生命个体都处于特定的社会关系之中,总是在一定的社会关系中进行创造。劳动是积极的创造性的活动,作为人的自由自觉的活动,其核心是人的创造性。人的创造性的实现需要主观和客观条件,从客观上看,人的创造性离不开社会提供创造所必需的各种外在条件,离开一定的客观条件,人的创造也就无法想象。同时,社会的需要不断推动人进行实践创造,是人的创造性得以产生和发展的动力,使人的生命价值不断生成并得以实现。人的发展对人自身和社会具有双重的意义,因为人是社会中的人,社会是人的社会。从这个意义上说,人与社会的相互性是人的创造性得以产生和发展的源泉,人要实现自己的个人价值,就需要为社会创造价值,人在创造自己的价值,其本身也是在为社会创造价值。因此,人的生命价值的实现是通过人与社会的相互性来实现的。

三、从生与死的辩证关系中理解生命价值

生与死是一个永恒的话题,一切生命皆有生死,从花开花落、草木荣枯到人类生命的归宿,正是这生生死死构成了广袤世界的无限生机。死亡是生命的必然归宿,是人类无法抗拒与逃避的宿命。恩格斯在《自然辩证法》中简明扼要地指出,生命总是与其必然结局——死亡联系在一起,生就意味

着死。① 海德格尔还提出了一个著名的命题"死亡是此在的最'本己'的可能性"②，在他看来，人是一种走向死亡的存在，人的死亡总是已经确定了的。人们之所以把死亡排斥在人生之外，是因为死亡的不可经验性。那么，死亡并不在人生之外，生命在完整意义上应包括死亡，"死"相伴于"生"，与人"此在"的生命密不可分，是人最大的可能性。海德格尔从哲学的高度深刻揭示了死亡对于人的深层意义。他在《林中路》中指出："死亡乃是触动终有一死的人的本质的东西；死亡因而把终有一死的人投入通往生命之另一面的途中，从而把他们投入纯粹牵引的整体之中。"③美国著名的生死学专家库伯勒·罗斯教授曾指出，"死如同生一样，是人类存在与成长的一部分，死亡不是一种威胁，而是一种挑战，面对死亡的应战是人成长的基本前提和动力"，"死亡对于人的成长具有终极意义"。④ 我国学者靳凤林认为，人基于死亡意识而建构真、善、美、圣的生存信念⑤，并通过文化创造活动，从而赋予自己的生命行为以尊严、价值和意义，使有限的生命产生无限的价值和意义。由此可见，人仅仅关注"生"，未必能很好地"生"。相反，透悟了"死"，从"死"的视角观察"生"，由"死"思"生"，能促进生命觉醒，可以更好地认识自己的"生"，把"死"的意识和"死"的必至性转化为人生发展的强大内驱力，从而加倍珍爱生命，为人生确立明确的方向，为生命注入更丰富的内容，更好地完善自我，使人在有限的生命中创造无限的价值。

对生命价值的认知要从生与死的辩证关系入手，因为人的生命价值是在与死亡的抗争中，在生与死的对抗中反映出来的。生死相伴，死亡赋予人以生命意义，给人以"生"的方向和强烈的使命感，使人明白人生得失之理。

---

① 中共中央马克思恩格斯列宁斯大林著作编译局.马克思恩格斯选集：第4卷[M].2版.北京：人民出版社，1995：370.

② 海德格尔.存在与时间[M].陈嘉映，王庆节，译.北京：生活·读书·新知三联书店，2006：302.

③ 海德格尔.林中路[M].孙周兴，译.上海：上海译文出版社，1997：309.

④ 罗斯.成长的最后阶段[M].孙振青，译.台北：光启出版社，1993：7-8.

⑤ 靳凤林.死，而后生：死亡现象学视阈中的生存伦理[M].北京：人民出版社，2005：396.

深刻理解死亡是确立人的生命价值系统的基础，只有深刻地理解了死的意义，人才能确立相应的态度，并建立自我的价值系统，可从三个方面予以理解。

首先，死亡赋予人以生命意义，让人学会珍爱生命，更懂得爱。死是个人自己的"死"，是我自己的"存在"，无人能替代。死亡促使人重新省察生命，把它看作生命中无形而友好的伴侣，提醒人珍惜光阴，催促人在有限的时间里，在生与死的撞击中点燃生命之火，抓住生命中的所有时光，积极进行自我塑造，赋予生命以意义，使人不仅活过，还活出了生命的品质，而不只是"通过"生命，如同行尸走肉，生命品质极其低下。同时，对死亡的深度理解令我们更懂得爱。死亡并不是一个纯粹的个人事件，死亡是生命的终结，是直接或者间接影响人际关系的事情。死亡起码是两个人的事情[①]，至少会引发亲属的悲伤。人类正是因为有死才爱，才促使我们更加爱自己、爱亲人、爱人类，在爱的体验中感悟生命的意义和价值。

其次，死给人以生的可贵、生的尊严及深刻的思想启迪，使人明白其使命，死是生的动力。别尔嘉耶夫曾在《论人的使命》中指出，"只有死亡的事实才能深刻地提出生命的意义问题"[②]，"意义与终点相关。假设没有终点，也就是说在我们的世界上存在着无限的生命，那么在生命中就不会有意义"[③]。正是由于"死"，人才格外珍惜"生"，才希望超越生命的有限，关注生前身后事，才追问"生"的意义，凸显"生"的价值。假如没有死亡的存在，那么，人的"生"也就失去了意义，也会变得无聊。假如人可以超越死亡，永无止境地活下去，而不必直面死亡以获得震撼，那么，人有无限的时间和精力，可以做这个事情，做那个事情，可以一会儿这样，一会儿那样，始终处于生死

---

① 胡宜安.现代生死学导论[M].广州：广东高等教育出版社，2009：7.

② 别尔嘉耶夫.论人的使命　神与人的生存辩证法[M].张百春，译.上海：上海人民出版社，2007：253.

③ 别尔嘉耶夫.论人的使命　神与人的生存辩证法[M].张百春，译.上海：上海人民出版社，2007：253.

区间,一切都虚无缥缈,这令人感到生活的无聊、生命的无意义感,人根本无法展示自我的存在,这是人最不能忍受的生活。所以,"死"是"生"的动力和源泉,死亡赋予人使命意识,并驱使人探寻生命意义,找到可以为之奋斗的事情。

最后,认知生死之间的内在关联时,人才能明白人生得失之理,向死而生,努力于当下。生与死相伴相随,人对生的依恋是与生俱来的,因而生的问题很多,其中突出的问题是求名、求利、求更丰富的物质获取,很多人身陷其中,把生命的意义和价值置身于纯物质性的金钱财富之上,更加痛感生命的无常、生活的艰辛,产生了一种灵与肉分离的空虚感、无意义感。当人认知生与死的内在关联时,才会意识到"得"就是"失",失去或许就是得到,从而坦然面对人生的得失。在美国生死学专家罗斯看来,死亡让人悲痛欲绝,给人以可怕的打击,但是"带着损失去生活"会使我们的生命具有意义。[①] 也就是说,死亡虽然是不可回避的,但死亡的价值和意义更主要的是指向"生"的思考,人只有以死亡为参照,才能反观生命存在的意义,向死而生,努力于当下,实现生命的价值。

不可否认,生死问题在我们的学校教育中似乎是有所避讳的,人们往往只谈"生"而不论"死",只看到了生与死的对立,忽视了生与死的统一性,导致部分学生严重缺失有关生死的知识,对生命的思考缺乏应有的深度,从而在现实生活中不尊重生命、守护生命,甚至轻贱生命、舍弃生命、亵渎生命价值。实际上,在生死两端,人掌握不了"死",却能把握住"生",从这个意义上讲,人理所当然要重视生;人不可能清楚地知道自己的将来,却能清楚地意识到死亡的逼近。那么,人更应该讨论死,生命的意义是被人赋予的,也是不确定的,从"向死而生"的角度看,它取决于人对待死亡的态度,谈生论死就是要了解生死,"向死而生",张扬"生",给"生"以动力和方向,为"生"注入

---

① 罗斯.成长的最后阶段[M].孙振青,译.台北:光启出版社,1993:116-117.

更加饱满的内容，更能体现生命的价值。这种建立在"生"与"死"基础上的人生观恰恰是一种健全的、积极的人生观。它与灰暗的人生观有本质的区别，人生灰暗者看不到"生"的意义，根本无法张扬"生"，而只能消极地对待"生"，以致失去"生"的动力。

第二节　生命情感教育

生命情感沟通着认知和行为，是大学生建构其生命意义的基础，关涉其生命价值的取向。真挚、丰富的生命情感引人振奋、昂扬向上，使大学生自觉追求生命的意义，而消极的生命情感则是对生命意义的无望，对生命价值的漠视。大学生生命价值教育以丰富学生的生命情感，开展生命情感教育为其重要组成部分，使他们用积极的生命情感探寻生命的意义，追求生命的价值。

一、情感的解读

情感作为人的精神生活的重要组成部分，是人最真切的体验。古往今来，哲学和心理学等领域分别从不同的视野对此进行了关注和探讨。

西方哲学基于理性和感性二元对立的视角理解情感，形成了低级情欲说、情感伦理说及非理性因素说。理性主义者强调，人是理性的存在，理性属于人的本质属性，而情感是人性的非本质部分，是与理智相互对立的。因此，情感被看成是低劣的，是需要遏制的情欲，这是一种低级情欲说的观点。英国哲学家休谟把情感分为直接情感和间接情感两种[1]，并对情感的起源、性质和活动进行了探讨。亚当·斯密在《道德情操论》中指出："就算一个麻

---

① 休谟.人性论[M].张晖,译.北京:北京出版社,2007:73.

木不仁的家伙,就算一个藐视一切社会道德和法律规范的罪犯,他同样不会完全丧失同情心,只不过感性的、善良的人可能对此会更敏感一些。"①在他看来,"同情"是对一切情绪的共鸣感受,使自己设身处地地为他人分担,或者分有别人的感情。19世纪末以来,西方理性主义传统遭遇危机,以叔本华为代表的非理性主义哲学家高呼人性结构存在的非理性因素,强调把"情感"等非理性因素看作世界的本原,同时又把非理性因素抬高到支配一切的地位,走向了另一个极端。

心理学也对情绪、情感进行了揭示,1884年,美国心理学家威廉·詹姆斯(William James)提出了较为系统的情绪理论。在他看来,情绪是对外界事物所引起的身体变化的感知。② 詹姆斯的情绪学说引起了大量的讨论,推动了情绪的研究,是现代情绪理论的起点。20世纪60年代,阿诺德(Arnold)首次在情绪问题中提出评价概念,从而把对情绪的认识提高到一个新的阶段。在她看来,评价是产生情绪的根本条件,评价是情绪的决定因素,评价本身是被感觉到的行为倾向③,其评价理论实际上包含环境、认知、行为和生理因素。也就是说,人的情绪是通过环境对人具有怎样的意义,是否符合人的需要和意图而产生的。美国心理学家诺尔曼·丹森在其《情感论》一书中指出,"情感就是自我的感受","自我的感受构成情感过程的本质和核心"。④ 苏联学者雅科布松认为,"情感是人具有的稳定的情绪态度、固定的心理状态;是对现实中的一定范围的现象表现出的一种独特的'眷念'(或者与之'疏远')"⑤。

在我国,著名的情绪心理学家孟昭兰认为,情感有"感觉"之意,但又不

---

① 斯密.道德情操论[M].杨程程,廖玉珍,译.北京:商务印书馆国际有限公司,2011:2.

② 车文博.西方心理学史[M].杭州:浙江教育出版社,1998:318-319.

③ 斯托曼.情绪心理学[M].张燕云,译.沈阳:辽宁人民出版社,1986:157.

④ 丹森.情感论[M].魏中军,孙安迹,译.沈阳:辽宁人民出版社,1989:7.

⑤ 雅科布松.情感心理学[M].王玉琴,译.哈尔滨:黑龙江人民出版社,1988:18.

同于"感觉"之解。① 德育专家朱小蔓把情感理解为人区别于认识活动、有特定主观体验和外显表情、同人的特定需要（自然的或社会的）相联系的感情反映。② 在价值哲学中，李德顺先生则指出，"情感是一种心理水平上的价值意识形态，是人的主体尺度的精神表现"③，在他看来，只有那些与人的需要相关的事物才能引起人的情感，当客体满足主体的需要时，主体便通过其内部体验的感情、外显的表情及兴奋、激动等情绪表达对价值的评价。④

基于以上的分析可知，情感作为人的一种精神现象，是人在其生存与发展过程中，对客观对象和自我态度的一种内心体验和情境评价，也是同人的需要相联系的感情反映。

二、情感之于生命价值的作用

人的生命与情感紧密相连，情感贯穿于生命的全过程，情感是生命价值得以体现的重要内涵，主要体现在以下三个方面。

首先，人是情感的存在⑤。中国古代哲学家重视人的生命创造活动的意义表达，从情感出发思考人生问题。孔子作为儒家创始人，尤为看重人的"真情实感"，在他看来，人有超越物质性的内在的情感追求，人首先是情感的存在，情感是人本真的存在状态，人基于情感之上建立生命意义和价值。"仁"是人的最高价值，如果一个人有对生命存在本身的真实情感，他就能够成为"仁人"。孟子作为儒家学说的继承者，提出了著名的"四端说"，即恻隐之心、羞恶之心、辞让之心、是非之心四种道德情感⑥，并把它作为人性的根源。在孟子看来，情是"心"的存在及其活动状态，情感是心所固有的。儒家

---

① 孟昭兰.人类情绪[M].上海：上海人民出版社，1989：13.
② 朱小蔓.情感教育论纲[M].北京：人民出版社，2007：19.
③ 李德顺.价值论[M].2版.北京：中国人民大学出版社，2007：194.
④ 李德顺.价值论：一种主体性的研究[M].3版.北京：中国人民大学出版社，2013：246.
⑤ 蒙培元.情感与理性[M].北京：中国人民大学出版社，2009：19.
⑥ 万丽华，蓝旭.中华经典藏书：孟子[M].北京：中华书局，2006：246.

哲学的另一位继承者荀子则把情感理解为人性的体现，从情感出发论"性"，并指出，"性之好、恶、喜、怒、哀、乐谓之情"，"性者，天之就也；情者，性之质也；欲者，情之应也。以所欲为可得而求之，情之所必不免也"。[①] 因此，从儒家哲学的角度看，人的存在是实实在在的情感活动，情感是人的存在的重要标志，不可能脱离情感谈人的生命及其价值问题。

梁启超先生对情感也进行过研究，他认为，"天下最神圣的莫过于情感"[②]，并用磁力吸铁来说明情感的感染力，把情感和理智作为人类两大精神因素。在蒙培元先生看来，讲到人的存在问题，就不能抛开情感。"因为情感，且只有情感，才是人的首要、基本的存在方式。"[③]在现代西方，心理学家诺尔曼·丹森认为："人就是他们的情感。要知道人是什么，必须懂得他们的情感。反过来说也一样，要知道什么是情感，就必须理解我们称之为人的这个现象。"[④]约翰斯顿（Victor S. Johnston）从正、反两方面阐释了情感，并指出，"情感赋予我们的存在以质感"[⑤]，离开了情感，人的生活将会索然无味；一个没有情感的人，很难有诸如思想、实践和交往的活动，也算不上是真正的人。

在马克思看来，情感是人的一种本质力量，他十分推崇歌德、席勒等人对情感及其价值的肯定，并指出，"人不仅在思维中，而且以全部感觉在对象世界中肯定自己"[⑥]，"人作为对象性的、感性的存在物，是一个受动的存在物；因为它感到自己是受动的，所以是一个有激情的存在物"。[⑦] 可见，情感内在于人的生命本身，它推动人进行创造性的活动，并在活动中展现自我。

---

① 荀子.荀子[M].安继民,注译.郑州:中州古籍出版社,2006:361-362.

② 于民.中国美学史资料选编[M].上海:复旦大学出版社,2008:563.

③ 蒙培元.情感与理性[M].北京:中国人民大学出版社,2009:3.

④ 丹森.情感论[M].魏中军,孙安迹,译.沈阳:辽宁人民出版社,1989:7.

⑤ 约翰斯顿.情感之源:关于人类情绪的科学[M].翁恩琪,译.上海:上海科学技术出版社,2002:68.

⑥ 马克思.1844年经济学哲学手稿[M].北京:人民出版社,2014:103.

⑦ 马克思.1844年经济学哲学手稿[M].北京:人民出版社,2014:104.

　　由此可见,情感作为人的非理性层面,是人之为人的必要条件。一个没有感情的人,是不健全的人,也不是真正意义上的人。

　　其次,情感是人的生命发展及其价值实现的重要机制。情感是人生命的主要组成部分,是人的生命发展的重要机制。在美国心理学家汤姆金斯(Tomkins)看来,情感是构成人类演进的一个关键部分。个体生命需要依靠情感机制来识别他人的情绪、理解别人的感受、适应文化环境和社会的需要,借助情感的表达功能实现人际情感的沟通与认同,并融入人类文化的价值系统,顺利地完成人的"社会化"。同时情感还是促进人的生命价值实现的重要机制。人是意义性的存在,人总是在生活中寻求情感的满足和精神的寄托,这是人所固有的本质力量。情感在促进个体生命价值实现中扮演着非常重要的角色,它是连接认识主体、客体的纽带,在认识发生中起着支配作用,在认识飞跃中具有决定性作用。[①] 积极的情感促进生命个体认识客体,并赋予其情感的特质,与客体融为一体,推动生命个体追求人生理想,并在实践中展现人的本质力量,实现生命的价值。健康向上的情感不仅给人带来心理上的舒适和愉悦,还能使人勇于承担责任、增进人际的社会联系,使人珍爱生命,热爱生活,让生命充满活力,自觉进行生命价值的创造,并在实践中追求更高、更广的自由理想和境界。

　　最后,情感是人的精神生命价值的主体力量。作为一种精神力量,情感与人类精神结构的其他要素相辅相成,共同推动生命的发展,促进人的精神生命价值的生成和实现。情感是最接近理性的非理性因素[②],具有激励、推动作用,积极的情感赋予人的理性以旺盛的生命力,激励着人的意志,驱动着人探寻生命的意义,在实践活动中表现出极大的主动性和创造性,充分展现人的本质力量,正如马克思所说,"激情、热情是人强烈追求自己的对象的

---

① 何颖.非理性及其价值研究[M].北京:中国社会科学出版社,2003:260.
② 何颖.非理性及其价值研究[M].北京:中国社会科学出版社,2003:310.

本质力量"①。同时,情感有极强的附着力和指向性②,稳固人的意志,驱使人追求理想目标,使精神生命价值的实现得以可能。换言之,离开一定的情感,人不可能能动地进行生命价值的创造和实践,也不可能展现其精神生命的力量。情感以其本能的力量,能引人超越现实,超越当下,使精神生命逐步得到发展、完善和升华。

社会情感对于提升人的精神生命及其价值具有重要的价值定向作用。人的情感具有不同的层次,从其内容角度上看,情感还有自然情感、社会情感、民族情感、道德情感等。社会情感作为人类所特有的一种高级情感,是人类价值世界的重要晴雨表③,体现了人对内在世界和外在世界的好恶等。健康向上的社会情感具有强大的感召力量,引导个体关注社会的发展,关心国家和民族的命运,充分张扬人的主体性,提升人的精神生命,使生命意义在更深层次得以体现。同时,高尚的社会情感还可以发挥团结的功能,联结社会成员,使社会成员形成强大的凝聚力,同甘共苦,从而净化社会风气,推动社会发展和人的发展,对于提升人的精神生命价值具有重要的价值选择作用。

总之,人是情感的存在,正是因为有了快乐、喜爱、悲伤等情感,人的生命才有更为丰富的内容,人的生命价值才能得以充分展现,情感是人的生命价值得以体现的重要内涵。

三、大学生生命情感的培养

生命情感是内在于个体生命价值本身的情感,关涉人对生命意义的体认,是构建个体生命价值的基础性因素。生命情感是个体对自我生命的肯

---

① 马克思.1844年经济学哲学手稿[M].北京:人民出版社,2014:104.
② 何颖.非理性及其价值研究[M].北京:中国社会科学出版社,2003:312.
③ 何颖.非理性及其价值研究[M].北京:中国社会科学出版社,2003:314.

定、接纳、珍爱,对生命意义的自觉、欣悦、沉浸,以及对他者生命乃至整个生命世界的同情与关爱。[①] 积极的生命情感使大学生朝气蓬勃、富有爱心,是他们生命发展的动力之源,是提升其生命价值的基础;而消极的生命情感则使大学生沮丧、悲观、冷漠,难以与他者乃至世界进行丰富的交流,无法探寻其生命的意义和实现其生命的价值。因此,积极生命情感的培养是大学生生命价值教育的关键。

生命情感教育以培养大学生积极的生命情感为目的,使他们以积极的情感体验亲情、友情、爱情,感受生命的伟大与跃动,用积极的生命情感引导他们的价值追求。生命情感教育可从以下两个方面来培养大学生的生命情感。

首先,以大学生的天然情感体验为基础,培养其积极的生命情感。天然情感是人类基本的情感,与人的日常生活相关联,对于培育积极的生命情感具有十分重要的意义。以父母为核心所形成的血缘关系是大学生生命成长的情感世界,这种以家庭日常生活为基础形成的天然情感,可促进大学生积极生命情感的建构。正是在这种无条件的、持久的爱中,大学生能摆脱压力和烦恼,感受到生活的快乐和幸福,在血缘亲情、纯真友情中获得温暖感、亲切感、强烈的归属感,使大学生真正体验到人性的光辉和生命价值,从而产生积极的生命情感。

当代大学生多数在父母的庇护下成长,没有经历挫折,缺乏生活的磨砺、坚强的意志,这种过分浓重的天然情感不利于他们独立人格的形成和积极生命情感的建立。因此,生命情感教育需要关注大学生的天然情感,使天然情感发挥其正面作用,使大学生体认与肯定自我生命,体验生活的意义,以及对他人生命的同情与关怀。

其次,在苦难体验中培育大学生积极的生命情感。生命情感既不是与

---

① 刘铁芳.生命情感与教育关怀[J].湖南师范大学社会科学学报,2000(5):65-72.

生俱来的,也不会一成不变,它会随着生命的流逝而呈现其流动性①,但不管怎样,良好的生命情感总是与人的生命体验紧密相关。人生的苦难是不可避免的,病痛折磨、天灾人祸、生离死别、事业受挫、失恋、失业、失意等皆是苦难。人生是人之生命的具体展开过程,苦难虽给人以痛苦,但是苦难与生命的本质力量激活有一种普遍的联系,因此,苦难也有积极的意义。体验是个体生命对人生重大事件的深切领悟,对苦难的体验能催发、砥砺大学生的意志,激发其潜在能力,使大学生意识到自己作为人格主体的力量、尊严与价值。同时,苦难还催发大学生生命情感的成熟,使他们把对生命意义的探寻引向深处,从而培养其生命意识,使他们珍爱生命。

当然,大学生对苦难的体验还应指向他者的苦难,包括来自民族的、人类的苦难体验。正是对他者的苦难理解,引导大学生走出自我,强化对他者生命乃至人类普遍生命的关怀,丰富其生命情感,升华其精神境界。

当代大学生思想开放、思维活跃、情感丰富,但又十分脆弱。面对苦难,有一部分学生将之当作一种磨砺而坦然面对,也有一部分学生不能正确看待苦难,怨天尤人,甚至痛不欲生。这需要生命情感教育的正确引导,使其认识到苦难的积极功能,在苦难的深刻体验中正视其消极情感,砥砺生命的意志,丰富其生命情感,实现情感的升华。英国当代学者弗朗西斯·威尔克斯(F. Wilks)指出:"情感是伟大的老师,但它的教育方式不是传统的课堂类型,它主要通过生活中苦难和快乐的经历来教育我们。"②因此,当苦难无法回避时,大学生应勇敢地承受它,在体验中感知自我,认知他人,感受生命的力量,感悟生命的可贵与美好,培养积极的生命情感,探寻生命的意义。

---

① 刘铁芳.生命情感与教育关怀[J].湖南师范大学社会科学学报,2000(5):65-72.
② 威尔克斯.理智与情感:如何通过情感调适获得成功[M].吴乃华,译.北京:世界知识出版社,2001:19.

第三节　生命责任教育

责任是一个人在社会生活中承担任务和完成使命的自觉态度，是人之为人的本质规定。责任使大学生对生活充满热情，能积极主动地关心自己、他人和社会，对自己的前途命运以及自身生存的社会条件负责，能体悟到生命的意义和价值之所在。生命责任教育旨在引导和帮助大学生深刻地体认生命的责任，磨砺其责任意志，培养其生命责任感，让生命在担当责任中更富有意义和价值，提升其精神境界，这也是大学生生命价值教育的重要组成部分。

一、责任之于生命价值的意义

责任在《辞源》中有两种含义：一是使人担当起某种职务和职责；二是分内应做的事情。[①] 在现代汉语中，责任有两重含义：一是分内应做的事；二是没有做好分内应做的事，因而应当承担的过失。[②] 目前，学术界对"责任"有不同的见解，有学者认为责任有三层含义[③]：其一，体现为分内应做的事，如岗位职责；其二，包括特定的人对特定事项的发展变化以及后果负有某种义务，如举证责任；其三，因未做好分内之事或未履行义务而承担后果。也有学者从广义和狭义的角度，对责任进行区分。广义的责任是抽象的，主要指在政治、道德或在法律等方面所应担当的行为，而狭义的责任侧重于具体所

---

① 何九盈,王宁,董琨.辞源:第 4 册[M].3 版.北京:商务印书馆,2018:3886.

② 中国社会科学院语言研究所词典编辑室.现代汉语词典[M].7 版.北京:商务印书馆,2016:1637.

③ 张文显.法学基本范畴研究[M].北京:中国政法大学出版社,1993:184.

应承担的不利后果。①

由此可见，责任是行为主体在一定的社会关系中对其角色任务的自觉服从，以及未做好分内之事应当承担相应的后果。

责任对于生命价值的意义体现在责任使人保全肉体生命，开拓精神生命。人不仅有肉体生命，还有精神生命。责任是个体存在的内在要求，关乎个人的生存与发展，责任使人成为人。我国历来十分重视人的责任，"择邻而居"讲述了孟母对子女的教育责任；"卧冰求鲤"传颂了晋代王祥恪尽孝道的责任；"天下兴亡，匹夫有责"体现了百姓对国家的责任。可见，责任有不同的范畴。法国哲学家卢梭在谈及人的自然情感时指出，自爱心是人先天存在的自然情感，是原始、内在的欲念②，人生来就有保护自己的责任，这是不可辩驳的。那么，我们就要关心和保持生命。他实际上表达了关心和保存自我生命是人的基本责任。哲学家康德认为："责任的最高原则就是竭尽全力维护自己的生命，发展和提高自己的生命，使其具有最大的道德价值。"③由此可见，责任对于生命价值的意义不仅体现在保存生命，更在于开拓精神生命。人的生命与动物的生命有根本的区别，虽然都是肉体生命，但人的肉体生命并不是纯粹生理性的，任何一个人皆出于父母的血缘关系之中，而父母又出于无限上延的复杂的血缘关系和社会关系里。④ 人的生命还是一种意义性的存在，追寻意义是人之为人的根本，责任是使命的召唤，驱使人开阔其视野，拓展生命的空间，丰富其生活，让生命在为他人和社会履行责任中得到最大限度的价值彰显，更加多姿多彩。

责任对于生命价值的意义还体现在责任使生命的主体性得到确证，使生命走向崇高，更加富有意义和价值。责任的本质性特点决定了责任的重

① 王成栋.政府责任论[M].北京:中国政法大学出版社,1999:3-5.
② 卢梭.爱弥儿:论教育(上)[M].李平沤,译.北京:人民教育出版社,2001:289-290.
③ 康德.道德形而上学原理[M].苗力田,译.上海:上海人民出版社,2002:11.
④ 郑晓江.生命教育演讲录[M].南昌:江西人民出版社,2008:97.

要价值[1]，责任能使每个人意识到生命并不是孤立的存在，而是在与他人、他物的共生共存中实现人的发展。法国哲学家列维纳斯（Emmanuel Levinas）在其责任学说中强调，"我"与他者的关系是存在的一个本质方面[2]，并呼吁"我"积极承担对他者的责任，通过履行责任而实现我和他者关系的协调，得到他人的肯定，并由此升华自我生命的意义和价值，获得生命满足感，使生命的主体性得到确证，这也是人对自身负责的表现。责任还能激发人对社会负责和创造的激情，使生命因承担和履行对社会的责任而更绚丽、圆满和富有意义。人的生命是由其所属的群体和社会来支持、塑造的。在马克思看来，人是社会的人，人的存在也是社会的活动，人的活动所需要的材料及思想家活动的语言等都是社会的产物。正因为人生活在社会之中，人才有其独特的角色和使命，而责任使人超越自我，主动关心他人和社会，为自身生存的社会条件负责，在创造的激情中升华精神生命，在为社会的尽职尽责中确证生命的主体性，使生命走向崇高，使生命更加充实而富有意义。

二、生命的多重责任

人的生命不仅是肉体的存在，还是一种社会关系的存在，这意味着其价值和意义不只在于对生命本身的尊重和爱护，还在于对生命责任的积极承担。人的生命具有多重的责任，既有对自我的责任，又有对他人、社会和国家的责任。

1.对自我的生命责任

责任是人存在和发展的内在规定性，是人的本质[3]，是人追寻生命意义、实现生命价值、提升生命价值的内在动力。对自我的生命责任指个体对自

---

① 张宗海.西方主要国家的高校学生责任教育与启示[J].高教探索,2002(3):37-39.
② 列维纳斯.塔木德四讲[M].关宝艳,译.北京:商务印书馆,2002:13.
③ 田秀云.当代社会责任伦理[M].北京:人民出版社,2008:53.

我的生命应当担负的责任，是对自身价值的一种肯定。一个人如果对自我的生命都不够重视，对自身生命的存在都不能肯定，又何谈自我生命的发展，以及珍惜他人的生命。对大学生而言，自我的生命责任包含以下两方面的内容。

其一，珍惜生命，满足其基本需要，维护身心健康，保持健康的体魄，是大学生对自我生命负责的首要体现。首先，对自身生命的责任体现在对肉身的爱护、珍惜，不随意损伤生命，因为每个生命都是由父"精"母"血"孕育而来，人的生命又会随着各种机缘被传承下去。从某种意义上说，生命既属于自己，又不完全属于自己。其次，对肉体生命的责任还体现在满足肉体基本的物质需要。在人的生活中，生命的存在首先在于满足生命的生存需要，为其提供基本的养料，使其有充沛的精力和足够的能量追求生命的理想，这是大自然赋予生命的天然权利，虽然是动物式的自保本能，却是人类生命得以延续所不可忽视的基本前提，只有肉体生命存在，才谈得上精神追求。最后，珍视肉体生命意味着要维护身心的健康，保持健康的体魄。因为身心健康是大学生维持生命体征的先决条件，是生命存在的基础，是生命意义存在的基本要求；健康的体魄是创造价值的基础。因此，大学生要养成健康的生活方式，有规律地学习、生活、锻炼，保持旺盛的精力和体力，为生命价值的创造提供良好的身体条件。

其二，大学生对自我生命的责任还包含满足其生命的精神诉求，对自我的行为和成长负责，自觉地把握好人生之路，不断提升其生命价值。因为人的生命具有精神属性，有着精神的诉求。与人的物质性生活相比，人的内在精神生活才具有根本的意义，这是人的生命本质体现。倘若物质性生活失去了"精神内核"，那人就形同动物。个体对自我生命的责任要求个体倾听生命的呼唤，满足生命的精神需求，以此引领生命进程。"人的存在从来就不是纯粹的存在,它总是牵涉到意义。意义的向度是做人所固有的。"①人无法忍受无意义的存在,总是超越生命的本能,通过劳动实践确证自身的存在,实现生命的价值。从某种意义上说,大学生对自我的行为和成长负责就是使责任贯穿其行为始终:在行为前,注重对行为责任的思考;在行为中,对自身的行为进行有效的监督和调控;在行为后,以责任的视角反思自我的人生实践,不断提升其生命价值。

传统的大学生责任教育往往强调社会责任而忽略自我责任,把自我责任的内容排除在责任教育之外,给人一种"空泛"的感觉,使大学生本该承担的基本责任被忽视,造成现实生活中种种不负责任的现象,诸如"小事不想做,大事做不了"。大学阶段是青年大学生社会化的重要时期,随着大学生自我意识的发展,其民主意识、平等观念不断增强,大学生在现实空间与心灵上都拥有更多的自由,对他们来说,能否理性地把握好自己的人生之路显得尤为重要。然而,受社会各种思想的冲击和影响,尤其是实用主义和功利主义的影响,部分大学生的责任意识渐趋淡薄,甚至还存在令人担忧的无责任化倾向。他们对自我的学习和生活持一种"无所谓"的态度,因而在面对应承担的责任或应履行的义务时,寻找种种理由推卸,或者干脆拒绝,这是一种对自我生命不负责的表现。

对自我生命的责任要求大学生强化责任意识,走出"精神疲软",主动担当其生命责任,脚踏实地、努力勤奋,在健康的生活中找到乐趣,在成功的喜悦中感受生命的蓬勃,以此强化其生命使命感。

2.对他人的生命责任

他人是相对于个人而言的,指在一定的社会关系中与个人相关的其他人。对他人的责任是在自我负责的基础上,对"我"之外的他人负责。它是人与人之间维持一定关系的纽带,也是对自我责任的升华。

---

① 赫舍尔.人是谁[M].隗仁莲,译.贵阳:贵州人民出版社,1994:46-47.

关于对他人的生命责任,法国哲学家列维纳斯的"为他责任说"为我们提供了重要的启示。列维纳斯对"主体"的概念进行了重新界定,其所指的"他者"包括作为生命主体的"他人"。在他看来,主体不是一个孤独的存在者,而是与他者交往中的"我",也是一个"为他"的主体。回应就是"我"对"他者"应当承担的一种责任。[①] 也就是说,"我"与"他者"之间是一种责任与义务的关系。列维纳斯的"为他责任说"有其合理性,启示我们要尊重他人,敬畏他人,正是通过这种对他人的生命责任,我们学会了尊重自我,敬畏生命。

梁漱溟先生在其伦理思想中提倡以"对方"为着眼点,其所指的"对方"也是包含他人的。在他看来,自我并不是单独存在的,人从出生起便有相关联的人,人的成长与发展也处于各种关系之中,人的存在有一个"他者"的维度,"我"和"他者"之间是一种责任的关系。不仅如此,人和人之间还应"互以对方为重",相互尊重、相互照顾,即"我"与"他人"之间相互负责[②]。那么,从这个意义上看,人也应该为他人的生命负责。

马克思则反对从思辨、抽象的层面探讨人,强调理解"现实的人"应从人的历史活动和社会关系出发,人必然在自我的生命活动中同自然界、他人和社会建立联系,形成以政治交往、经济交往、法律交往和道德交往等为内容的社会关系。正是在对"人的本质"进行深刻分析的基础上,马克思指出,"作为现实的人,你就有一种规定、使命和任务"[③]。这表明人既作为需要的主体又作为需要的客体,总是自觉或不自觉地与他人发生联系,每个人既是责任主体,又是责任客体,当生命个体尊重他人的生命、尊重他人的生命价值时,同时也能从他人那里获得尊重、理解、宽容、信任等。换言之,人的生

---

① 列维纳斯.塔木德四讲[M].关宝艳,译.北京:商务印书馆,2002:13-15.
② 中国文化书院学术委员会.梁漱溟全集:第5卷[M].济南:山东人民出版社,2005:94.
③ 中共中央马克思恩格斯列宁斯大林著作编译局.马克思恩格斯全集:第3卷[M].2版.北京:人民出版社,2002:329.

命是一种关系性的存在,总是处在万事万物的普遍联系之中,总是直接或间接地与他人发生关系。那么,承担责任成为生命主体的必要,这既是个体的生存手段,又是维系个体生命的基本纽带,也是由人的社会属性所决定的。

鉴于以上的分析,无论是列维纳斯的"为他责任说",还是梁漱溟先生从伦理上对责任的诠释及马克思从人的社会属性上对责任的解释,都表明人应对他人的生命承担一定的责任和义务。

对大学生来说,对他人的生命责任体现为尊重生命的差异性、理解生命的共在、尊重他人的生命价值、尊重生命价值的平等性,在尊重他人的生命中促进人的发展。要做到这些,其中较为关键的是理解生命的唯一性,只有深刻地理解唯一性,才能更好地把握生命的差异性,并尊重生命的差异性,尊重他人的生命价值,理解生命的共在。

从生命的唯一性角度来看,"我"是富有个性的生命主体,而"他"也是有意识的生命主体,大学生各自的知识结构、家庭背景、个性差异等所导致的摩擦是不可避免的。对他人的生命责任意味着要承认生命主体的异质性的客观现实,寻求差异之上的共同点,以宽广的胸襟对待个体生命的异质性。每个人虽然不可能真正进入他人的内心世界,但要理解他人存在的取向,尊重他人的生命价值,尊重生命价值的平等性,不论其种族、阶层、信仰、社会地位和个体能力等,都承认其享有作为人的价值地位,通过相互的交往实现生命共在的和谐之境,在共在中既充分展现自我,又成全他人的追求。大学生只有深刻地理解生命的唯一性,才能更好地尊重生命的差异性,理解生命的共在,尊重他人的生命价值,尊重生命价值的平等性,在尊重他人的生命中履行人的责任,促进人的全面发展,这就是一种对他人的生命责任。

3. 对社会和国家的责任

人的生命既是自然的存在,又是社会的存在,生来就依赖血缘亲情,眷念故土,并渴望从生存的族群中获得归属感。同时,人的生命又在社会的相互交往、合作中获得发展,对共同体产生了深深的道德情感,希望其建设得更加美好。人的生命活动不可能脱离人所生活的社会。社会和国家作为两个重要的共同体,对人的生命存在与发展起着不可忽视的作用和影响。国家是包含政治、经济、文化等多重因素的实体性共同体,从本质上说,每个人都不可能脱离"国家"而独自存在,生命个体与国家之间不仅有休戚与共的民族归属关系,还有对国家意志的服从,并希望国家繁荣昌盛的情感关系。总之,只有国家繁荣富强,个体才能享受幸福愉快的生活,个体需要担负对社会、国家的责任,每个人对社会、对国家都负有义不容辞的责任。

人的生命承担着多重责任,并通过不同的方式和内容表现出来,但大学生只有将社会、国家责任与自我的生命有机统一起来,才能使其生命价值在责任的担当中得到最大限度的彰显。富有责任和担当精神是中华民族的优良传统,孟子"以天下为己任",范仲淹主张"先天下之忧而忧,后天下之乐而乐",顾炎武提倡"天下兴亡,匹夫有责"等,都体现了中华民族的担当精神,其凝聚着中华民族的道德力量,是捍卫民族尊严、振奋民族精神、促进民族富强和增强国家实力的精神动力,这种精神在今天仍然值得我们弘扬。2010年,我国正式颁布了《国家中长期教育改革与发展规划纲要(2010—2020年)》,"责任"一词在全文中出现了多次,重点强调了对学生责任感的培养,可见责任对人的至关重要性。在建设中国特色社会主义,实现中华民族伟大复兴的道路上,理应重视、弘扬和培育这种担当精神。

个体生命对社会、国家的责任是由个体在社会发展中的地位和作用所决定的。在当代中国,大学生的责任也是由他们实现中华民族伟大复兴的中国梦的重要依靠力量所决定的。对于大学生来说,青春之路有千万条,但青年的奋斗唯有与社会的需要有机结合,生命才能焕发出更璀璨的光芒。中国梦是大学生的成才之梦、报国之梦、创新之梦,大学生自我发展、自我实现的青春梦与国家富强、民族振兴、人民幸福的中国梦是统一的,其根本精神和实施路径也是统一的。①

因此,大学生应做到以下三点:一是以中国梦指引自身的成长成才,主动承担其义不容辞的使命,以高度的历史责任感担当实现中国梦的使命。社会责任感是所有品德中最具有影响力的,也是人基本、必备的品质,是德育的核心要求。② 大学生对社会的责任感体现在对社会的担当之中,跳出自然、功利的低级境界,自觉地提升自我,进入为社会服务的道德境界和天地境界,以中国梦指引自身成长成才。二是在实现中国梦的奋斗中彰显其生命价值。人的生命价值实现都受其所处时代的客观条件影响,都需要紧密契合时代洪流前进的方向,那么,大学生需要认清时代发展的趋势,以崇高的使命感和社会责任感,将个人理想与中国梦相统一。三是以梦想照进现实,做到知行合一。梦想的实现,关键在于行动,在于脚踏实地的实干精神,把认同中国梦、践行中国梦、实现中国梦作为自己的价值取向和价值追求,在实践的熔炉中增长见识,提升自我,成为担当重任的栋梁之材,以此彰显其生命价值。

三、大学生生命责任感的培养

责任感是个体对其所感知的对象负有使命的自觉意识和情感体验,其中感知的对象包括个体自己及他人、集体、社会等。③ 生命责任感是尊重生命、善待生命、发展生命、提升生命价值的一种自觉的责任意识。有强烈生命责任感的人能积极面对生活,主动关心自己、他人和社会,敢于对自己的前途和命运负责,能体验到生命的意义和价值;反之,无生命责任感的人则会觉得人生无乐趣,丧失了对生活的热情以及积极进取的精神,成为精神空虚的人。因此,生命责任感关乎大学生的发展,对于探寻其生命意义、实现

---

① 丁俊萍.中国梦之中国力量[M].武汉:武汉大学出版社,2015:318.
② 郭振有.为什么要加强社会责任感教育[N].中国教育报,2010-12-28(4).
③ 王民忠.论大学生责任感培养[J].思想教育研究,2007(12):8-11.

其生命价值、提升其精神境界具有重要的作用。

大学生生命责任感的培养除了需要理性的认知,使大学生充分认识到生命的多重责任之外,还需要在社会实践中磨砺其责任意志,培养其生命责任感。

第一,在社会实践中磨砺大学生的责任意志,增强其生命责任感。意志是最高层次的非理性因素[①],是人在面临各种环境时,能够自觉地坚持一定的目的并采取行动实现其目的的思想品质,是人生命的内核、价值的内核、精神的内核。[②] 责任意志是个体做出责任行为选择时克服困难和阻碍所需要的毅力和自控力[③],对于增强人的生命责任感具有不可忽视的作用。责任意志具有倾向性品格和激励作用,推动着个体对生命意义的追求。正是因为责任意志,人才能对其所感知的对象负有使命的自觉意识,从而更加珍惜生命,在热爱生命的实践中进行生命价值的创造。同时,责任意志可以调节和支配个体,让个体坚韧不拔地追寻生命的意义,自觉履行生命的责任担当,使个体的生命责任感得以体现。换言之,责任意志维持和支撑着个体承担责任行为,责任行为是责任意志的外在表现形式,通常责任意志与责任行为保持一致。[④] 个体的责任意志是否坚定,总是通过一定的生命责任担当行为表现出来的。只有这样,个体才能被称为拥有生命责任感,否则个体的生命责任感也就无从体现。因此,责任意志作为一种精神力量赋予大学生使命般的自觉意识,支撑着大学生承担生命的责任,履行相应的义务,积极探索生命的意义,实现生命的价值。

坚强的责任意志使人在最艰难、最无助、最绝望的处境中,仍能正视自我所承担的责任,并坚守自我的责任,意识到生命的价值,以此触发人所蕴

① 何颖.非理性及其价值研究[M].北京:中国社会科学出版社,2003:214.
② 程东峰.责与自由:当代中国青少年成长研究[M].北京:人民教育出版社,2014:342.
③ 张瑞.大学生责任教育新编[M].济南:山东人民出版社,2014:24.
④ 张瑞.大学生责任教育新编[M].济南:山东人民出版社,2014:110.

藏的潜能,彰显人性的光芒。反之,缺乏责任意志的生命是脆弱的、肤浅的。在大学里,仍有部分大学生缺乏坚强的责任意志,在困难和挫折面前不能很好地认识自我,甚至为一些不重要的事情而否定自我的生命,躲避生命的责任,甚至选择自杀,给家人带来了巨大的悲痛,给社会造成了极大的损失。相反,责任意志坚强的大学生却不会轻言放弃,能理性地认知生命的价值,并坚守对自我、他人及社会的责任。但责任意志作为一种精神力量和心理状态,并不是凭空产生的。实践是意志的基础,脱离实践的意志必然是"抽象的意志"[1],大学生只有自觉地投身于社会实践,才能认识责任意志的价值,并在社会实践中磨砺责任意志,在困境的挑战中升华责任意志,增强生命的责任感,从而开拓精神生命,践行对生命价值的追求,对自己的前途和命运负责,主动担当对国家和民族的责任。正是这种生命责任感的背负,使他们体会、领悟到生命的意义。

第二,在自爱和爱人的生命体验中,提升大学生生命责任感。爱作为人类永恒的主题,在人的生命历程中无处不在,首先体现为对人的爱,对人的爱又可以分为对自己的爱和对他人的爱。自爱是人在理解、尊重和悦纳自我的基础上,对自我人生的把握和自我生命价值的肯定。[2] 爱人是指对自己之外的所有人的爱,包括亲人、朋友、陌生人等。自爱产生于人对自我生命爱护的原始欲望,是人对自我的一种感情和意识,是生命责任感的基本前提。一个人只有自爱,才能珍爱生命和热爱生活,产生积极向上的动力,树立正确的世界观、人生观、价值观,从而追寻生命意义,展现生命的蓬勃,使生命价值的实现得以成为可能。当然,这需要正确的思想与行为。如果一个人以不健康的方式爱自己,是不可能耐心地守候自我的,同时也不可能真正爱他人。爱人就是要理解与尊重他人,关心与爱护他人,帮助和成就他人,以及对他人负责等。因此,自爱是爱人的前提与基础,爱人是自爱的拓

---

① 张明仓.实践意志论[M].南宁:广西人民出版社,2002:210.
② 崔德华.爱育论[M].北京:中国社会科学出版社,2011:23.

展与延伸①,但两者结合,才是真正意义上的爱。

　　亲身的体验和感受,对于大学生生命责任感的培养具有不可替代的作用。体验是人的生存方式,是个体生命经验产生的基础。爱需要体验,体验让大学生从自身生存状态和切身感受出发,使他们意识到自我和他人的统一,从而加深其情感,打开其视野,使爱内化为一种责任,增强大学生的生命责任感。作为社会中的一员,人每时每刻都在付出爱,从某种意义上说,也是在承担一份责任,在这种体验中培育其生命责任感。爱丰富人的身体、心理和灵魂,是最强大的力量②,使大学生体悟生命的真谛,增强生命责任感,提升其精神境界,使生命更有意义和价值。大学生只有以爱为行动的先决条件,才能自觉地承担起对自己、对他人、对社会及对国家和民族的责任③,才能彰显人的使命感,提升其生命责任感。

　　当代大学生视野开阔、思维敏捷,肩负着实现中华民族伟大复兴的使命。然而,他们对社会的亲身体验不多,把爱更多地局限于自我,无法清晰地意识到自我对他人的爱。同时,受功利主义的影响,在现实生活和教育实践中,部分大学生片面地理解爱,不懂爱,不会爱,甚至出现漠视生命、伤害生命的现象。因此,首先,需要引导大学生爱自己,使其尊重自我的主体地位,担当生活的主体,增强自我的生命责任感,对自己的前途、命运及行为后果负责。其次,在自爱的基础上,由己及人,在爱他人的生命体验中,使大学生意识到人与人的关系,感受生命的力量,提升他们的生命责任感。只有在爱己和爱人相结合的生命体验中,大学生的生命责任感才能得到增强和提升。因为爱自己与爱周围的统一,是自我意识的最高层次,也是责任感不竭的源泉。④

---

　　① 路杨.当代大学生生命教育[M].武汉:武汉大学出版社,2014:55.
　　② 崔德华.爱育论[M].北京:中国社会科学出版社,2011:39.
　　③ 崔德华.爱育论[M].北京:中国社会科学出版社,2011:170.
　　④ 王民忠.论大学生责任感培养[J].思想教育研究,2007(12):8-11.

第四节　人生理想信念教育

理想是统帅人的灵魂的精神支柱,是价值创造的强大精神动力,是人对生命意义的追求,是人的自觉能动性的表现。人在追求理想的过程中展现了生命的意义和价值,因此,理想信念对于大学生生命价值的创造和实现具有重要的导向、激励作用。人生理想信念教育是大学生生命价值教育不可或缺的组成部分,旨在引导大学生树立正确的理想信念,践行热爱生命的行动,自觉追求人生理想。

一、理想信念对生命价值的导向性

在现代汉语中,"理想"有两种解释:"对未来事物的想象或希望(多指有根据的、合理的,跟空想、幻想不同)"和"符合希望的;使人满意的"。[①] 目前,学术界对理想进行了相应的分析,有学者指出:"理想是作为主体的人,立足于客观现实及其规律,把事物发展的可能性与人的主观需要结合起来所构想的未来生活图景。"[②]还有学者认为"理想是价值意识的最高形式,它是以一定的信念和信仰为基础的价值目标体系"[③]。由此可见,理想是人进行自觉选择,并面向未来的方向和目标,表征人超越现实的精神追求。信念不同于理想,有学者认为:"信念是指对人、对事、对物及对某种思想观念是非真假的认识,并以相信或怀疑的方式表现于外和以观念的形式存在于人的头

---

① 中国社会科学院语言研究所词典编辑室.现代汉语词典[M].7版.北京:商务印书馆,2016:800.

② 陈志尚.人学理论与历史[M].北京:北京出版社,2004:366.

③ 李德顺.价值论[M].2版.北京:中国人民大学出版社,2007:208.

脑之中。"①也有学者指出:"信念往往用于表达对当前具体事物所持有的坚定的观念和态度。"②还有学者认为:"信念是人对某种现实或观念抱有深刻信任感的精神状态。"③总之,信念展现了一种真诚信服和坚决执行的态度,为人们的行动提供基本的依据。因此,理想产生于信念,体现一个人的信念和追求;信念是对理想的支持,信念一旦形成,就会使人坚贞不渝地追求理想,并在行动中战胜任何困难。缺乏信念,理想就可能会动摇,理想的实现就会失去信心和决心。

理想、信念作为人的精神活动的重要组成部分,对于人的生命及其价值实现具有重要的导向性。这主要表现在以下两方面。

第一,理想是促进生命成长的精神动力,信念支撑着生命前行。理想作为一种精神现象,是人对生命意义的追求。理想既基于现实又高于现实,是生命的导航器,代表生命的终极目标,人正是在追求理想的过程中认识自我,发现自我,看到了生命的意义和价值;理想以其美好的希望,使生命超越有限而获得无穷的意义,为人的形而上追求的实现提供了最后的归宿。在人的生命历程中,理想与信念如影随形,信念给人以强大的动力、百折不挠的精神,引领生命的价值追求,促进生命的成长。

第二,理想是人探寻生命意义的强大精神力量,信念为人的生命价值实现确立坚定的价值导向。人的生命是有限的,要使有限的生命更富有意义,就需要人生的理想目标,以及为之奋斗的决心。理想、信念具有导向功能④,它们犹如引航的灯塔,在最深层的意义上决定生命的航向,引导生命个体做什么、走什么路,成为支配和决定人的生命行为的精神动力,使人的思想和行为符合正确的航向,确保达到目的地。难以想象,一个没有理想、信念的

① 乐国安.社会心理学[M].北京:中国人民大学出版社,2009:192.
② 陈志尚.人学理论与历史[M].北京:北京出版社,2004:347.
③ 李德顺.人生与信仰[J].湖湘论坛,2001(1):4-5.
④ 熊晓红,王国银.价值自觉与人的价值[M].北京:人民出版社,2007:255.

人，能够成就一番伟大的事业；一个没有理想、信念的人，能够在逆境中点燃生命之火，发现生命意义，激发生命的潜能，从而乘风破浪、勇敢搏击、展翅翱翔，彰显其生命价值。同时，理想是价值创造的强大动力，信念能为人的生命价值实现确立坚定不移的方向，引导人们探寻生命意义，追求更高、更宽的自由理想，趋向人性的真、善、美的精神世界，使生命意义和价值取向在更高、更深层面得以彰显，并促进人和社会的发展。

二、把握个人理想和社会理想的统一关系

人是有理想的社会动物，人的生活总是充满对未来的憧憬和希望。人生理想是人对自己决心为之奋斗的目标的憧憬与美好愿望[①]，体现着人生目的，是人生目的的具体化。

人生理想可分为个人理想和社会理想两个层次。个人理想又可以分为个人生活理想、个人职业理想和个人道德理想。个人生活理想是人对自己的日常生活和社会地位等方面的发展所抱有的希望，其中包括对生活的丰裕程度的追求和设计等。个人职业理想是人在职业上依据社会要求和个人条件，渴望达到的职业境界，也是人对职业活动和职业成就的一种超前反映，是人实现个人生活理想、道德理想和社会理想的手段，并受社会理想的制约。个人道德理想是指个人为了身心的全面发展而制定的理想人格目标，包括德、智、体、美等诸方面所要达到的境界，尤其是道德修养所要达到的目标。然而在诸多层次中，仅局限于追求个人的生活理想是不完满的。因为人既生活在现实与理想之中，又生活在现实世界和价值世界之中，只注重个人的现实生活，而忽视人格的完善、理想的追求，根本无法树立正确的世界观、人生观、价值观，也无法超越个人欲望的羁绊。社会理想是人对未

---

① 陈志尚.人学新论：马克思主义人学基本理论和重大现实问题研究[M].北京：人民出版社，2015：336.

来美好社会的憧憬和向往,以及在社会生活实践中对此目标的追求,既包括对优越和丰富的物质生活的向往,又包括对理想社会完善人格的设想等。社会理想是理想的最高层次,超越了个人狭隘的利益观,为个人的生活理想追求和人格的完善指明了方向。

个人理想与社会理想是密切相关、辩证统一的。[①] 一方面,社会理想代表大多数人的利益和意志,是全体社会成员的个人追求与愿望的集中体现,必然包含个人理想,并通过无数个人理想的实现而实现;社会理想能为个人理想的实现开辟广阔的天地。另一方面,理想是人的理想,个人是社会理想的承担者,无个人理想,社会理想是空的;社会由个人组成,个人生活于社会之中,个人理想的形成、选择、确立和实现都不能脱离一定的社会历史条件,并体现一定的社会时代特征。在现实生活中,纯粹的个人理想是不存在的,个人理想只有植根于现实社会的土壤中,才有可能实现。没有完全脱离社会理想的个人理想。个人理想与社会理想既相互联系又相互区别,是个人发展和社会发展的内在动力。

人生理想的层次性对于人的生命价值实现及提升人的精神境界具有重要的影响。从完整意义的人生来看,个人生活理想、职业理想、道德理想和社会理想是相互联系、彼此包含的有机整体,高层次的人生理想总是低层次的人生理想的行动指南。一个人可能同时具备这几方面的理想,也可能只关注自我的生活理想和职业规划等,而对如何有益于社会、他人等并不关心,这都在某种程度上反映着他所认可的做人原则和社会秩序。[②] 在现实生活中,一个人是追求个人理想,为了个人的私利挖空心思,醉心于个人的物质享受,还是更多地注重自我人格的完善,力求有益于社会,这不能说与人

---

① 陈志尚.人学新论:马克思主义人学基本理论和重大现实问题研究[M].北京:人民出版社,2015:338.
② 陈志尚.人学新论:马克思主义人学基本理论和重大现实问题研究[M].北京:人民出版社,2015:367.

生理想的层次毫无关系。将人生目标定位于远大的社会理想的人，不可能沉溺于个人的私利与安乐中，也不会仅仅满足于自我的完善，其生命意志始终能超越个人生活的欲望，不被外物牵绊，而指向社会的进步、人类的幸福，使生命焕发出璀璨的光芒。在爱因斯坦看来，每个人都有理想，但追求虚荣、奢侈的生活目标是可耻的，所以他从来不把安逸和快乐作为生活目的本身。正是因为理想照亮了道路，他才有勇气正视生活的真、善、美，感受生命的力量，展现生命的意义。爱因斯坦的追求印证了理想目标的选择对于人的生命价值实现，以及提升人生境界具有重要的作用。

我国正处于社会的变革期，随着改革的逐步深入和全球化进程的加快，多元文化跌宕碰撞，社会思潮异常活跃，大学校园也不可避免地深受其影响。部分大学生的人生理想与信念存在一定程度的迷失，他们在理想目标的选择上表现出明显的生活化、具体化、短期化的特点，对工具理性的认同明显高于对价值理性的认同；在对待个人理想与社会理想的关系上，虽然认可社会理想，但更侧重于个人理想的规划与实现；在理想的践行上，能力相对较为薄弱，缺乏有力的精神信念支撑，虽然认同人生理想，但又仅限于认知或情感层面，很难做到知行合一。然而，人生理想是个人基于现实而对人生的设定，是人生的一种期望与向往，人生理想不是空想或幻想，需要人付诸行动，通过不懈的努力才能实现。人生的道路也不是一帆风顺的，总有逆境或顺境，总有成功或失败。面对这些境况，有的大学生选择坚韧不拔地追求人生理想，不论遇到何种挫折和诱惑都不改初衷，奋斗不止；也有大学生在强大的压力面前，选择退缩而放弃斗争，逃离现实，灰心丧气，一蹶不振。逆境往往使意志不坚定的大学生选择放弃自己的人生理想，怀疑自己的人生以及否定其生命的价值，却不懂得逆境对于生命的特殊意义。两种截然不同的态度表明人生理想的追求需要坚定的信念支撑，以确保生命的航向到达目的地。

基于以上问题，人生理想信念教育应引导大学生树立正确的理想目标，以信念支撑生命的航向,驱散生命的"雾霾",探寻生命的意义,在实践中将个人理想和社会理想统一起来,实现生命的价值追求,并从以下两方面展开。

第一,科学地理解个人理想和社会理想的关系。个人理想和社会理想密切相关,马克思谈到职业选择时指出:"我们应该遵循的主要指针是人类的幸福和我们自身的完美。不应认为,这两种利益会彼此敌对、互相冲突,一种利益必定消灭另一种利益;相反,人的本性是这样的:人只有为同时代人的完美、为他们的幸福而工作,自己才能达到完美。"[①]这句话告诉我们,个人理想与社会理想紧密相连,两者并不是对立的,个人理想依赖于社会理想,不可能脱离社会理想,没有纯粹的个人理想,个人理想融入社会理想,才能更好地实现自身的价值,这是由人的社会性决定的。当代大学生有朝气、有理想,应正确地理解个人理想和社会理想的关系,而不是将两者对立起来。

第二,坚定理想信念,在实践中促进大学生个人理想和社会理想的统一。人是意义性的存在和精神性的存在,人不仅有自然性的需要,更有精神性的需要。理想信念是人的高层次的需要,即人需要彰显其生命意义,以示自身存在。理想信念以其现实性、预见性及内在的感召力,推动人创造美好生活,对于人的生命价值实现具有重要的导向作用,"没有理想信念,或理想信念不坚定,精神上就会'缺钙',就会得'软骨病'"[②]。理想信念是基于现实而又超越现实的追求,必然存在"实然"与"应然",对个人来说,理想是人对生命意义的追求,理想的实现需要付出坚持不懈的努力,离不开主体对现实环境的改造和自身的超越,也需要社会提供一定的客观条件,否则,很难想象理想的实现。同样,对社会来说,也需要社会和个人的共同努力才有可能

① 中共中央马克思恩格斯列宁斯大林著作编译局.马克思恩格斯选集:第 1 卷[M].2 版.北京:人民出版社,1995:459.

② 中共中央宣传部.习近平总书记系列重要讲话读本[M].北京:人民出版社,2014:159.

实现。从这个意义上说,个人的发展与社会的发展具有一致性,两者相互依赖。个人的需要只有通过社会才能得到充分的满足,只有在实践中把个人理想与社会理想统一起来,人才能真正地实现其生命价值。只有把个人的理想融入社会的发展,人才能实现真正完整的自由和全面的发展,这是人的自由全面发展的具体体现。因此,人生理想信念教育要引导大学生坚定理想信念,以理想为航向,积极参与社会实践,促进个人理想和社会理想的统一;以信念为支撑,在个人理想和社会理想的统一中提高其人生境界,彰显其生命价值。

三、引导大学生自觉追求人生理想

"自发"与"自觉"是一对揭示人的精神和行为状态的哲学范畴,表明人对自己的生存环境、生活状况和生存意义是否理解,是否具有正确的理性认识,具有对客观规律性的真理性把握,同时也标志着人的解放、个人与社会自由全面发展的程度。[①]

作为人的价值活动的"自发"和"自觉"是相对的,也是辩证统一的。人不同于动物,人能把自我的生命活动变成自己的意志和自我所意识的对象。恩格斯在《自然辩证法》中阐释了人的活动是一种主体性的活动,人能通过改造自然界使其"为我"所用,并支配自然界。[②] 人作为有意识的生命存在,能进行自觉性和能动性的实践活动。人们在社会实践活动中:如果尚未正确认识事物规律性,盲目地为客观必然过程所驱使和支配,不能科学地预见自身活动的结果,则其实践活动处于自发的状态;如果能够认识并掌握一定客观规律,具有明确的价值指向性、目的性和预见性,则其实践活动处于高

---

① 孙伟平,罗建文.从自发到自觉:民生幸福的价值追求[J].西北大学学报(哲学社会科学版),2013,43(3):29-33.

② 中共中央马克思恩格斯列宁斯大林著作编译局.马克思恩格斯选集:第4卷[M].2版.北京:人民出版社,1995:274.

度自觉的状态。① "自发"是一种本能的价值实践活动，主体可能已经意识到自身生存的状况，但未能正确认识事物的规律性及预料其行为所引起的后果。而"自觉"是一种主动、自觉的理性价值实践活动，主体能够认识和掌握事物发展规律，积极思考其生存和发展的意义与价值，展现人的能动性和自觉性。

当然，对于人的价值实践活动来说，"自觉"以"自发"的存在为前提，"自觉"中蕴含着"自发"，"自发"与"自觉"总是纠缠在一起，无法分离②，自觉一旦形成，便有超越"自发"的可能。人们可以凭借自觉的成果构想来从事自己的活动③，在活动中不断发展和提升自身，使自觉从低层次自觉发展到中等层次自觉再到高层次自觉。若缺乏"自觉"的提升和指导，"自发"会对人的精神和行为产生消极的影响。

理想是人对生命意义的追求，是价值创造的强大精神动力，是人的自觉能动性的最高表现。理想产生于信念，信念是对理想的支持，信念使人坚贞不渝地追求理想，并在行动中战胜困难。理想、信念犹如大海行船指引方向的灯塔，照亮人生，使生活充满希望，对于人的生命价值的实现具有重要的导向和动力激励作用。追求人生理想的"自觉"状态是一种深刻认知生命无价，立足于客观现实及其规律，充分把握自身生存状况和社会发展的诉求，积极思考自我生存和发展的意义，并在此基础上形成的一种自觉、自愿的价值行为。那么，人生理想信念教育要使大学生从自发到自觉地追求人生理想，实现生命的价值，具体可从以下几点展开。

首先，促进大学生主体意识的觉醒，使其成为真正的主体。要使大学生从自发到自觉地追求人生理想，其关键在于具有主体意识，也就是人的自我觉醒。只有具有主体意识，人才是自己行为的自觉主宰者，具有自觉的权利

---

① 熊晓红，王国银.价值自觉与人的价值[M].北京：人民出版社，2007：7-9.

② 熊晓红，王国银.价值自觉与人的价值[M].北京：人民出版社，2007：9.

③ 熊晓红，王国银.价值自觉与人的价值[M].北京：人民出版社，2007：9.

意识、责任意识和义务意识，并依据社会发展的要求担当责任和义务，自觉占有人的本质力量。关于人的本质，马克思指出，"人的类特性恰恰就是自由的有意识的活动"①，"正因为人是类存在物，他才是有意识的存在物"②。因此，人的本质是在实践中不断生成与完善的，劳动是人所特有的活动，也是人的自我表现、自我肯定的形式，人在劳动中展现其本质力量，人在其所创造的世界中展现其生命潜力，表现出人的能动性和创造性。理想信念以其内在的超越性，使人以积极的态度建构有意义的人生。从根本上说，人生理想信念教育是对人的本质的引导，促进人展现自己的本质力量，获得全面发展。因此，人生理想信念教育应促进大学生主体意识的觉醒，自觉追求人生理想，使其在理想不断转变为现实的过程中感受生命的伟大与蓬勃发展。

其次，引导大学生理性选择正确的人生目标。哲学家泰勒认为，有意义的人生必须是一种有目标的人生，但这种目标并不是我们碰巧满意的一些东西，而是内在于我们自身，经过努力可以达到的真正的高贵的美好的目标③。可以得知，内在性的目标能给人提供很大程度的满足感、幸福感，而外在性的目标，如金钱等，不会使人生真正有意义。在现代社会，人的需求和欲望越来越多，人的物欲对人的精神存在的超出，使人们可能无法觉察到自己的真正需要，也很容易受到外界环境的潜在支配，去追求一些外在的东西，而无法理性选择真正的目标。价值目标的外化常常使人在获得短暂的喜悦之后，又陷入更深的沮丧之中，感受到自我的无能为力、身心的疲惫。德国哲学家奥伊肯指出："努力的主要目标是赢得社会赞赏与尊重的外表。所有这一切，无论它如何表达成对理想目标的追求、受理想情感的指导，都

---

①　中共中央马克思恩格斯列宁斯大林著作编译局. 马克思恩格斯选集：第 1 卷[M]. 2 版. 北京：人民出版社，1995：46.

②　中共中央马克思恩格斯列宁斯大林著作编译局. 马克思恩格斯选集：第 1 卷[M]. 2 版. 北京：人民出版社，1995：46.

③　转引自辛格. 我们的迷惘[M]. 郜元宝，译. 桂林：广西师范大学出版社，2001：129.

处处暴露出它内在的虚伪、令人反感的不实在、一种精神的无力和空洞。"[①]这就是说,没有精神内涵和生活意义的人生理想目标是不可靠的、空洞的,人生目标必须凸显其精神价值和社会价值。因此,人生理想的实现需要大学生正确地把握自身的生存状况、自我的能力及一定的社会客观条件,理性地选择人生目标。

最后,引导大学生在实现人生理想的过程中坚持不懈。人生理想的实现需要坚定的信念、顽强的意志、脚踏实地的行动。缺乏这些因素,人就不可能战胜遇到的各种困难,从而实现既定的人生目标。人生的道路并不是一帆风顺,只有鲜花和掌声,而没有荆棘的。大学生在追寻人生理想的过程中,也会遇到很多的困难、挫折,这确实令人痛苦,他们常常想办法竭力地加以避免,但实质上这是人生的一部分,是属于生命的,是深藏于人类存在的本质之中的,是无法排斥和抗拒的。[②] 恩格斯曾指出:"一个伟大的基本思想,即认为世界不是一成不变的事物的集合体,而是过程的集合体,其中各个似乎稳定的事物以及它们在我们头脑中的思想映像即概念,都处在生成和灭亡的不断变化中,在这种变化中,尽管有种种表面的偶然性,尽管有种种暂时的倒退,前进的发展终究会实现。"[③]这意味着在追求理想的过程中,随着大学生对生命及其价值的认知不断深入,以及对自身和社会客观条件的全面把握,在实践中经历生命的自我成长,提高自我意识,其人生理想活动总是不断向着自己的目标前进,从而不断地实现自我的价值。人生理想信念教育应帮助大学生正确认识理想与现实的距离,引导他们自觉地追求人生理想,并坚持不懈地努力。

---

① 奥伊肯.生活的意义与价值[M].万以,译.上海:上海译文出版社,2005:99.

② 王晓红.生命教育论纲[M].北京:知识产权出版社,2008:111.

③ 中共中央马克思恩格斯列宁斯大林著作编译局.马克思恩格斯选集:第4卷[M].2版.北京:人民出版社,1995:244.

第五章

大学生生命价值教育的内在依据

当代大学生视野开阔、敢想敢干、富有梦想的特质，是大学生生命价值教育活动得以展开的内在动力和现实依据。他们正处于人生观、价值观形成的关键时期，具有较强的主观能动性和创造性，既可以接受大学生生命价值教育，高度认同其教育本质，全面把握自我生命价值的认知要素，确立生命价值信仰，在实践中实现生命的价值，又能对自我进行深刻的教育，充分展现其主动的姿态、自为的状态。

第一节 大学生生命价值教育的本质认同

认同，一般指由客观的同一性衍生出的相应的作为主观态度的认可，是多维和多层的有机系统[1]。人总是认同那些与自己的情感、信仰相一致或相近的东西，这就是说，从一开始人的认同就是一个价值问题，认同说到底就

---

[1] 李辉，练庆伟.价值认同：当代大学生思想政治教育的重要取向[J].学校党建与思想教育，2008(1)：11-13.

是对人的意义感的重新定位和评价问题。[①] 那么,对大学生生命价值教育的本质认同也就是对大学生生命价值教育的价值追求的认可、赞同。因此,大学生需要尊重与热爱生命本体,追寻生命意义,发掘与激发生命价值潜能,促进其精神层面上的自我觉醒。

一、对生命本体的尊重与热爱

本体是指事物的主体或者自身,生命本体即生命自身。人类的生命首先是生物学意义上的自然存在,但在生理、机能、属性等方面又具有明显区别于动物生命的"属人"特征。以下从认知和实践两个层面来说明人的生命何以赢得人的尊重与热爱。

从认知层面上看,人的生命是一种时间性存在,因其生命长度的有限而弥足珍贵;生命蕴藏着巨大的能量和无限的潜能,因此,大学生应以强烈的情感来尊重生命,热爱生命,呵护生命。

一方面,人生命长度的有限表现为生命的短暂性、唯一性、脆弱性。首先,作为自然的肉体存在,人的生命受到生理和遗传因素的影响,要遵循生物演化规则、生命发展的自然规律。正是因为有限的必死性生命,人才能意识到生命的短暂,凸显生命存在的珍贵。因为生命一旦停止,绝不再有复生的可能,那些所谓的长生不老、死而复生只是人类的美好幻想。其次,人的生命是脆弱的。根据人类学和文化人类学的考察证明,人是脆弱而渺小的,人的自然生命的未特定性在形式上导致人类本能的脆弱。不像许多动物生下来不久就会走路、寻觅食物,很快就可以独立生存,人需要成人的照顾,否则很难生存下来。人的生命极其脆弱,因此,对生命的维持也显得异常艰难。最后,人的生命是唯一的。每个人"此在"的生命只有一次,不会有第二

---

① 贾英健.认同的哲学意蕴与价值认同的本质[J].山东师范大学学报(人文社会科学版),2006,51(1):10-16.

次生命。人的生命存在总是"我的实在",生命总是在其过程中体现自我的独特性,也没有人能代替谁而存在于世界中,故生命是珍贵、神圣的,所有生命都是不可侵犯的,我们应在心灵深处建立起对生命的尊重、热爱与敬畏之情。不管作为主体的生命个体如何对自我进行评价,以及社会如何评价个体生命存在的价值,其都应该得到平等的尊重,并享有其应有的生命尊严。因此,我们要尊重和维护生命。这不仅是生命个体应当享有的权利,更是生命个体必须承担的责任。

另一方面,生命机体内蕴藏着巨大的能量和无限的潜能,因此,大学生应尊重、敬仰和热爱生命。任何生命体都有谋求生存与成长的力量,这是生命的本性,正如弗洛姆所言,"一个有机体的第一'义务'便是活着。'去活着'是一种动力学的概念,而不是一种静力学的概念"①。显然,这种"向生"的本性与力量与生俱来。生命蕴藏着巨大的能量,总以其勃勃的生机展现生命的顽强与力量,演绎出生命的色彩,这不仅因为"向生"的本性,更是源于生命本身有爱。人的生命本身就有爱的情感,生命的爱来自生命的内在天性以及生命成长过程中所获得与所学到的爱。② 爱与生命之间密不可分,生命需要爱,爱使生命具有意义。生命的成长、发展需要爱的陪伴,爱使得生命力愈发强大。因此,大学生应持有一种发自内心的强烈情感来热爱我们的生命,尊重我们的生命。

生命机体内潜藏着天赋的自然力和生命力,这是人们生存与发展的基本条件,是人的潜能得以挖掘的基础。马克思对人的考察,首先是肯定了"人直接地是自然存在物"③,但他又指出"一方面具有自然力、生命力,是能动的自然存在物;这些力量作为天赋和才能、作为欲望存在于人身上"④。这

---

① 弗洛姆.自为的人:伦理学的心理探索[M].万俊人,译.北京:国际文化出版公司,1988:17.
② 何仁富,肖国飞,汪丽华,等.大学生命教育的理论与实践[M].北京:中国广播电视出版社,2012:137.
③ 马克思.1844年经济学哲学手稿[M].北京:人民出版社,2014:103.
④ 马克思.1844年经济学哲学手稿[M].北京:人民出版社,2014:103.

表明,人作为能动的自然存在物,生命机体内拥有天赋的自然力和生命力,这是人的生命存在与发展的基础。因此,人在自我的生命活动中,不断地发展自我、提升自我,既"创造自我",又自主、自觉地"创造世界",开拓无穷的可能空间,使有限的生命注入更多的生命内容,使人的潜能不断得到释放。

从实践层面看,人的自然生命为人的精神生命、文化生命、价值生命的发展提供了不可或缺的物质前提和基础。人的生命具有可塑性,能创造价值、承载价值、传递价值。

人是一种特殊的自然存在物,其生理构造与机体组织具有"未完成性",而动物的生命一经产生就具有特定的形式,决定了它们只能适应某一特定的环境,如鸟儿能在天空中飞翔,而鱼却只能在水里生活。然而,人的生命的未特定性恰恰在实质上成就了人类生命的可塑性,这为人类生命的发展打开了无穷的可能空间和提供了更多的创造自由,使人能追求生命的意义,自主、自觉地创造世界,发展精神生命、文化生命、价值生命,不断趋向真、善、美的至高境界。而自然生命是人走出动物行列而获取超越生命的不可或缺的物质前提和基础。没有自然生命,人类的知识、文化、智慧也就无法施展与体现,人类的财富也就成了废物。有了生命就有了希望,生命尤为珍贵,应予以尊重。

对生命本体的尊重与热爱意味着,大学生既要尊重自己的生命,又要尊重他人的生命,一个不会尊重自己生命的人,也不会尊重他人的生命。尊重生命体现为要尊重生命的多样性、差异性和独特性。正是由于生命的多样性,人的世界才会如此多姿多彩;正是由于生命的差异性,人才能彰显个体生命的魅力;正是由于生命的独特性,人方能知晓生命的尊贵。人若能真正从心灵上体验到生命源头的"一"①,那么,就能够达到天下之人亲如一家的境界。尊重生命还体现为大学生要维护自己的生命尊严,也要维护他人的

---

① 胡宜安.现代生死学导论[M].广州:广东高等教育出版社,2009:58-59.

生命尊严,还要警惕生命尊严的误区,远离生命尊严的误区,不要因为有损尊严而放弃生命。热爱生命要求大学生既要热爱自己的生命,又要热爱他人的生命,任何时候都不要伤害他人的生命,或者以他人的生命为手段而达到自己的目的。因为人并不是作为孤立的个体生存于世界之中,人的生命始终处于一定的关系之中,总是以与他人"共在"的方式存在,每个人的生命总与他人的生命密切相关,每个生命都是在与他人生命的共在、共鸣、共舞中获得无限的惬意,以此来提升自己的生命。

总之,生命是宝贵的,每个人的生命都只有一次,生命不仅是短暂的、唯一的,还具有广博的宽度以及巨大的生命力、无限的生命潜能,大学生应尊重生命,热爱生命。因为尊重生命源于生命本身的尊严[①],热爱生命源于生命本身;没有生命,也就没有人类的一切。

二、对生命意义的追寻与省思

对大学生生命价值教育的本质认同还要求大学生以生命本体为尺度,致力于探寻生命的意义。人的生命与动物的生命最大的不同,就在于人能追寻生命的意义,在追寻生命意义的过程中不断提升生命的价值。这种对生命存在价值的追问与思索,既是生命本身的诉求,又是大学生生命价值教育力求引导大学生探求的方向。

对意义的追寻,是生命成长与发展的需要。人的生命是身体和精神的完美统一。人栖居于自然之中,同自然界发生各种各样的联系,维持和满足自己生存和发展的需要。人的身体是自然赋予的灵物,它为人的生命的可能发展提供了前提。那么,对人的身体及其自然欲望的满足也就成了尊重人的前提条件,但生命一直渴望自在自为的存在。马斯洛在谈到超越性动

---

① 何仁富,肖国飞,汪丽华,等.大学生命教育的理论与实践[M].北京:中国广播电视出版社,2012:136.

机时指出,"精神生命是人的本质的一部分,从而,它是确定人的本性的特征"①,"它是真实自我的一部分"②,缺少这一部分,人的本性就不完满了。可见,人之为人,少不了人的精神。正是由于人的精神,人把自己的生命活动变成自己意志和意识的对象,超越生命本能的局限,创造自我生命,驾驭、主宰、支配自己的生命活动,升华自我,把有限的自我引向无限、永恒的意境,找到通往精神家园的方向。人的生命总是牵涉到生命意义,这是人的生命的本然向度。固然"饮食男女"是人的基本需要,但更为重要的莫过于探寻生命意义,收获人生的喜悦,因为这是生命成长和发展的需要。

对意义的追寻和思考是人的生存方式。人是寻求意义性的存在,人不会仅满足于生命的存在,存在对于人来说,首先在于它的"意义"。高清海先生认为,人有两重生命,即"种生命"和"类生命"③,因此,人是两重性的存在,即实体存在和意义、价值的存在,同时人也生活在自然世界与属人世界、本然世界与应然世界、现实世界与理想世界之中。人之为人的根本,就是一种意义性和价值性的存在,人不堪忍受没有意义的存在。在《1844 年经济学哲学手稿》中,马克思对动物的生产和人的生产进行了比较,并用"种的尺度"和"人的内在尺度"说明人的生命活动的特性。④ 从中我们可以发现:"种的尺度"是指人能够按照本质或规律进行生产,正是人的自然生命的体现;"人的内在尺度"是指人的内在目的性要求,正是人的精神生命的体现。人虽然是自然性存在,但是不满足于自然性的存在。人总是要以生命本体创造生活的意义,追求人生的价值,并在意义世界中完成人的主体性的提升,完成对自身的超越。正是意义照亮了人的生活世界和个体的生活,使得生活世界五彩缤纷,使得个体生活多姿多彩。然而,意义本身并不是随着单纯

---

① 马斯洛.人的潜能和价值[M].林方,译.北京:华夏出版社,1987:223.
② 马斯洛.人的潜能和价值[M].林方,译.北京:华夏出版社,1987:223.
③ 高清海.人就是"人"[M].沈阳:辽宁人民出版社,2001:11.
④ 马克思.1844 年经济学哲学手稿[M].北京:人民出版社,2014:103.

作为自然产物的人的出现而自然存在和与生俱来的①,而是人的主体性活动所赋予的,这种活动正是一种探寻生命意义、创造意义的过程。因此,人需要不断发挥主动性与能动性,探寻生命的意义,追求有意义的人生,使生命奏出华丽的乐章。

对生命意义的追寻与省察是人深刻认知死亡,超越生命的有限,在更高的存在中寻找生命慰藉的体现。死亡是人生不可回避的课题,是生命的大限、生命的必然归宿。对于死亡,德国著名的历史哲学家斯宾格勒在其著作《西方的没落》中指出:"在对死亡的认知中,乃产生了一种文化的世界景观,由于我们具有这种景观,所以我们成为人类,而有别于禽兽。"②在美国生死学家罗斯看来,如果我们能把死亡看作自己生命旅程中的一位伴侣,那么我们不会等到明天才去做我们想做的事情,因此,我们就能"学习'活'我们的生命,而不只是通过它"③。可见,死亡丰富了人的存在,死亡使人的生命意识觉醒了,使人认知生命的短暂和有限,从而越发珍惜生命的当下存在,积极探究生之意义,追问生之价值,省察自我的人生,思考什么样的生活是值得过的,在生命的有限性中获得力量与勇气,善待生命中的每一天,向死而生,并努力实现自我。因此,追寻生命意义与省思人生是人深刻认知死亡、超越生命的有限、寻找生命慰藉的体现。

对大学生生命价值教育的本质认同要求大学生深刻认知生命的真谛在于其意义,并省察人生,自觉追寻生命的意义。因为人的生命总是牵涉到意义,对意义的追寻是人的生存方式,是生命成长和发展的需要,是人深刻认知死亡,超越有限的生命,在更高的存在中寻找生命安慰的体现。追寻生命意义与省思人生是认同生命价值教育本质所不可或缺的重要部分。因此,大学生要自觉探求生命的意义,让有限的生命更加完满。只有这样,才能让

①　蒲新微.论实践视阈下人的生命价值及其实现路径[J].理论探讨,2009(5):82-85.
②　斯宾格勒.西方的没落[M].张兰平,译.西安:陕西师范大学出版社,2008:113.
③　罗斯.成长的最后阶段[M].孙振青,译.台北:光启出版社,1993:7.

自我的生命真正有意义。否则,大学生仅仅维持生命的本能,除了吃、喝什么也没有,那就如同宠物式的生活,不应为人所有。换言之,人的生存与生活如果失去意义的引导,那就失去了它应有的意义。

三、对生命价值潜能的发掘与激发

大学生生命价值教育以深刻认知生命无价,促进精神的自我觉醒,自觉追求人生理想,展现人的本质力量为其根本目标,因此,对大学生生命价值教育的本质认同,还需要发掘、激发大学生的生命价值潜能,让其得到最大限度的发挥。

生命潜能是客观存在的,需要发掘并释放出来,这是自然的倾向。生命有潜能,犹如一粒橡子迫切希望成长为一棵橡树那样,身体健壮的人喜欢运用他们的体力,有智力的人必然趋向进行创造性的活动。人有各种各样的生命潜能,根据美国人本主义心理学家奥托的研究,人类的潜在能力可以表现为我们不断感觉到的阈下意识、创造力、脑力活动、精神潜力等[①],马克思则从哲学的高度指出:"人自身作为一种自然力与自然物质相对立。为了在对自身生活有用的形式上占有自然物质,人就使他身上的自然力——臂和腿,头和手运动起来。当他通过这种运动作用于他身外的自然并改变自然时,也就同时改变他自身的自然。他使自身的自然中沉睡着的潜力发挥出来,并且使这种力的活动受他自己控制。"[②]这一论断表明生命潜能是客观存在的,生命蕴藏着巨大的内在潜能,潜力可以通过人的能动性和创造性的活动展现出来,也就是说潜能只有经过发现、激发才有可能转变成实际的能力,人才有可能自我实现。

生命价值的实现需要激发潜能,因为生命的发展蕴含着无限的可能性

---

① 马斯洛.人的潜能和价值[M].林方,译.北京:华夏出版社,1987:386-391.
② 中共中央马克思恩格斯列宁斯大林著作编译局.马克思恩格斯选集:第2卷[M].2版.北京:人民出版社,1995:177.

与能动性,潜能决定价值,只有激发潜能才有可能转变成实际的价值,生命的价值在于生命潜能的最大化。对于潜能和价值之间的关系,在马斯洛看来,人有高于一般动物的多种潜能,潜能的发挥是自然的倾向,潜能的大小决定了价值的大小①,创造潜能的发挥具有最高的社会价值②,一个充分发挥了生命潜能的人,才能成为自由、健康和无畏的人,才能充分彰显其生命价值。事实也证明,潜能是可以激发的:正是因为生命有潜能,爱因斯坦创立了相对论;正是因为潜能的激发,马克思和恩格斯才能透过纷繁复杂的社会现象,发现人类社会发展的一般规律,致力于全人类的解放,使其生命价值得到最大限度的展示。无数的事例证明,潜能的激发能促进主体自觉地追求生命价值,并通过劳动、实践释放潜能,从而实现生命价值,让自己的生命绽放出无限的光芒。人的发展归根到底就是通常意义下人的潜能发挥而实现价值的过程,"如果我们不去唤醒自己的潜在能力(这种潜在能力包括能力源),这些能力就会转化成自我毁灭的道路"③。

对大学生生命价值教育本质的认同需要大学生真正认识自我生命的潜能,并重视生命价值潜能的挖掘与激发,让其生命价值潜能最大限度地得以释放,以此升华生命的价值。因为大学生生命价值教育不仅是一个认知性的掌握知识的过程,更是促成大学生生命成长、发展,使其生命潜能得以彰显、丰富的过程。只有挖掘与激发大学生生命价值潜能,生命价值教育才能促进大学生的精神觉醒,自觉追求生命的意义,教育方能达到理想的目标。

因此,大学生需要提升自知生命潜能的能力,自觉地参加创造性劳动实践,让新的经验和信息输入生命之中,让生命潜能在实践与生成中得到最大限度的发挥,让生命之光照亮人类。因为人的生命是一个未完成的过程,具有生成性和实践性的特征,包含无限多和不可穷尽的可能性,蕴含生命发展

---

① 马斯洛. 人的潜能和价值[M]. 林方,译. 北京:华夏出版社,1987:5.
② 马斯洛. 人的潜能和价值[M]. 林方,译. 北京:华夏出版社,1987:5.
③ 马斯洛. 人的潜能和价值[M]. 林方,译. 北京:华夏出版社,1987:391.

的无限潜能。人的生命与动物的生命相比较,处在不断的生成过程中,经历着从弱到强、从单薄到丰满、从不完善到完善的变化与发展过程。既然人生在世不是一段静止的存在,这段生命是活生生的生存历程[①],那么,人的生命存在着并实践着。人的生命总是在实践中确证其本质力量,这种实践性使得生命的存在既是平面的更是立体的,既是当下的更是绵延的,既是肉身的更是精神的,既是事实的更是价值的,既是本能的更是智慧的。[②] 人的生命整体内涵的获得在生命的实践与生成历程之中,也是生命价值潜能被发掘与激发的过程。

第二节 大学生自我生命价值的认知要素

当代大学生思维活跃,具有开拓精神,能深刻认知自我生命价值的核心要素,并把握这些要素,有效发挥其主观能动性,自觉地追寻生命意义,探索生命价值,这为大学生生命价值教育的开展提供了内在动力和依据。

一、重视生命价值的载体

载体是指能传递能量或运载其他物质的物体。生命是实现生命价值的载体,生命价值的实现必须以生命为依托,否则,离开生命一切将无从谈起。

生命是世界存在与发展的基础,全部人类历史的第一个前提就是有生命的个体存在。[③] 人的存在总是和其生命直接统一,人的生命承载着人的脑、眼、耳、手等器官,表现出各种不同的生理活动,诸如呼吸、消化、心跳等;

---

① 王定功.生命价值论[M].北京:教育科学出版社,2013:77.
② 王定功.生命价值论[M].北京:教育科学出版社,2013:78.
③ 中共中央马克思恩格斯列宁斯大林著作编译局.马克思恩格斯选集:第1卷[M].2版.北京:人民出版社,1995:28.

同时人的生命还承载着人的情感、意识、思维、潜在能力等，使人的生命具有区别于动物的特征。人的生命存在本身就具有天然的价值，从这层意义上讲，人的生命承载着生命的存在价值，人的生命价值具有普遍的意义。因此，大学生要敬畏生命，不要伤害生命，重视生命载体，因为没有生命，人就不能成为人。

从生命延续的角度看，人的生命承载着道德、理想信念、价值等人的无限追求，能承载价值、创造价值、传递价值，没有生命，人将无法建构自己的世界观、人生观、价值观。人的生命是一切价值的基础，生命承载着人的价值，价值源自人的生命本性[①]，有生命才能有价值。生命是人的价值创造和实现不可缺少的前提条件，也是实现人的全面发展和社会发展的前提与基础。对人而言，生命是实现人的发展所不可或缺的要素。人的生命是有意识的存在，人能发挥其主观能动性，在实践中探寻生命意义，创造价值，实现人的自我发展。对社会而言，生命载体是社会发展的前提条件。社会由有生命的个体组成，没有生命，社会的存在及历史活动就缺少主体，整个社会的发展也就无从谈起。人的生存基于生命载体而展开，人的生活基于生命载体而创造知识，求真、求善、求美。人的生命承载着人对世界的认知、对社会的期盼、对自我的追求。人的生命传递人类的文化，不断丰富人的意义世界和文化世界。总之，人类的生命活动都是基于生命载体而进行的，人按照自己的目的改造外部世界和创造对象世界，其实就是创造一个体现人的生命力量和理想的属人世界，整个人类的文明史也是一部基于生命载体，探索生命意义和实现生命本质力量的活动史。

因此，人的生命是实现生命价值的载体，大学生要重视生命，珍爱生命，尊重生命，探寻生命意义，自觉将个人的理想融入国家和民族的需要，积极进行生命价值的创造与实践，实现生命价值，提升生命价值，努力成为具有

---

① 路日亮.试论人的生命价值[J].洛阳师范学院学报，2008，27(6)：24-27.

担当精神的新一代人才。

二、理解生命价值的前提

态度是理解生命价值的重要前提。关于态度,心理学家弗里德曼(G. Freedman)认为:"态度对任何给定的客观对象、思想或人,都是具有认识的成分、表达情感的成分和行为倾向的持久体系。"[①]由此可见,态度是一种对人、对事、对物或思想观念的评价,态度与认知密切相关,态度是人对事物认识之后所产生的认知,并产生一定的情感反应,形成特定的行为倾向。态度具有适应社会的功能、自我内心保护与防御的功能、主体内心价值的表现功能、认识或理解社会事物的功能。[②]态度使个体有选择性地接受和存储有关生命及其价值的信息,使人对生命价值的思考和认知带有一定的色彩,影响人对生命价值的理解程度;同时,态度也充分展现了自我的价值取向及对生命意义的追求。人们往往认为与自己态度相悖的信息不准确、不可信,而认为与自己态度相同的信息是准确的、可信的,因此,态度是理解生命价值的前提。

态度有积极和消极之分,以这两种态度来理解生命价值则迥然不同,可从以下两方面加以理解。

积极的态度是乐观、健康,充满爱、责任感和道德感的,大学生以此态度理解生命及其价值,能深刻认知生命无价,理解生命无价不仅是肉体生命的无价,更是精神生命的无价。同时,他们还能深刻理解生命的存在不仅仅在于满足自己的生存与发展需要,更为重要的是让自己的生命照亮社会和人类,追求人性的发展与完善,人需要对更丰富的生命价值寄予期望,走出生命的自我局限,提升生命价值。

---

① 弗里德曼,西尔斯,卡尔史密斯.社会心理学[M].高地,高佳,等译.哈尔滨:黑龙江人民出版社,1997:3.

② 章志光.社会心理学[M].北京:人民教育出版社,1994:189.

　　即使是在逆境与苦难中,积极的态度也能使大学生感受生命的伟大与蓬勃,这是重新认识与理解生命价值的重要前提。人生并不是一帆风顺的,人生理想和价值的实现是一个艰难而曲折的过程,其中的苦难、挫折等是大学生不可回避的课题,没有一个人敢说他没有失败过,他没有痛苦过,以及他不会死亡。在哲学家萨特看来,人要获得生命的意义,就要选择。他指出"人是自己造就的;他通过自己的道德选择造就自己"①,"生活在没有人去生活之前是没有内容的,他的价值恰恰就是你选择的那种意义"②。从萨特的话语中,我们可以引申出一个结论:人可以被剥夺一切,也可以被置于任何环境,纵然失去了一切,唯独选择的态度、选择自己道路的精神自由是任何人都无法剥夺的。因为人是能够塑造以及重塑自己的,这是人的特权,也是人类存在的组成部分。面对生命中的一切,人如何选择,完全取决于人的精神态度。对于人的态度,心理学家弗兰克尔通过分析"维度",指明人在维度中生活、运动,维度的正极是成功,而负极是失败,这是智人的维度,但是智人和受苦之人,凭借着他们的人性,能够超越苦难,而对苦难采取一种态度,并在与前一个维度相垂直的维度中运动。在某种意义上,态度的价值概念要比在受苦中发现意义那个概念更为广泛。③ 在他看来,成功与否并不取决于人的命运,因为命运并不能保证人的成功,重要的是人所选择的态度,人正是凭借他所选择的态度,在毫无希望的处境中都能发现并且实现生命的意义。"态度的价值是最高的可能价值。"④可见,积极的态度可使大学生坦然面对苦难、逆境,自觉地对待人生中的逆境,并深刻理解生命的价值。

　　而消极的态度则是悲观、及时享乐、漠视、冷酷的,如果大学生以该种态度理解生命价值,那么,对生命价值的理解是狭隘的、片面的、功利的,甚至

---

① 萨特.萨特哲学论文集[C].潘培庆,汤永宽,魏金声,译.合肥:安徽文艺出版社,1998:130.
② 萨特.萨特哲学论文集[C].潘培庆,汤永宽,魏金声,译.合肥:安徽文艺出版社,1998:133.
③ 弗兰克尔.追求意义的意志[M].司群英,郭本禹,译.北京:中国人民大学出版社,2013:61.
④ 弗兰克尔.追求意义的意志[M].司群英,郭本禹,译.北京:中国人民大学出版社,2013:63.

是偏激的。大学生正处于一个思想多样化、价值多元化的时代。消费主义是一种倡导消费至上,把消费作为满足人生存和发展需要的手段,并引导人在消费中实现人生目的的价值观念和生活方式。处在世界观、人生观、价值观形成时期的大学生不可避免地受其影响,当他们以"消费"的态度对待生命时,生命本身就成了消费品,会造成他们对生命价值的片面理解。

因此,态度是大学生理解生命价值的重要前提。大学生应把握"态度"这一核心要素,并重视"态度"的精神力量,正确理解生命价值,追逐人生梦想,从而实现生命价值。

三、形成生命价值的责任意识

责任和责任意识是两个不同的概念,前者指行为主体对行为及其后果的担当,体现了行为主体的世界观、人生观、价值观。而责任意识则指个体对角色职责的自我意识及自觉程度,是一种自我约束的价值取向,是社会意识的重要范畴。[①] 可见,责任意识离不开人的责任认知、责任情感、责任意志三大因素。责任意识是个体在认识、理解责任的基础之上,在承担责任、履行义务过程中体验情感,并为实行责任行为所努力的心理特征。

责任意识是大学生探寻生命意义,实现生命价值、提升生命境界的重要因素。责任意识是一种自觉意识,与大学生的成长成才密切相关,它是增强大学生的使命感,追寻生命意义,实现生命价值,促进自我发展和社会发展的内在驱动力。一个有责任意识的大学生能正确地认识自我的角色和职责,明晰社会对此角色的要求和期盼,清醒地认识自身行为的影响,以主人翁的意识,积极参与社会实践,探寻生命意义,促进自我的发展和社会的发展。换言之,责任意识作为一种内在要素,使大学生清楚地认识到人与自我、人与他人、人与社会及人与自然的关系,以精神的力量驱使大学生探寻

---

① 过仕明,邸春妹.关于大学生责任意识弱化的反思[J].思想政治教育研究,2012(6):133-134.

生命的意义,并通过不同的角色和方式诠释生命的价值。正是这种强烈的人生使命感和自我约束的价值取向,使他们的生命价值得以升华,从而使他们成为精神富足的人。每个人在不同的人生阶段扮演着各不相同的角色,责任意识就是多种角色的共同性道德要求,并通过不同的内容和形式展现了丰富的生命价值,生命的成长和发展过程就是承担责任,履行义务,以责任意识为精神力量探索生命价值的过程。

守护生命是大学生责任意识的重要表现。责任意识使大学生深刻地理解肉体生命,开拓精神生命。因此,守护生命不仅要守护肉体生命,还要守护精神生命。一方面,肉体生命是生命的本体,只有守护了肉体生命,大学生才能找寻精神家园,从而更好地守护其精神生命。生命仅有一次,它是唯一的。守护肉体生命意味着深刻认识自我生命的意义,珍爱生命,合理地规划人生,发挥生命的潜能,从而实现自我,超越自我,还能尊重他人,关怀他人,尊重生命个体的差异,营造良好的人际环境,积极主动地关心他人和社会,使生命富有无穷的意义。另一方面,守护生命还包含守护人的精神生命,让健康的体魄在为他人和社会尽责中得到最大限度的彰显,让生命因责任而更加精彩与绚丽。守护人的精神生命就要坚守人的精神追求,自觉地投入社会实践活动,在承担生命责任的过程中探索生命意义,实现生命价值,让生命照亮他人与世界。

大学生正处于人生的青年阶段,他们已具备独立实践的能力,是价值实现的主体。在人生需求的驱使下,他们作为实践的主体发挥自我生命的潜能,在为他人及社会担当责任中领略生命的价值所在。从这个意义上说,形成一定的责任意识既是大学生自我发展的需要,又是促进社会发展的要求。人的生命价值由于年龄和生活阅历的不同而呈现出相异的特征,个人对他人及社会的责任则体现在将内在强烈的责任意识外化为相应的行为,促进他人和社会的发展。因此,这需要大学生以实际的行动来守护生命,提升生命的价值,使生命更加多姿多彩。

总之,责任意识是一种精神内驱力,能使生命在承担责任中更加充实而富有意义,是实现生命价值的重要因素。大学生应强化责任意识,珍惜生命,重视生命机体,增强健康体魄,坚守人的精神追求,叩问生命意义,让生命因为担负责任而变得更有意义。

四、提升生命价值的实现能力

能力是人们成功地完成某种活动所必须具备的个性心理特征。① 从人类的历史活动过程来看,认识世界、改造世界的行为总与人的能力有密不可分的关系。人的能力作为一个整体,不仅包括我们的"身体",也包括我们的"心灵"②,也就是说,人的能力由内在的感知、体验、直觉、判断等要素与外在的行为构成。根据这些内在要素的要求,人在知行互动中不断历练,使能力得以提升。能力是成就自我的内在条件,影响活动的效果,关系到实践活动的成败问题。当一个人具备某种活动所要求的能力时,这个人便能十分顺利且高水平地从事这种活动;当一个人不具备活动所要求的能力时,其活动效果就较差。

大学生生命价值的实现是大学生运用生命体的能力要素,以一定社会的要求付诸行动,并期望达到预期效果的自我能力实现的过程。大学生生命价值的实现总是关涉大学生个体的能力,以及他们的知与行所达到的深度、广度,因此,大学生应充分把握"能力"要素,提升自我能力,这对于他们的自我实现及社会的发展具有极其重要的意义。

其一,通过创造性劳动实践提升大学生的自我能力。

人的能力的发展和提升,离不开劳动。劳动这种实践活动对人的能力发展起着极为重要的作用。对大学生来说,提升生命价值的实现能力,就是

---

① 魏晨明.人的发展问题研究[M].北京:中国社会科学出版社,2012:178.
② 俞世伟.生命价值实现的逻辑要素能力、规则与资源[J].齐鲁学刊,2013(2):82-85.

通过创造性劳动实践提升自我的能力。我国汉代唯物主义哲学家王充早就看到了劳动的作用，并提出了"施用累能"的思想。也就是说，能力是在使用中积累的。马克思在谈论人与人之间的能力差异时，指明分工使得从事各种职业的成年人彼此有着才赋的区别。在他看来，人的能力离不开劳动，总是在实践活动中形成，并得以发展，实践活动是影响能力形成的重要因素。因此，大学生应积极参与社会实践，主动融入社会，在现实生活中锻炼自我，在创造性的劳动中感知生命的活力，体验生命的丰富性，以感知和体验、想象与直觉、判断与理性提升自我的理性思维能力，在能知对已知的不断突破中提升自我的能力。① 唯有在创造性的劳动实践中，人才能经历生命的成长，提升自我的能力，从而使生命的价值不断生成，并得以实现。

其二，在勤奋努力中提升大学生生命价值的实现能力。

要使能力获得高度的发展和提升，没有个体主观的勤奋努力是根本办不到的。勤奋是能力发展所必不可少的条件，它影响一个人所从事活动的深度和广度，既可以使人的素质在活动中得到充分的发展，达到很高的水平，又可以使素质一般的人通过勤奋成为成就很高的人。勤奋是个体提升生命价值的实现能力的重要条件。任何人所取得的成就都离不开他的勤奋努力，凡是为人类做出巨大贡献的政治活动家、科学家等都是在勤奋中发展自我，提高其能力的。大学生要充分认识到勤奋对自我能力和生命价值的意义，在刻苦勤奋中促进个人能力的发展，提升自我的能力，以高度的社会责任感及担当的勇气和能力，通过创造性的生命活动，追求自我的生命理想，使自己的生命价值得以实现；而不是浑浑噩噩，在碌碌无为中虚度光阴，全然不知生命的意义和价值。勤奋也是大学生生命价值实现的重要因素，唯有在辛苦劳动的付出中，才能有自我能力的提高，才会有生命价值的实现，才会收获生命的喜悦，使生命之光把世界和他人照得更亮。

---

① 俞世伟.生命价值实现的逻辑要素能力、规则与资源[J].齐鲁学刊,2013(2):82-85.

除了通过创造性的劳动和个人勤勉努力来提高自我能力外,大学生还需具备意志坚强的性格。因为人的能力总是在一定条件下发展的,具备意志坚强的性格,可以克服各种不利的条件,使自己的能力得到发展,这也是提升大学生生命价值的实现能力不可忽视的条件。

第三节　在信念与信仰的统一关系中实现生命价值

信念是信仰的基础,信仰是信念的一种崇高的形式,是信念的升华,它使人的精神活动以最高信念为核心,为生命的发展提供精神力量。信仰不仅表现为思想上的相信和向往,更体现为行动上不知疲倦的探求。人固然需要信念,但更需要信仰为人的生命价值实现提供终极性的关怀。与其他青年群体相比,当代大学生思维敏捷、视野宽广,知识相对密集丰富,具有高度自觉的自我意识。他们不仅能认同大学生生命价值教育的本质,充分把握自我生命价值的核心要素,还能在信念与信仰的统一关系中实现生命的价值。

一、生命价值内在于个体生命的信念

人的生命既是生物学意义上的存在,又是社会历史意义上的存在。人的生命具有身体性、精神性、实践性和创造性。生命价值内在于个体生命的信念,可从以下两方面进行把握。

人的生命具有身体性和精神性,信念给生命以强大的内驱力,使生命的自然价值提升为生命的精神价值和智慧价值得以成为可能。人作为自然之子,其血肉之躯是人的自然实存,自然生命是人之所以成为人的前提,人的自然生命作为一种存在本身就具有天然的价值。同时,人的生命还对身体有精神性超越,人与动物不同,人能在生命活动中探寻生命的意义,提升个

体生命的存在意义。在高清海先生看来，人是有"第一生命"和"第二生命"双重生命的存在[①]，正是因为人的"第二生命"才使其自然生命获得了全新的功能、价值和意义。在美丽的地球上，人是智慧的生命存在，人突破了自我封闭的生命循环活动，不再满足宠物式的形而下的享受，对生活寄予一定精神的追求，寻找自己的精神家园，挖掘自己的内在潜能，形成个体生命的信念，对人及其思想和行为，以及外在的环境和现象进行反思、探究，从而使人的精神更加健康、完满和崇高。人按照自己把握世界的基本方式所创造的神话、艺术伦理、科学和哲学等"文化世界"，是生命具有精神性的最好证明。生命的精神价值和智慧价值是人之生命的精神性的真实写照。正是因为个体生命的信念和生命的精神性，人才能赋予自我的生命活动以价值和意义，才能在寻觅精神家园的过程中找到正确的航向，才能让自己漂泊的灵魂寻找到家的温暖，从而驱散生命的空虚、无意义感，提升精神境界，这是人对自己精神追求的虔诚的渴望。

　　人的生命具有实践性和创造性，信念为生命确立坚定的价值导向，使得生命的自我价值和社会价值的实现得以成为可能。人的生命不仅是自然存在，还是有意识的主体存在，人能把自我的生命活动变成自己所意识的对象。信念能为人的生命确立坚定的价值导向，使人在实践中经历生命的自我成长与发展，走出自我生命需要的狭隘性，在承担责任中为他人和社会贡献自己的聪明才智，在奉献社会与完善自我中实现生命价值。只有创造性地为他人生活，才能创造性地为自己生活。人的生命具有创造性，它是不断喷涌的源泉，是始终产生新形态的力量所在。[②] 离开了生命的创造性，人的生命生成就变成了动物式的成长过程，那么，人将不是人了。正是因为个体生命的信念和生命所具有的创造性，人通过自己的创造满足自我及社会生存与发展的需要，使生命价值不仅表现为生物学意义上的存在，更在于生命

---

① 高清海.人就是"人"[M].沈阳:辽宁人民出版社,2001:11.
② 博尔诺夫.教育人类学[M].李其龙,译.上海:华东师范大学出版社,1999:3.

本体所表现出来的生活意义。人是追求生存价值和创造价值的统一,人是世界上唯一会劳动创造的动物,人在劳动中创造人本身,表现自我和肯定自我;劳动的过程就是人在其所创造的世界中展现潜力、肯定自身、创造生命价值的过程。同时,这一过程也是个体生命信念激励生命前行,为人的生命价值导向的过程。

总之,生命价值内在于个体生命的信念。只有深刻地理解了这一点,大学生才能确立科学合理的生命价值信念,更好地在爱的体验中感悟生命的价值,在逆境挑战中开创生命的价值,并在信仰的展开中丰富生命的价值。

二、在爱的体验中感悟生命的价值

古往今来,人们对爱的探索一直没有停止过,在哲学、教育、心理等众多领域有许多关于爱的思考,留下了无数可以借鉴的论述。在我国,传统意义上把爱理解为恩惠,或者解释为对某一个人、某一物持有喜爱之情。在哲学范畴,古希腊哲学家苏格拉底所描述的"爱"是一个伟大的精灵,联结着神圣与凡俗。在弗洛姆看来,爱是对人类存在问题的回答,爱是一种主动性的活动,而不是一种被动性的情感,首先是给予而不是索取。恰恰通过"给予"才能体验到自我的力量、能力,"给予"的过程即自我生命力表达的过程。[①] 马斯洛把爱理解为两个人之间的一种相互依赖的健康的亲热关系,可使彼此之间抛弃恐惧和戒备。在心理学家弗兰克尔看来,爱是具有最高价值的人类体验,爱的最深刻意义体现于精神生活,根植在内心世界。[②]

从以上关于爱的论述中可以得知,爱是人类对自己及其生存世界的一种普遍关怀的思想情操及相应行为。[③] 体验是生命的特征,是对生活、生命

---

① 弗洛姆.爱的艺术[M].北京:国际文化出版公司,2004:28.
② 弗兰克尔.人生的真谛[M].桑建平,译.北京:中国对外翻译出版公司,1994:29-30.
③ 崔德华.爱育论[M].北京:中国社会科学出版社,2011:4.

的切身感受，是人类生存的基本方式。爱的体验包括爱的付出和获取爱，但不管是哪一种形式的体验，爱都能让生命生生不息，给人以精神力量，使我们真正感悟到生命的价值、人生的意义。

爱的付出并不是单纯的给予与奉献，而在于它生成了新的爱，让施爱者与被爱者彼此融为一体，共同感受"爱"的喜悦，感悟生命的价值。亚米契斯在《爱的教育》中表达了"爱"的理想品质，并论述了爱的力量，使人感受"得"的愉悦。因此，对施爱者而言，付出并不意味着某种减少或流失，而是生成了新的爱。在弗洛姆看来，爱的付出在物质领域意味着富足，更为重要的却表现在人文领域，正如他所说"'给予'是潜能的最高表达"[1]，也就是说，当给予者把自己宝贵的东西拿出去，充实、丰富他人的时候，使他人振奋，激活了其身上的潜在能量，使他人也沉浸在爱的感动和浸染中，并最终成为"爱"的给予者。具体来讲，我们在爱父母、爱他人的体验中，把自己身上有生命力的东西给予他人，展现了自我的快乐、兴趣、知识、幽默以及悲伤等，在爱的给予中丰富了对方的生活，既提高自己的生命感，又提高别人的生命感；在爱的付出中，让对方感受到爱的温暖和心情的愉悦，唤醒对方的生命力，传递爱的能量，并与之共享人生的喜悦；通过爱的给予，我们自己把价值赋予对方，使他们变得对我们自己至关重要，在爱的给予中我们发现了自己，认识到生命的意义和价值，体验到生命的力量以及爱的付出所带来的幸福感。

当然，爱自己与爱他人是紧密联系在一起的，爱的给予也包括爱自己，因为爱在原则上说，是无法将"对象"跟自己分别开来的。[2] 和爱其他对象一样，我自己也是我爱的对象，我向自己敞开胸怀，给自己足够的重视和关注，做自己生活的主人，给自己一个生命方向，对自己所经历的事情承担责任，把握好自己的人生，肯定自己的生命价值，使自己成为一个有爱心的人。与爱他人一样，在给予中我看到了自己的生命力量，加倍珍惜自我的生命，并

---

① 弗洛姆.爱的艺术[M].北京:国际文化出版公司,2004:28.
② 弗洛姆.爱的艺术[M].北京:国际文化出版公司,2004:64.

使这种对生命由衷的热爱之情,内化为积极的行动。因此,爱是一种可以导致行动的情绪,而且爱常常会发挥最大的创造力。① 爱的付出能使我们的生命更加有意味,在爱的给予中,所有的生命都被赋予意义。

同样,爱的获取也能让人感悟到生命的价值。母爱是无私的,子女在母爱中感受到母亲生命力的表达,同时母亲在养育后代的过程中实现其使命,展现其生命价值。在学校里,教师给予学生爱,让学生成长成才,从而获得成就感和自我超越感,其教书育人的过程就是一个表现自我、实现自我、提升自我的过程。与此同时,大学生也接收到教师生命力的表达,感受到自我存在的重要性,以及对他人生命价值实现的作用。大学生在同学之爱中,彼此感受兄弟、姐妹般的情谊,在爱的体验中认识到生命的意义和价值。简而言之,在爱的获取中,接受爱的人的价值是作为他人实现生命价值的对象。每个人都在这种爱的体系中感受到自己和他人的生命价值。

基于以上的分析可以得知,爱是双向性的,当一个人把对爱的理解通过行为给予或者传递给另一个人的时候,另一个人也能在接受爱之后而成为爱的给予者;当一个人竭尽全力地付出爱时,他也获得了更大的爱。不管是施予爱,还是接受爱,都能使人感悟到生命的价值所在。

当代大学生有理想、有活力,思维敏捷、热情洋溢、向往未来,但由于他们大多数在家庭的精心呵护下成长,生活在相对优越的物质环境中,它们更多的是等待他人来关爱、照顾,而不是爱的付出的体验。因此,大学生必须深刻理解,爱是对自我生命活力的一种展现,是对自我价值得以成功实现的满足,爱更需要通过实际的行为来体现,更需要我们在爱亲人、爱集体、爱族群、爱国家、爱人类、爱自然以及对爱的获取体验中感悟生命的价值,因为这些不同层次的爱的体验能丰富生命的内涵,赋予生命不同的意义和价值。

---

① 辛格.我们的迷惘[M].郜元宝,译.桂林:广西师范大学出版社,2001:175.

三、在逆境挑战中开创生命的价值

逆境是不顺利的境遇,常指生活中遇到的困难与挫折,它使人痛苦,总与人生的各种不幸联系在一起。然而,逆境却是生命的盐,虽然苦咸,但不可或缺。它激发生命的强劲动力,唤醒沉睡的潜能,砥砺意志,磨砺生命的优秀品质,让生命在搏击中闪光,从而开创生命的价值。

逆境能激发大学生生命的强劲动力,唤醒其沉睡的潜能,从而开创其生命价值。逆境撼动了生命的根基,打击大学生对生命意义的信心,给他们肉体上的痛楚和精神上的巨大压力,但是逆境也能激发大学生生命的强大动力,唤起其潜在的巨大能量,引爆其所蕴藏的内能,开创其生命的价值。当人身处逆境时,动机强烈,常常能够取得在顺境中难以取得的巨大成功。红军长征就是最好的例子,在面临人类生存极限的饥饿、劳累、疲倦的情况下,红军战士却不为险恶的条件而退缩,始终保持昂扬的斗志和战斗精神,满怀"革命理想高于天"的伟大追求,展现了人的精神意志力和创造力的无限可能性,用生命和热血铸就了伟大的长征精神。总之,逆境激发了大学生生命的动力,唤醒了他们的潜能,使他们创造奇迹和成功的机遇得以成为可能,开创了生命的价值。

逆境能砥砺大学生的生命意志,磨砺其生命的优秀品质,使他们发现生命的意义,从而开创生命的价值。古人云:"逆境砺德,顺境毁身。"[1]顺境固然是好事,然而身处安逸容易磨灭人的斗志,也有可能颓废一生;相反,当人身处逆境时,面临生存威胁,虽然多磨难,但砥砺生命的意志,使生命焕发出与众不同的光彩。在世界上享有盛名的贝多芬,一生遭遇的挫折是难以形容的,幼年时母亲离开了人世,家境贫寒,后来又双耳失聪。正是这样的逆境磨砺了他顽强坚韧的性格,激发了他创作力的潜能,他以对生活的爱和对

---

① 　杨春俏.中华经典藏书:菜根谭[M].北京:中华书局,2016:194.

艺术的执着追求战胜了个人的苦痛和绝望,扼住了命运的喉咙,取得了非凡的成就,被尊称为"乐圣"和"交响乐之王"。可见,他正是在饱受磨难,与困难和命运的斗争中,砥砺了生命的意志,磨砺了生命的优秀品质,从逆境中崛起,开创了生命的价值,这正是顺境中的人一般不具备的。

人的生命进程是曲折起伏的,要经历无数的风风雨雨,苦难、坎坷、挫折也是人不可避免的。当代大学生是社会中富有创造性的群体,承担着建设中国特色社会主义、实现中华民族伟大复兴的历史使命,由于自身的社会阅历和生活经验不足,在追求人生理想、实现自我的进程中难免会遭受一些困难、挫折及各种不顺。一方面,大学生应正确地认识逆境,知晓生活就是时顺时逆、时挫时奋的各种境遇之和。没有逆境,也就无所谓顺境。如果说顺境时的美德是节制,那么,逆境时的美德就是坚韧不拔。正因为经历了逆境,品尝到苦的滋味,人才更加拼搏进取,获得新生的力量,希望把逆境转化为顺境,开创生命的价值,让生命在拼搏进取中绽放出无限的光彩。另一方面,大学生应积极面对逆境,自觉赋予生活以意义,开创生命的价值。人不同于动物,人有高贵的人性,尽管困境考验着人性,但人能阻挡一切艰难困苦,把它们当作赋予人类生活和命运以意义的新机遇,使"我之才""我之力""我之量"得到充分的磨砺,让生命愈发坚强,绽放出奇迹的火花,创造生命的价值。

四、在信仰的展开中丰富生命的价值

信仰作为人所特有的一种精神需要,是伴随人的社会实践活动和自我意识的发展而形成的。它是指基于一定的世界观、人生观、价值观而产生的,对世界和人类的本质、前途以及个人命运的坚定的信念[①],反映了主体从

---

① 陈志尚.人学理论与历史[M].北京:北京出版社,2004:343.

思想上的相信和向往发展到要在行动上"孜孜以求"的精神状态①。

信仰对人的生命具有终极性意义,使人的生命价值的实现得以成为可能。信仰是人的精神生活的重要组成部分,代表人的美好愿望的寄托,指引生命的方向。首先,信仰支撑着生命,为人的生命成长与发展提供方向和精神动力。人的生命是有限存在的,信仰作为主体超越现实的自我意识,具有指导性,为人的生命提供方向和目标,使人不再局限于眼前的利益和现实的世界,积极探寻生命的意义,追寻生命的价值,使有限的生命富有无限的意义。从某种意义上说,信仰给予生命的并不是感官上的刺激、物质上的富足,而是精神的再生,支撑着生命前行,使人勇敢地面对生活,为人的生命成长和发展提供必要的精神支柱和行动指南。其次,信仰赋予生命以意义感,使人的生命价值的实现得以成为可能。信仰作为人的精神活动,是人的一种自我超越、一种终极性的关怀,是人的生命存在的最终归宿。信仰代表人的精神理想和价值目的,赋予人的生命意义感,使人走出具体生活狭小的时空范围限制,超越其本能的生理需要,从而为生命的存在和发展开辟新的领域和道路。因此,信仰为人驱除生命存在的漂泊感、孤寂感,为生命的存在与发展提供了精神的驿站和家园,为人的生命价值的实现提供了各种可能。最后,信仰为人的生命价值设立价值标准。信仰使人超越现实,超越自我,追求最高价值,不仅赋予生命意义感,还为人的生命价值设立了真、善、美的价值标准,使人根据这些标准反观自我,指导自我的生命实践活动,表达其愿望、意志和情感,在实践中创造生命的价值。同时,信仰一旦形成,有它的坚定性,能够使人倾注全部的热情,积极探寻生命的意义,实现生命的价值,追求人性的完善和发展的超越精神,提升人的生命境界。

当代大学生正处于人生发展的黄金时期,他们是国家和民族的希望,是未来社会的主体力量。他们求知欲望强烈,向往未来,想象力丰富,富有创

---

① 陈新汉.社会主义核心价值体系价值论研究[M].上海:上海人民出版社,2008:24.

造力,既有对自己人生目的、人生意义等问题的探讨,又有对社会理想模式的向往。但随着我国经济的迅速发展,社会生活的日益世俗化使得过去那种崇高的理想信仰失去了往日的光环,人们从追求理想的激情逐渐转变为对现实利益的冷静计算,青年大学生也深受社会的影响,甚至对自己的生命及其价值取向缺乏自省,对工具理性过于执着,而竭尽全力地追求财富、荣誉地位等有限存在物,放弃精神上的信仰和追求,产生了一种强烈的失落感、空虚感等。这需要大学生理性选择人生信仰,使自己的信仰符合社会发展的规律,顺应时代发展的需要,体现人的本质属性及个人和社会的关系,并坚定信仰,积极投身于人生实践,在丰富的人生体验中获得对生命价值的深刻认知、对生命价值的信念,并将生命价值的信念升华为生命价值的信仰,转化成生命发展的内在动力。因为信仰是人的一种根本性需要,代表生命的终极追求,并赋予人实际所做和所感的任何事情以重要性,而丰富生命的意义[1],通过生命意义的赋予,大学生发掘了生命的潜能,并在实践中丰富其生命价值。总之,大学生在其人生信仰的展开中呈现自我的生命智慧和力量;在社会理想信仰的展开中彰显其生命的社会价值、精神价值和智慧价值。信仰为大学生的成长成才提供了精神动力和行动指南,为大学生生命价值的实现提供了终极性的意义。大学生应自觉做有科学信仰、有担当的青年人,将梦想照进现实,在实践中砥砺品质、强化本领,在为实现中国梦的努力奋斗的历程中,把个人的梦想融入国家和民族的事业,在为社会承担责任的过程中不断丰富生命的价值,提升生命的价值。

第四节　大学生生命价值的自我教育

人的生命不仅是自我的,在本质上还是面向他人、社会而存在的主体。

---

[1]　辛格.我们的迷惘[M].邵元宝,译.桂林:广西师范大学出版社,2001:175.

大学生具有较强的能动性,可对自我进行生命价值教育,并与其他生命主体一起相互聆听,展开对话,使得生命主体之间的自由表达、经验的共享、精神的相遇、视界的融合及价值共识的形成得以成为可能。

一、对"生命无价"的科学理解

大学生生命价值教育的本质在于让大学生深刻认知生命无价,促进其精神层面上的自我觉醒,从而自觉追求生命价值、实现生命价值。因此,在自我教育中,大学生首先需要正确理解和把握"生命无价"的科学内涵,避免走入认识误区。

生命是不可替代的,具有最高的价值以至于无价。所以,康德讲人是目的,是最高价值。生命无价有深刻的内涵,既包括生物学意义上人的生命不可复制性,又包括人的精神生命具有可复制性,是复制性与不可复制性的有机统一体。

从生物学意义上看,人的生命具有唯一性、不可逆性和不可替代性,也就是不可复制性。人是一种时间性的存在物[①],时间是限定生命的标志,人不仅生活在时间中,还通过时间表现自己的存在,时间只能向前延续,不可重复和倒转。因此,生命对于每个人来说都只有一次,一旦丧失就永远无法挽回,没有任何东西或等价物能代替,它是唯一的、不可逆转的,也是无价的。生命结束,人就不复为人了。世界上也不可能找到两个完全相同的人,每个生命存在都意味着他是一个独特的个体精神世界,能回忆过去,体验当下生活,希冀未来。每个生命都是独特的个体,没有任何人或任何物能取代这个独特的生命个体。

与生物学意义上人的生命相比,人的精神生命是有价值的,具有传承性和永恒性。因此,它是可复制的。人的生命是一个完整的系统,既源于肉体

---

① 傅守祥.审美化生存[M].北京:中国传媒大学出版社,2008:101.

生命，又超越肉体生命。人的生命是肉体与精神的完美结合，肉体生命进行生物的新陈代谢、同化异化的活动，而精神生命则表现为人的有意识、有目的的实践创造活动。精神生命是在肉体生命的基础上产生的，但精神生命却能统帅和引导人的肉体生命，以确保人的肉体生命朝着健康的方向发展，并为精神生命的成长与发展奠定基础，没有人的肉体生命就没有人的精神生命。人与生俱来就要处理与自己、他人、社会的关系，精神生命存在和展现在人与自我、人与社会、人与自然所构成的关系中，是人之为人的根本精神。它凝聚人的自我意识，体现人对于自身生存与发展的憧憬，激发人内心趋向自由的热情，使人不断走向他所期待的目标，迈向至真、至善、至美的价值境界。

精神生命所展现的精神具有可复制性。它犹如一面旗帜，激励和引领人们不断前行，其精神为世人所传诵、弘扬，我国不乏这样的例子，雷锋精神就是其中一例。它具有强大的震撼力和历史穿透性，感动了无数个追求真、善、美的人，哺育和激励了一代又一代人的健康成长。同时，雷锋精神也以其强大的生命力，为社会的发展提供了不可替代的精神力量，是闪耀人性光辉的道德瑰宝。它是民族精神的象征、人类优秀品质的体现，是社会前进的道德支撑；内藏着强大的人性力量，展现了生命的崇高，向人们诠释了生命的价值。虽然雷锋的肉体生命已不存在，但其精神历经风雨依然光彩依旧，这就是其精神的感召力。

因此，精神生命是人类超越现实的源源不断的动力。精神生命作为人类文明的绚丽花朵，为人和社会的发展提供了无法用价值尺度衡量的精神财富。它既属于历史，又属于现在和未来，正是因为精神的传承性和永恒性，人类才走向崇高，人类的文化精神才能从远古时代持续不断绵延至今，人类的历史才能不断生成更丰富的内涵。

大学生对于"生命无价"的理解，应避免两个误区：第一，生命无价并不意味着可以把肉体的享受和本能欲望的追求作为人的生命的全部追求，而陷入物欲的迷境。当大学生只是以"消费主义"的态度对待生命时,生命本身只不过是个消费品,生命行为便只是消费本身,其无法在"消费"与"被消费"的关系之外建构其他的生命意义世界,势必造成生命的无意义感。第二,生命无价也不意味着仅仅把自然生命当作工具价值,痴迷于对功利和实用的追求,以至于大学生个人考试不及格、工作不理想就以自杀的方式结束自己的生命,人际交往出现问题就采取极端手段来伤害他人的生命,使得自然生命的尊严荡然无存。因此,肯定自然生命的价值、维护生命的尊严,是大学生生命价值教育义不容辞的责任。

人的生命既是有价的,又是无价的:称其有价,是对人的生命应有作用的肯定;说其无价,是就人的生命价值的唯一性、不可替代性而言。人的生命不仅属于个体,还属于社会。人的生命具有社会属性,人在社会中存在与发展,生命主体之间相互依赖、相互影响,生命不仅对于人自身具有价值,而且对于整个社会也具有重要价值。人的行为与尊严的基础是生命,任何东西都没有理由凌驾于生命之上。"有限无价"就是说不以伤害或侵犯他人的生命为前提,但一个人不尊重生命,把他人的生命当成实现自己利益的手段,为了一己之私,伤害他人的生命,亵渎生命价值,违反必要的社会秩序,侵犯他人的生命权,那么就是对生命的异化,故生命是"有限无价",但绝不是无条件的"绝对无价"。

尊重人的生命价值是现代文明的共识。过去,我们对为保护集体财产而救火牺牲的事迹进行一定的报道,虽然"奋不顾身"的英勇行为和精神值得称颂,但在一定程度上也要让学生认知生命的无价,从而珍惜生命,而不是不考虑自身的能力范围,白白牺牲生命。因为与那些财产相比,人的生命只有一次,生命更无价。生命权是人最宝贵的权利,任何生命个体都有权利把自身作为存在的目的,其存在理由内在于生命本身。[①]

---

① 王定功.生命价值论[M].北京:教育科学出版社,2012:91.

强调生命无价,也不是要大学生保全个体生命而牺牲集体利益和国家利益,而是为了让大学生深刻认识现实生活中各种蔑视人的生命,把肉体生命当成能带来其他事物的手段、生命意义工具化以及贬低生命价值的行为,从而审视自我的学习、人际交往,重新建构生命价值观念,找到生命的意义。

二、生命聆听是前提

自我教育是个体在自我意识的基础上,通过自我认知、自我体验、自我控制影响自我身心发展的一种社会活动[①],但它并不是孤立的个体活动,而是具有社会性的个体活动。那么,自我教育不可能脱离人的社会性,离开他人、社会而进行封闭、孤立的"自我设计""自我实现"。从自我教育的水平划分看,它既包含接受教育的自觉状态,又包括自我修养的自为状态。[②] 前者代表自我教育能力相对较低,需要外部施加导向教育,从而能够自主地选择、理解、内化;后者代表主体已经具备较高的自我教育能力,不一定局限于有目的、有计划、有组织的教育氛围内进行,而是随时随地自觉地克服消极影响,积极进行自我调控。不管处于哪个状态,自我教育都不是单纯的个人行为,也不可能自发地生成,有赖于自身之外的他人教育。因此,自我教育是双方的。

"聆听"是大学生对自我进行生命价值教育的基本前提。"聆听"强调集中精力认真地听,使众多生命主体置身于其中。聆听是一份美好关系的赠礼,能打开彼此的心灵,使身心全部向世界敞开,同时也是知觉领域的相互打开。[③] "听"是个体生命"言说"的源泉,没有"听",就没有后面的"说""思",也就无法进行对话。每个生命主体都在自我的生命成长中形成独特的生命经验、生命体验及生命追求的感悟,"聆听"为生命主体之间的共同交流、沟

---

① 程文晋,渠长根,武彩鸿.自我教育论[M].北京:气象出版社,1998:28.
② 程文晋,渠长根,武彩鸿.自我教育论[M].北京:气象出版社,1998:29.
③ 耿占春.观察者的幻象[M].上海:上海文艺出版社,2007:146.

通和理解,以及形成价值共识提供了可能。因此,生命聆听是大学生对自我进行生命价值教育的基本前提。

在大学生生命价值的自我教育中,生命聆听有多种形式,既可以是教育者聆听大学生,又可以是大学生聆听教育者。教育者需要聆听大学生表达生命的欲望,也表达生命的被改造与提升了的价值祈望①,以此启动教育者个体生命理解的大门,走入大学生的心灵世界,呼应其生命,为大学生指明航向。教育者真正的聆听应该做到参与创造大学生的声音,聆听大学生的体验,为其生命把脉,并重建自身的教育体验。教育者聆听的意图在于陪伴和引导大学生,与他们的思想共舞。对教育者个体生命的聆听,使得大学生获得言说的源泉,赋予其灵感、生命智慧,生命处于这样的状态之中才能言有所听,听有所闻。

同时,生命聆听还可以是大学生的"自我聆听",以及"共在"的"聆听"②,并展现为生命主体之间的"聆听活动",彰显了大学生生命价值教育中生命主体和谐共在的情境。

大学生的"自我聆听",即大学生与自身展开本我、自我和超我的对话,对个体的感性欲望与生命价值的相互倾诉③,能使大学生在这种"自我聆听"中,更好地认识自我、把持自我,引导生命本能趋利避害,找寻个体欲望与自我实现的现实路径,从而唤起个体生命与价值的切实关联。

"共在"的"聆听",是生命主体之间的"聆听活动",教育者和大学生既可以是"说者",又可以是"听者",所有"说者"和"听者"一起构成了"聆听活动"得以展开的条件。在这种场景中,生命与生命之间平等,每个生命都以其自身的经验、体验、感受述说其生命故事,聆听他人的生命感悟。教育者和大学生在双方的"聆听"中,排解其共同面对的生命困惑,在"聆听"中体认到人

---

① 刘铁方.生命的叙述与倾听:道德教化的基本策略[J].教育理论与实践,2004,24(2):38-42.
② 王定功.生命价值论[M].北京:教育科学出版社,2013:202.
③ 王定功.生命价值论[M].北京:教育科学出版社,2013:202.

之为人的神圣感和使命感,在"聆听"中寻找人面对生活的勇气,在"聆听"中学会所"思"、所"说"和所"做"。[①] 因为没有"聆听"的在场,"说"就会枯竭;缺少"聆听",对话将无法顺利展开;没有"聆听"的现时在位,任何形式的"说"也只能是个体生命的"独语",将失去其应有的意义。

三、生命对话是桥梁

"对话"涉及语言学、解释学及文化学等众多领域,其蕴含着丰富的内涵。在语言学中,对话是指运用语言所进行的交流和互动。著名的文艺理论家巴赫金(M. Bakhtin)认为:"语言只能存在于使用者的对话交际之中。对话交际才是语言的生命真正所在之处。语言的整个生命,不论在哪一个运用领域(如日常生活、公事交往、科学文艺等)里,无不渗透着对话关系。"[②]那么,从本质上看,语言是对话的,语言的生命在于对话。在解释学中,视界融合往往被称为对话,"伽达默尔的对话就是要在对话中碰撞和生成一个新的东西"[③],在他看来,对话使不同的视界相互接触并得到融合,对话使自我得以更新,使参与者相互改变对方。在文化学领域,对话是一种交往、沟通和理解的文化。哈贝马斯在他的交往行动理论中,主张社会成员在没有任何拘束和任何压力的情况下,拥有平等的交往机会展开对话,从而达到理解、团结、宽容。[④] 也就是说,对话可以建立和谐的人际关系,促进人的个性发展,消除人与人之间价值观和文化差异所导致的误解,是促进人与人之间相互理解的有效途径。

基于以上分析可知,对话不仅是人与人之间的一种言语交际,还是达到

① 王定功.生命价值论[M].北京:教育科学出版社,2013:204.
② 巴赫金.陀思妥耶夫斯基诗学问题[M].白春仁,顾亚铃,译.石家庄:河北教育出版社,1998:252.
③ 滕守尧.文化的边缘[M].北京:作家出版社,1997:220.
④ 哈贝马斯.交往行为理论[M].曹卫东,译.上海:上海人民出版社,2004:375.

情感和思想上共鸣、共识的方式。因此，对话可以被理解为：生命主体以相互尊重为前提，以语言为中介，以主体间性为基本特征，通过相互的交往、沟通而达到思想的碰撞、情感的共鸣、经验的共享，从而取得共识的过程。

那么，在大学生生命价值的自我教育中，生命对话是指大学生和教育者之间针对自我生命视界中的体验、感受和经验进行交流、沟通，并在同一层面实现心与心的对话，共享生命智慧，形成价值共识。

生命对话以敞开生命视界，搭建生命沟通的桥梁，使得大学生与教育者之间的精神相遇、思想融合及价值共识的形成得以成为可能。人的自我教育不可能自发生成，还有赖于自我之外的他人教育。那么，大学生对自我进行生命价值教育也不例外，需把自身作为受教育者，在与教育者的对话中展开自我教育。具体来说，我们可从以下几方面予以理解。

生命对话为教育者和大学生之间的自由表达、真诚开放、共享生命的意义和价值架起了桥梁，这是大学生生命价值自我教育的过程。开放是人的生命存在、发展和超越的巨大动力和源泉[①]，人的生命在本质上是面向他人和社会而存在的开放主体，生命对话是生命主体之间的相遇，大学生是一个个发展中的人，其生命既是构成的、现实的，又是向新的生活开放，不断生成的过程。在生命对话中，教育者以博大的胸怀向大学生开放，回应个体生命存在的感受、个体生命的"生活立场"和个体的生命价值诉求。大学生以自己的思想、精神、情感和个性参与生命对话，塑造和形成新的人生观和价值观，从而生成崭新的自我。生命在其开放的过程中敞开自我的精神世界，获得思想的交流和意义的分享，实现意义的共享与创生。

生命对话使教育者与大学生之间的精神相遇、经验共享及价值共识的形成得以成为可能，充分展现了大学生生命价值的自我教育过程。"人的存

---

① 刘济良.生命教育论［M］.北京：社会科学出版社，2004：179.

在本身(外部的和内部的存在)就是最深刻的交际"①,"存在就意味着进行对话的交际"②,"生活中一切全是对话,也就是对话性的对立"③,"人的想法要成为真正的思想,即成为思想观点,必须是在同他人另一个思想的积极交往之中"④。由此可知,人类存在的本质是对话,教育就是对话的过程,通过对话把人引向世界、历史、文化,引导人理解生命的意义,教育就是通过对话引导和促进生命个体建构其精神世界。从生命对话的过程看,教育者和大学生都是现实的生命个体,他们有独特的情感、意志、思想,有丰富的内心世界和情感表达方式。在相互尊重的前提下,在无限敞开的沟通与交流中,作为独立的精神主体,大学生深深地进入了教育者的精神世界,教育者也在大学生的接纳中走进其精神世界,在精神相遇的境界里,产生共鸣,大学生生命价值教育的意义得以创生,而创生的大学生生命价值教育的意义能影响和陶冶人的精神,提升人的生命价值及其精神境界。同时,精神相遇的过程又是教育者和大学生在经验中相互造就、平等对话、获得新知、共同体验人的生命价值生成的过程。

总之,生命对话以敞开的生命视域,为教育者和大学生之间的自由表达、真诚相待,以及他们的精神相遇、经验共享、生命视界的融合、价值共识的实现搭建了一座桥梁,使得教育者与大学生之间的生命传递与激励,相互理解、沟通、体验、共鸣成为可能,充分展现了生命自我教育的过程。同时,生命对话还使教育者以有效方式实现对大学生的积极干预,引导和陪伴大学生,使他们在生命价值生成和发展的路上。没有生命对话,就没有教育者

---

① 巴赫金.陀思妥耶夫斯基诗学问题[M].白春仁,顾亚铃,译.石家庄:河北教育出版社,1998:378.

② 巴赫金.陀思妥耶夫斯基诗学问题[M].白春仁,顾亚铃,译.石家庄:河北教育出版社,1998:340.

③ 巴赫金.陀思妥耶夫斯基诗学问题[M].白春仁,顾亚铃,译.石家庄:河北教育出版社,1998:58.

④ 巴赫金.陀思妥耶夫斯基诗学问题[M].白春仁,顾亚铃,译.石家庄:河北教育出版社,1998:114.

和大学生之间的自由表达,也就没有生命视界的融合、精神的相遇及价值共识的形成。

四、生命同行是重要环节

生命同行是指大学生生命价值教育过程的共同在场、携手同行。人具有社会属性和精神属性,人对自我进行教育不可能脱离社会性而进行所谓封闭的"自我实现",不管是个体的自我教育还是群体的自我教育都有赖于他人的教育。因此,生命同行是大学生对自我进行生命价值教育的重要环节。若缺少了这一环节,也就没有"聆听"和"对话"。

生命同行不仅是教育者对大学生的陪伴与引导,还是诸多大学生的携手同行。不管哪一种形式的生命在场,都能进行生命聆听、呼应生命、展开对话,形成价值共识,充分彰显自我教育的开放性。

具体来讲,在生命同行的教育情境中,大学生不再是一个被动的接受者或承载知识的"容器",而是以主动的姿态、身心的完全自由,与教育者和其他大学生展开对话,充分地体验对话带来的愉悦,真正张扬自我的主体性,充分展现生命的活力,在对话中表达生命的意愿及其价值诉求,分享生命的意义,生成新的生命体验,使新的体验、感受融入自我的生命意义,增加新的生命感悟,使不同的思想观念相互碰撞、融合。从此意义上看,这是大学生在充实自我、发展自我、超越自我的过程中进行生命意义的探索与价值建构,以及对自我进行生命价值教育。

同时,在生命同行的教育情境中,教育者是大学生的同伴和引路人,其话语不再对大学生的个体行为进行具体规训,而是没有"命令""灌输""权威"。在平等、尊重、宽容、信任的基础上,教育者走入大学生的生命个体世界,解答大学生心灵的疑惑,激发大学生的创造激情,唤起其生命发展的自觉意识,引导大学生展示生命的力量,使大学生的精神世界受到对话的启迪和引导。同时,大学生对自我进行生命价值教育的过程需要教育者的陪伴、指引,并点燃诸多大学生的生命情感,协调他们的差异,引导其展开对话,让诸多大学生携手同行。从这个意义来说,这是教育者一路为大学生答疑释惑,相互沟通获得新知,感悟生命的意义和价值,共享知识、经验和智慧的过程。

诚然,差异是大学生生命价值教育存在的前提。在大学生生命价值教育中,生命同行还包括诸多大学生的共同在场,即"生生"之间的同在。虽然他们处于相同的人生阶段,但每个大学生来自不同的家庭,具有不同的生命境遇与生命价值诉求。那么,面对生命个体多样性和差异性的存在,生命同行意味着教育者要在尊重个体生命的前提下,关注个体生命的生存事实,聆听其生命价值诉求,理解个体生命境遇的独特性,对生命实现积极的干预,发现统一中的多样和多样中的统一①,协调差异,促进大学生深刻认知生命价值,让诸多大学生携手同行,自觉地追求生命价值,提升生命价值。

---

① 王定功.生命价值论[M].北京:教育科学出版社,2013:209.

第六章

探寻大学生生命价值教育的有效路径

教育目标的达成需利用一定的路径或方法。外因只有通过内因才能发挥作用。大学生生命价值内在依据的揭示为我们探寻有效路径提供前提和基础。因此,把握内在依据,积极探寻大学生生命价值教育有效路径,使大学生深刻认知生命无价,追求人性的发展和完善,迈向真、善、美的精神世界,促进人的全面发展,是实现既定教育目标的重要组成部分。

第一节　建构敬畏生命价值的文化

文化是人类的精神家园,是生命自由绽放和自然存在的人化表达。在终极意义上,文化塑造着人对真、善、美的理解,影响人的价值取向,同时又培育人的行为方式,促进其生命价值实现,以及人的自由全面发展。敬畏生命价值的文化能使人尊重生命价值,发展生命,从而实现生命的价值。因此,建构敬畏生命价值的文化是对大学生进行生命价值教育的有效路径之一。

一、倡导敬畏生命的价值观

"敬"是严肃、认真的意思;"畏"指害怕、谨慎,不懈怠。孔子说:"君子有三畏:畏天命,畏大人,畏圣人之言。"①其中的"畏"可释作对自己存在及其有限性的一种深沉自觉,从而敬畏,即在此有限性中更感生存之价值、意义与使命。② 老子说:"民不畏死,奈何以死惧之?"③这里的"畏"是害怕的意思,也就是说,如果人们不怕死,就应该把生死置之度外,而不应该恐惧死亡。朱熹说:"然敬有甚物,只如畏字相似,不是块然兀坐,耳无闻目无见,全不省事之谓,只收敛身心,整齐纯一,不恁地放纵,便是敬。"④在他看来,敬畏便是在面对权威、庄严或者崇高事物时所产生的情绪,带有恐惧、尊敬及惊奇的感受,它还是人类对待事物的一种态度。

20世纪,法国医学家、哲学家阿尔贝特·施韦泽把"敬畏"与"生命"相结合,提出敬畏生命的伦理思想。在他看来,生命是神圣的、可贵的,人要对生命秉持恭敬、敬畏之意,保持生命,发展生命,帮助生命实现其最高价值就是"善",而"伤害生命、毁灭生命、压制生命的发展就是恶"⑤。阿尔贝特·施韦泽敬畏生命的思想体现了以关爱生命、尊重生命、发展生命为价值评判标准的基本观点,为人们处理一切同类生命以及他类生命提供了方法论。

建构敬畏生命价值的文化,需要倡导敬畏生命的价值观。因为文化的最深层次是价值观,一切文化的不同,最根本的是价值观的不同。⑥ 价值观是人们对价值的一般观点和根本看法,价值观影响人们的思想、选择和行动,直接决定一个人的理想、信念、生活目标和追求方向的性质,对个体行为

---

① 陈晓芬.中华经典藏书:论语[M].北京:中华书局,2016:225.
② 李泽厚.论语今读[M].北京:生活·读书·新知三联书店,2004:52.
③ 饶尚宽.老子[M].北京:中华书局,2016:185.
④ 黎靖德.朱子语类[M].黄珅评,曹姗姗,译.南京:凤凰出版社,2013:70.
⑤ 施韦泽.敬畏生命[M].陈泽环,译.上海:上海社会科学院出版社,2003:9.
⑥ 袁贵仁.关于价值与文化的问题[J].河北学刊,2005(1):5-10.

的定向与调节及社会的发展起着非常重要的作用。任何一个人的生活都是在一定价值观的指导下进行的,没有价值观指导的生活是没有意义的生活,也不是真正的生活。同样,任何一个社会都必须拥有共同的价值观念,凝聚社会民众,并为他们的价值取向提供具体的规范参考和价值指引,否则就不能给其社会成员提供值得信仰的人文价值系统,社会的发展就会出现价值真空、精神危机及信仰缺失等问题。敬畏生命的价值观主张生命之间休戚与共,对一切的生命敬畏,并在敬畏生命的精神中寻找完善[①],以"保存生命,促进生命,使可发展的生命实现其最高价值"[②]。敬畏生命的价值观能深刻体现人的本质,使生命意志得到直接的体验,并注重行动的实践价值观,从某种意义上讲,这就是文化。由此可见,敬畏生命蕴含着不可估量的精神力量,倡导敬畏生命的价值观可使全体社会成员敬畏生命,并在敬畏生命的精神中发展生命,完善自我,为全体社会成员提供共同的价值观念和精神信仰,为大学生生命价值教育创造良好的氛围。因此,建构敬畏生命价值的文化需要倡导敬畏生命的价值观。

倡导敬畏生命的价值观源于敬畏生命是人的本质体现。人的生命不同于其他生命,人是最高的生命主体,能体认生命的意志,并意识到生命主体之间的依存关系,摒弃狭隘的观念,走出自我的范围,对所有的生命给予关怀和帮助,从而使自我的生命融入人类的"大我",获得更为宽广的维度,使生命的意义和价值得到最高程度的展示。正如施韦泽所言,"所有生命都必然生存于黑暗之中,只有一种生命能摆脱黑暗,看到光明。这种生命是最高的生命……只有人能够认识到敬畏生命,能够认识到休戚与共,能够摆脱其余生物苦陷其中的无知"[③]。所以,敬畏生命蕴含着人之为人的基本原则和根本依据,敬畏生命体现了人的本质,人就是"人",唯有人才能担当起"敬畏

---

① 施韦泽.文化哲学[M].陈泽环,译.上海:上海人民出版社,2008:324.
② 施韦泽.敬畏生命[M].陈泽环,译.上海:上海社会科学院出版社,2003:9.
③ 施韦泽.敬畏生命[M].陈泽环,译.上海:上海社会科学院出版社,2003:20.

生命"的责任,这也是人高明于其他动物的根本所在。敬畏生命不仅凸显了人的存在,还指明人应成为何种意义上的人,展现了作为人应有的一种态度,即应该成为对生命怀有深深的敬畏之情的人。同时,敬畏生命更是一种价值追求,成就了生命主体内在的德行及完善的人格。敬畏生命是实现理想人格的内在要求,体现了生命主体对道德的自觉追求,能使人成为文化人,理应形成当代社会所倡导的价值观。

二、健全和完善生命发展的法律文化

法律文化作为人类文化的重要组成部分,是指一个民族或国家在长期的共同生活过程中所认同的、相对稳定的、与法和法律现象有关的制度、意识和传统学说的总体①,包括法律意识、法律教育等活动所形成的智慧和知识等。建构敬畏生命价值的文化还需要国家和社会健全、完善生命发展的法律文化,以显性和隐性的方式保障生命的发展。

生命是我们每个人行使其他任何权利的前提与基础②,生命的丧失意味着人的一切将不复存在。因此,国家和社会首先需要尊重和保障的就是生命权。那么,究竟什么是生命权?自20世纪90年代以来,我国学术界对此较为关注,并展开了一系列研究,其中出版了著作《生命权的宪法逻辑》《宪法与生命:生命权的宪法保障研究》等。尽管研究者们各自的理解不同,但归纳起来,这些观点主要集中在三方面:一是生命权可从广义、狭义来概括,从狭义的角度看,生命权指在法律的保障下,任何人的生命都不应被非法剥夺;从广义的角度看,生命权指人生活中的政治、经济、文化等权利。二是生命权即活着的权利,也就是指人对自我的生命安全所享有的权利。三是生命权泛指享有生命的权利。上述诸多观点,也存在不合理的一面。如从广

---

① 张曼莉.法律社会学[M].北京:中央广播电视大学出版社,2012:161.
② 谢雄伟,江伟松.我国生命权制度的构建及其立法完善[J].武汉大学学报(哲学社会科学版),2011:1.

义上界定生命权,那么生命权和生存权就会有部分重合,从而无法彰显生命权的价值。但第二种观点侧重强调生命安全;第三种观点直接界定为享有生命的权利,没有明确指明生命权的内涵。

生命权,从其字面上理解,是指每个人都享有活着的权利。生命权在《中国人权百科全书》中有所体现,它是指生命个体占有、利用和维持自己的生命,享有作为一个自然人的各种生理、心理特征的存在和延续的权利。[①]本书认为,生命权应当包含两方面的内涵:一是未经合法程序,任何人的生命不得被非法剥夺;二是国家和社会应尊重、保障生命的发展,努力改善生命的生存环境,积极保护和救济每个人的生命。以上两个方面缺一不可。也就是说,国家对生命权负有尊重和保护的义务。[②] 在法治社会里,国家和社会尊重、保护生命权就是要尊重生命、保护生命,平等地对待生命,不能使一部分人的生命成为另一部分人的手段,也不能为了一部分人的生存而牺牲另一部分人的生命权。因为生命不但对于人自身具有价值,而且对于社会也具有价值。

我国宪法从不同方面对生命权的保护有所体现,在有关"国家尊重和保障人权"、人身自由、公民人格尊严、公民获得物质帮助权的条款中均涉及生命权制度。关于这一点,也有不少研究者认为,生命权尚未得到确认,它到底是属于人身保护权,还是属于人格权,抑或是生存权,对此宪法并没有明确的规定,虽然可以根据"国家尊重和保障人权"等条款推导出国家尊重和保障生命权的结论,但如果简单地用人权来代替生命权,这无疑会抹杀生命权的特殊性和重要性,那么生命权要求国家积极保护的特性、基本权利的价值标准特性、获取救济的特性等内容就无从实现。[③] 也就是说,我国宪法只

---

① 王家福,刘海年.中国人权百科全书[M].北京:中国大百科全书出版社,1998:351.

② 刘连泰.《国际人权宪章》与我国宪法的比较研究:以文本为中心[M].北京:法律出版社,2006:112.

③ 杜承铭.完善与重构:社会转型期的基本权利问题研究[M].北京:中国政法大学出版社,2012:105.

是把生命权看作一种隐含在宪法其他基本权利中的当然权利,对生命权的具体内容也没有全面覆盖。[①] 在《中华人民共和国民法典》颁布之前,我国对生命权的直接保护,主要体现在民法和刑法中。1986 年在我国通过的《中华人民共和国民法通则》中对生命健康权做出了明文规定,"公民享有生命健康权""侵害公民身体造成伤害的,应当赔偿医疗费、因误工减少的收入、残废者生活补助费等费用;造成死亡的,并应当支付丧葬费、死者生前扶养的人必要的生活费等费用"。1994 年通过的《中华人民共和国国家赔偿法》对侵害生命健康权的具体赔偿进行了详细的规定。1997 年,我国刑法对故意和过失杀人规定了严厉的刑罚。历经多年的酝酿,以及民法学界几代人的努力,2020 年 5 月 28 日,十三届全国人大三次会议表决通过了《中华人民共和国民法典》,在人格权编第二章专门规定"生命权",明确了生命权的基本内容包括生命安全维护权和生命尊严维护权[②]。从一定意义上说,其对生命权的具体内容进行了拓展,维护人的生命尊严,从而更好地保护每个人的人格尊严;也标志着我国对人格权的保护上升到新的阶段,对促进人的发展具有十分重要的意义。

诚然,经过四十多年的改革开放,我国经济建设取得了快速的发展,人民的生活水平不断提高,但尊重生命权的意识仍有待提高,社会还缺乏整体的氛围,法律文化的建设显得尤为重要。现实生活中,还有某地煤矿发生事故,无数鲜活的生命就此消逝;某市黑社会势力猖獗,无辜的生命白白死去。这些悲剧暴露出社会现实生活中对生命权漠视的问题。此外,生命科学技术的应用虽然提升了人类生命、生活的质量,但生命被技术操纵,生命体的产生是"人造人"的对象,使得生命的神圣性被彻底遮蔽。同时,生命科学技

---

① 杜承铭.完善与重构:社会转型期的基本权利问题研究[M].北京:中国政法大学出版社,2012:105.

② 杨立新.从生命健康权到生命权、身体权、健康权:《民法典》对物质性人格权规定的规范创新[J].扬州大学学报(人文社会科学版),2020,24(3):26-40.

术深度介入人的自然生命,也带来人们对"死亡"的认识困惑,产生"生与死"的判断问题。因此,提高全社会尊重生命权的意识不仅是迫切的,还是十分必要的。

综上所述,人的生命具有至上性,尊重和保护生命权是人类文明与现代社会的共识。随着人类文明的发展,生命权也应体现时代性,其内涵也应得到不断丰富。因此,这既需要社会关怀每个人的生命价值,又需要把维护和发展生命权作为社会的价值目标,尤其是通过法律提升生命权的价值地位,使生命权保护的内容细化,在不断完善生命权的各项具体内容和制度中,提高全社会尊重生命权的意识,营造尊重生命的法律文化氛围。同时,应发挥法律文化的宣传与传播的作用,凸显诚信的宣传、教育,使相关企业和社会中的个人能够自律,使法律文化以隐性的方式保障人的生命权,使生命个体都能真正感受到生命的尊严,享受生命的意义,快乐地生活。这也是开展大学生生命价值教育所不可忽视的重要社会环境。

三、建立敬畏生命的伦理文化

建构敬畏生命价值的文化还需要在伦理层面上,以敬畏生命的理念约束、规范人的行为,并将敬畏生命的精神内化到个体的日常行为活动之中,成为人在文化生活中所须遵循的行为规范,为大学生生命价值教育创造良好的文化环境。

敬畏生命本是人类文明创始成终的价值基准[1],是人类文化的开端。根据现代考古学、人类学和神话学的研究考察,早在先民时期,人类意识到死亡之时,其生命意识觉醒,人类意识到生命的有限,从而产生了深深的焦虑不安,同时又感到生命的美好,对生命本身产生了深深的敬畏之情。于是,人类借助这种敬畏,超越了自身的惶恐、不安及生命的有限,在更高的存在

---

① 王俊.启蒙道德与生命伦理[J].伦理学研究,2015(2):61-65.

中寻找生命的安抚和拯救，开始慰藉生命的文化创造，并衍生出人类的伦理、宗教、艺术、科学、哲学等文化世界来体察生命，追问意义。正如阿姆斯特朗在《神话简史》中指出，"我们就对世界怀有深刻的神秘感，它赋予我们敬畏与惊奇，那正是敬拜的实质所在"①，同时他很好地为我们描述了人类的这种焦虑与努力。在旧石器时代，原始人的狩猎活动就是一项神圣的活动，有特定的仪式和禁忌，狩猎之前必须禁欲，狩猎之后把动物的骨架、颅骨和毛皮按照原样摆好，以示让动物获得重生。面对每次狩猎杀生时的一种负罪感，他们用特定的仪式忏悔和赎罪，以缓解或消除这些精神的焦虑，借以表达对动物生命的尊重。不难看出，死亡触动了人类的心灵，让人感到不安，这种对生命本身的敬畏和尊重是人类文明的开端；同时我们还可以看到，在人类文明的形成过程中，人类的文化就是围绕敬畏生命的主题而展开的，敬畏生命是其主要的内容。

作为时代的先知，施韦泽认识到了现代技术中的生命困乏，把认识论哲学所分裂的生命观和伦理观重新结合起来，主张知识和生命结合起来，使其成为敬畏生命的伦理知识。他在《对生命的敬畏》中指出："所有知识最终都是关于生命的知识，所有认识都是对生命之谜的惊异——对具有无限、常新构造的生命的敬畏。"②施韦泽敬畏生命的思想为我们提供了重要的理论启示。

文化是人类历史凝结而成的存在方式，人的生存与发展离不开文化的滋养和熏陶。文化是建构人的本质的力量，广泛而深刻地影响人的理想目标、价值取向、思维方式、行为模式。文化一旦形成，对人的社会实践具有指导和规范的作用。在 21 世纪的今天，在我国文化领域内，传统文化与现代文化、本土文化与外来文化、主流文化与非主流文化、大众文化与精英文化之间不断融合与交汇，带来了各种价值观念的交流、碰撞与交锋。这种多样

---

① 阿姆斯特朗.神话简史[M].胡亚幽，译.重庆：重庆出版社，2005：25.
② 施韦泽.对生命的敬畏[M].陈泽环，译.上海：上海世纪出版集团，2007：157.

文化交融共存,使人们进行价值选择的机会增多,但同时也影响和困扰着人们的价值判断:一方面,对于传统的价值观,人们感到了某种不确定性,不再一味地坚持;另一方面,对于新生的价值观,人们又不太熟悉,往往会陷入两难的境地,在繁华的物质世界背后,人们的精神世界迷茫而无所适从。究其原因,这与传统文化所建构的意义世界的解体、主流价值观的缺失有密不可分的关系。我国正处于社会转型期,人必须遵守的伦理道德遇到了危机,以致出现道德失范、公德意识的缺失、漠视生命以及亵渎生命价值等现象。在这种情形下,我们不可能避开基本的底线道德,而谈现代的文化理想和价值。因此,当前建立以敬畏生命为核心的伦理文化显得尤为迫切和重要,通过敬畏生命的伦理文化让社会成员在文化的滋养中,对生命产生一种内在的敬畏之情,增强生命意识,形成道德共识,从而创造更高的生活意义,最终实现生命价值。

建立现代敬畏生命的伦理文化就是要以敬畏生命的理念来约束、规范人们的行为,并将敬畏生命的精神内化到个体的日常行为活动之中,成为人们在文化生活中所应遵循的行为规范,使"敬畏生命"成为处理生命之间关系的一种可通约的"底线生命伦理",成为我们这个时代的"底线生命伦理"。建立现代敬畏生命的伦理文化可从以下几方面加以理解。

第一,从视角的转换看,现代敬畏生命的伦理文化通过借助马克思主义哲学范式和主体间性理论,既基于主体间性又超越主体间性,从生命间性的角度看待生命。[①] 这是一种基于当下的生命现状的反思,随着工具理性精神的充分发展,技术理性在创造高度发达的科学技术和丰富人的物质世界的同时,却漠视人的精神、情感等,造成了人的存在及其生存状态的异化,把人变成了一个个没有色彩的符号。[②] "人类中心主义"思维加剧了人与自然关系的恶化,随着现代科技的迅猛发展,环境污染等问题已严重威胁到人类的

---

① 操奇.底线生命伦理证成的可能性:生命间性论[J].自然辩证法研究,2014,30(4):67-73.

② 刘保村.论现代工具理性形成的文化渊源及其影响[J].天府新论,2005(4):102-106.

生存与发展,人不得不重新思考人与自然的关系,思索人的发展出路。因此,现代敬畏生命的伦理文化应从当下的生命现状出发,从生命间性角度看待生命,把生命看成自然性生命、社会性生命和精神性生命的整体,使每个人对生命有一种天然的敬畏,而且用生命的理念来对待其他生命。

第二,从理念的更新看,现代敬畏生命的伦理文化倡导生命间性的理念,认为人的生命是自然性生命、社会性生命和精神性生命的整体。首先,人作为自然性的生命而存在,必须具有生命的种属性,人的肉体生命是其存在的前提和基础;其次,人只有在社会中才能独立,人的现实生命个体必须与社会生活结合在一起,并受到自然、社会环境及其生活过程的制约;最后,人与动物有根本的区别,人的生命还具有人类所特有的精神和社会属性,社会价值和生命意义的实现是其终极目标。生命间性理念认为,完整的人类生命应是自然性生命、社会性生命和精神性生命三重向度的和谐整体,缺乏其中任何一重生命都是非和谐的生命形式,正如没有自然性和社会性的生命形式,被马克思称为"抽象的人",没有精神追求的生命形同动物一般。因此,生命不仅有欲望、工具理性和经济理性等需要,还应追求博爱、德行等更丰富的价值和意义。

第三,从生命之间的关系看,现代敬畏生命的伦理文化认为人与人之间、人与自然万物之间是共在的关系。一方面,人是一种关系性的生命存在,在其现实性上具体地表现为自在性和共在性之间的辩证统一[①],也就是说,任何生命个体必须自己亲自存在,而且必须与其他生命共同存在才能保证自身存在的特性。马克思指出:"个体是社会存在物,因此,他的生命表现,即使不采取共同的、同他人一起完成的生命表现这种直接形式,也是社会生活的表现和确证。"[②]"人的本质是人的真正的社会联系。所以人在积极

---

① 操奇.底线生命伦理证成的可能性:生命间性论[J].自然辩证法研究,2014,30(4):67-73.
② 马克思.1844年经济学哲学手稿[M].北京:人民出版社,2014:233.

实现自己本质的过程中创造、生产人的社会联系、社会本质。"①这都揭示了人是一种关系性存在的本质特征。另一方面,从生命间性视角,理解人与人之间、人与自然之间的关系,认为生命生态的和谐是生命生存的先决条件,舍弃工具理性对自然的霸权,反对"人类中心主义"的物种思维方式,反对把不同生命绝对化、孤立化、物种化、等级化的倾向和观点②,只有如此,人才能真正地做到无限尊重生命、敬畏生命、守护生命、保护生命,从而努力成就生命,实现生命价值。

要而言之,建立现代敬畏生命的伦理文化就是要树立"贵生"的生命理念,增强人的生命意识,用生命的理念看待和对待其他一切生命,尊重生命、善待生命、敬畏生命、爱己及人、互利共生,使敬畏生命成为强大的内在道德动力,成为调整人与人关系的基本、起码的"底线生命伦理",这是大学生生命价值教育的前提。

第二节　促进和谐互动的实践活动

实践能创造、承载和升华人的生命意义和生命价值,促进人的发展。和谐互动的实践活动使高校师生、大学生朋辈群体,以及大学生的家庭成员等浸润于一种丰富、温暖、疏朗和博大的人文氛围之中,共历生命的成长,实现生命的价值,提升人的精神境界及促进人的全面发展。因此,促进和谐互动的实践活动可作为大学生生命价值教育的有效路径。

---

① 马克思.1844年经济学哲学手稿[M].北京:人民出版社,2014:79.
② 操奇.底线生命伦理证成的可能性:生命间性论[J].自然辩证法研究,2014,30(4):67-73.

一、高校师生关系平等共生

师生关系是指教育者和受教育者在教育活动中所形成的相互关系,它包括彼此在教育活动中的地位、责任、作用以及相互间的态度等多个方面的内容。[①] 师生关系展现了教育者和受教育者之间不同的交往方式和互动方式,是学校教育中核心的人际关系。从一定意义上讲,师生关系也是一种互动的实践活动。它对知识的传递、情感的陶冶、人格的培养,直接影响教育能否顺利进行及教育目标的达成。因此,良好的师生关系是大学生生命价值教育的重要教育资源,会产生巨大的教育力量,有效激发师生的积极性、主动性和创造性,使他们以更加自觉的姿态参与大学生生命价值教育,从而探寻生命的意义,实现生命的价值,提升生命的境界。这既体现了教育的价值,又体现了人本身的价值。

教育活动本是一种培养人的活动,其出发点是人,其落脚点还是人,也就是通过教育把人培养成为全面发展的人。然而,我国正在经历着广泛而深刻的变革,社会的变迁对教育产生了重要的影响。教育中人的物化和工具化,使人在教育中处于边缘的地位,人应有的尊严、权利和地位被淡化。受教育者被制造成标准化的教育商品,寄希望于在就业市场中卖得好的价钱,人成了"物",而非有血有肉的生命个体。对此,日本学者池田大作持批评的态度,在他看来,现代教育已陷入了功利主义,这是十分可悲的事情。"做这种学问的人都成了知识和技术的奴隶,由此产生的结果是人类尊严的丧失。"[②]

那么,在这种背景之下,高校师生关系也发生了新的变化,还存在一些亟待改善的地方。关于师生关系,我国学者石中英从教育哲学的角度指出

---

① 邵晓枫.百年来中国师生关系思想史研究[M].成都:四川大学出版社,2009:15.
② 池田大作,汤因比.展望二十一世纪:汤因比与池田大作对话录[M].荀春生,朱继征,陈国梁,译.北京:国际文化出版公司,1985:61.

师生关系有两种不同的层次,即"生存"层次和"存在"层次。前者是一种功能性的师生关系,也就是"为了满足某种外在的个体或社会的功能性目的而建立起来的社会关系"①。后者处于一种存在性的关系之中,是把对方作为存在意义上的"人"看待,"作为教师的人"与"作为学生的人"面临共同的存在问题。在这种关系层次中,师生之间进行真诚的交流、沟通与理解,并积极对话,从而让学生获得启发。在他看来,现代的师生关系基本是一种功能性的关系,其主要局限于"生存"的层次,使教师和学生以各自扮演的角色出现,而非完整的人的存在方式出现,无法展现真实的自我,彼此之间缺乏一种本源性的真诚和信任。② 这种师生关系使交往中的情感成分减少,使教育忽略了"人"的教化,将人生的根本问题弃之一边,无暇顾及。由此可见,这种师生关系的合理性是有限的,既不利于教师的教育与教学,又不利于大学生的健康成长,特别是当大学生身处心灵困境时,教师也无法真正深入大学生的内心世界,成为他们的陪伴者和引路人,给予其有效的指导和帮助。

鉴于此,大学生生命价值教育主张建立平等共生的高校师生关系,以此促进和谐互动的实践活动。因为平等共生的师生关系能为教育创设宽松的、诗意的人性环境,能为大学生的成长与发展提供良好的人文氛围,使师生在交往中相互叩问、聆听、对话,共同探寻生命的意义,在交往中感到愉悦,在互动中感到满足,在共生中体验生命的韵味、人文的气息。这对大学生生命价值教育成效有着至关重要的影响。

平等共生的高校师生关系是指教师和大学生都作为主体,他们平等对话,共建师生意义,共历生命成长。③ 它是一种和谐互动的人际交往实践活动,包含两个方面的内容:一方面,师生关系平等共生是指教师与大学生在人格上平等,以及在教育过程中平等参与。人格的平等是指教育者和大学

---

① 石中英.人作为人的存在及其教育[J].北京大学教育评论,2003,1(2):19-23.
② 石中英.人作为人的存在及其教育[J].北京大学教育评论,2003,1(2):19-23.
③ 燕良轼,马秋燕.论生命视野中的师生关系[J].教师教育研究,2006(1):50-54.

生作为生命主体,是存在意义上的"人",都应该享有与他人同样地生活和受尊重的权利,因为这是生命的尊严与权利。从"知"的角度看,一般来说,教师是先知者,大学生是后知者,但两者之间并不存在尊卑的关系,所以,教师不应自居于上方,大学生也不用位于下方。从"情"的角度看,教师与大学生在人格上是独立的,都有自己的内心世界和独特的情感表达方式,他们是平等的。师生在教育过程中体现为一种参与的平等,双方在相互尊重与信任的前提下,积极参与教育活动,展现自我生命,表达自我生命诉求和价值期许,大学生生命价值教育离开了教师或学生任何一方都难以开展其正常的教育实践活动。另一方面,师生关系平等共生还意味着在平等的前提下,师生之间相互叩问、聆听、积极对话,在敞开自我生命的同时,回应他性生命,共同探寻生命的意义,促进精神的相遇,师生携手同行,共历生命成长。因为人是社会中的人,人是一个需要相互理解、彼此协作共生的生命物种,人在和谐互动的实践活动中感到被需要,从而找到生命意义的自我认可。

当然,在大学生生命价值教育的过程中,由于教师与大学生在知识水平、能力水平以及社会阅历等方面有明显的差异,师生之间存在事实上的不平等。但差异是教育存在的前提,教师要尊重大学生,理解学生个体的独特性,关注个体的生存境遇,聆听其价值期许,在生命主体的敞开与交流中形成师生间的价值共识,而非用教师的声音、意见消弭大学生的声音,单方面灌输有关生命的意义和价值等方面的知识,从而使教育难以取得成效。在大学生生命价值教育中,教师以其独特而丰富的生命历程、人生阅历、明显的知识优势、积极向上的人生观和价值观向大学生呈现自我生命,为大学生提供精神食粮,提升他们的生命感知,帮助其指引人生的方向,找寻生命发展的路径。整个教育过程就是教育者引导和陪伴大学生,促进其生命价值生成与发展的过程,同时也是师生之间和谐互动的实践活动过程。

二、大学生朋辈交往团结互助

朋辈有双重的含义,包括"朋友"和"同辈"[①],前者指有过交往并值得信赖的人,后者指年龄相同或相近的人。由于大学生的学习、生活和人际交往基本上都在校园环境内进行,其朋辈交往成了大学生人际交往实践活动不可或缺的一部分。朋辈交往不仅是大学生学习、生活的基本前提,更是他们探寻自我发展的一种心理需求和深层动力,对于大学生社会角色的培养及其人生观、价值观的塑造发挥了重要的导向作用。

大学阶段是大学生思想与人格成熟的关键时期,从跨进大学开始独立的集体生活起,他们就需要面对朋辈关系。与一般的人际交往相比,大学生朋辈交往具有自己的特点,呈现为相似性交往、互补性交往、敬仰性交往、人品性交往。他们或因语言、态度、价值观等方面具有相似之处而相互吸引,或在交往的过程中彼此获得满足而产生较强的吸引力,或彼此尊敬和仰慕而相互吸引,或因有值得称赞的品格而交往。在大学里,宿舍是大学生固定的生活空间,朋辈交往尤为引人注意的是宿舍的人际关系。当代大学生出生、成长在改革开放不断深化的时代,他们的独立意识强烈,富有激情、勇于尝试、自我实现的愿望强烈,但其实际心理承受能力不强,内心体验极其细腻微妙,这些特征必然影响宿舍人际关系的营建,加之长期生活在一起,难免会发生误会和摩擦,甚至引发伤害自己及他人生命的极端事件。温馨、互相关爱的宿舍人际关系使人心情愉悦,自我效能感强;反之,则使人感到郁闷、烦躁。宿舍人际关系的好坏直接影响大学生的情绪、情感及对待生命的态度。可见,朋辈关系对大学生的成长与发展有深远的影响。

大学生生命价值教育主张建立团结互助的朋辈关系,以此促进和谐互

[①] 刘笑.基于朋辈互助的研究生就业指导体系构建策略[J].学校党建与思想教育,2016(24):83-85.

动的人际交往实践活动。因为团结是人的本性，互助是人类生存与发展的必然需要；团结互助是中华民族的优良传统，是社会主义道德的重要组成部分。朋辈交往的团结互助彰显了一幅生命个体和谐互动的实践活动和人文景象，使沐浴其中的大学生体验生命的韵味，发现生命的美丽，赞叹生命创造的奇迹，能有效促进大学生树立正确的理想信念，自觉追求生命的价值，促进人的全面发展。

在现代汉语中，"团结"一词包含两层意思：一是指为了完成共同任务或共同理想而联合，二是指和睦、友好。古人所说的"讲信修睦"就是在处理人际关系问题时对团结的推崇。关于团结，我国古代的思想家荀子指出："人，力不若牛，走不若马，而牛马为用，何也？人能群，彼不能群也。"①可见，团结是人生存的重要条件。除此之外，团结还是一种如钢铁般的力量，它能使一切困难都迎刃而解，抗日战争时期的歌曲《团结就是力量》也就是指这个意思。中华民族在几千年绵延不绝的历史中，形成了尤为鲜明的团结统一的民族精神，团结是社会主义道德的重要组成部分，团结能促进大学生在情感、意志上的统一，形成向心力和凝聚力，营造良好的人文氛围。

互助是人类生存的需要，也是社会发展的需要。孟子曰："死徙无出乡，乡田同井，出入相友，守望相助，疾病相扶持，则百姓亲睦。"②可见，互助是人生存的需要，并使人亲密和睦。不仅如此，互助还是人类社会发展的基本动力，孙中山先生曾指出："社会国家者，互助之体也，道德仁义者，互助之用也……然而人类自入文明之后，则天性所趋，己莫之为而为，莫之致而致，尚（向）于互助之原则，以求达人类进化之目的矣。"③互助还能促进社会的繁荣和人类的幸福。亚当·斯密在《道德情操论》中指出："人类社会的所有成员需要互相帮助，但是，所有成员又可能互相伤害。如果社会成员互相提供必

---

① 荀子.荀子[M].安继民，注译.郑州：中州古籍出版社，2006：108.
② 万丽华，蓝旭.中华经典藏书：孟子[M].北京：中华书局，2006：105.
③ 孙中山.孙中山全集：第6卷[M].北京：人民出版社，2015：195-196.

要的帮助,是基于爱,是基于感激,是基于友谊与尊重的动机,那社会一定繁荣兴盛,而且一定快乐幸福。所有个别的社会成员全都被令人愉快的爱与情义的绳子绑在一起,并且仿佛被拉向某一共同的友好互助生活圈的中心。"①可见,在正面意义上,团结互助使人发现生命的意义,看到人性的美好,不仅能改变人与人之间疏离与冷漠的情感现状,还能营造人与人之间和谐的人文环境,促进和谐互动的实践活动。

当然,大学生朋辈交往的团结互助又是以尊重大学生的差异为前提的。每个生命都是独一无二、不可取代的,每个大学生都有自我独特的个性和处事风格,每个大学生都有权利发展自我,提升自我,创造生命的价值。世界上没有完全相同的两片树叶,也没有完全相同的两个人。"个体生命的这种独特性是它自己存在的理由和根据"②,如果失去了个体的差异性,人人相同,那么,整个社会也就失去了存在的基础。正是因为个体的差异性,个人的存在才更具有意义和价值,大学生朋辈交往活动才会丰富多彩,人类的交往实践活动才会呈现出五彩缤纷的景象。"君子和而不同,小人同而不和"③,大学生只有以宽广的胸襟容纳不同的意见和声音,才能拉近朋辈交往的距离,消除朋辈之间的隔阂,促进朋辈群体的团结。只有尊重差异,尊重生命的独特性,平等待人,把差异看成人际互助实践活动的内在资源去开发,才会发现生命原来如此美好,才会赞叹生命创造的奇迹。

三、大学生家庭关系亲缘和睦

家庭关系是指家庭成员在家庭中的不同地位、扮演的不同角色、相互间不同的关系,以及由于这种关系所产生的相互间的权利和义务④,如夫妻关

---

① 斯密.道德情操论[M].谢宗林,译.北京:中央编译出版社,2010:103.
② 刘济良.生命教育论[M].北京:中国社会科学出版社,2004:16.
③ 陈晓芬.中华经典藏书:论语[M].北京:中华书局,2016:177.
④ 潘允康.社会变迁中的家庭:家庭社会学[M].天津:天津社会科学院出版社,2002:160.

系、亲子关系、兄弟姐妹关系、祖孙关系等。家庭关系展现了家庭成员之间不同的互动方式和交往方式,从某种意义上说,也反映了家庭人际互动的实践活动。与其他社会关系相比,家庭关系以婚姻血缘为根据,具有代际性和层次性[①],家庭成员之间既有物质方面的交往活动,又有精神方面的互动活动,其亲子情感、血缘纽带是其他社会关系所不能比拟的,因而家庭关系密切、深刻、久远,能体现出人真正的感情关系。它影响人对生命的态度、对生命价值的认知、对理想目标的追求,以及人的世界观、人生观、价值观的形成。大学生虽然普遍生活在校园,但家庭厚重的情感纽带,仍对他们的成长、成才具有重要的影响。因此,优化大学生的家庭关系,促进和谐互动的人际交往实践活动,是探寻大学生生命价值教育的有效路径。

亲缘和睦的家庭关系营造了和谐互动的人际交往和实践活动,具有育人的功能,可在大学生生命价值教育中发挥其独特的作用。亲缘是指亲代遗传的血缘关系,其中"亲"是指血脉之情的延伸,"缘"代表生命里的一份亲近。[②] 亲缘体现了至亲间敬畏亲情、敬畏生命的情缘,展现了至亲间血脉相连的互动关系。和睦意指彼此友好地相处,或相处融洽友爱。亲缘和睦的家庭关系是指家庭成员之间彼此相互关心,相互信赖,相互支持,相互理解,相互影响,从而营造亲切、温馨的交往实践活动氛围,使人感受到愉悦和惬意。家庭是一个以亲缘关系为纽带而连接起来的社会关系集合体[③],这里"和睦"不只是外表上的融洽,更是内在素养的提升。它体现在以血缘为纽带,以爱为起点,联络亲缘之情,相互沟通与理解,主动承担相应的角色职责,共同经历生命的成长与发展,使大学生感受生命的爱,体悟人性的力量,从而把对生命无价的认知转化为自觉的行动,在实践中创造生命的价值。亲缘和睦的家庭关系展现了和谐互动的人际交往实践活动,具有重要的育

---

① 潘允康.社会变迁中的家庭:家庭社会学[M].天津:天津社会科学院出版社,2002:162.
② 王学武.亲缘:亲情延伸的心灵讲述[M].北京:北京大学出版社,2013:3.
③ 崔北方,祝大安.中国人的关系[M].北京:中国社会出版社,2000:134.

人作用,对大学生的生命成长与发展有极为深刻的影响,主要体现在认知功能、参照功能和熏陶功能上。[①] 这种亲缘之爱、和睦之情具有天然性,既是一种真情,又是一种美德,能使大学生对生命价值形成丰富的感性认识,并把对生命价值的认知升华到一定的理性高度,以家庭关系中的体验、感受为参照对象,在家庭人文氛围的熏陶中展开对生命意义的追求。

总之,亲缘和睦的家庭关系展现了和谐互动的人际交往和实践活动,使大学生在潜移默化中接受生命价值教育和影响,对于提升大学生对生命价值的认知能力,形成正确的世界观、人生观、价值观,提升其精神境界具有重要的意义,是大学生生命价值教育可以充分利用的有效路径。

四、大学生志愿服务友爱互助

志愿服务起源于 19 世纪英国的慈善活动,后来流行于欧美,并逐渐扩展为一种社会服务工作。20 世纪 50 年代,欧美国家大批志愿服务组织得以发展,随着志愿服务精神深入人心,以及志愿服务体系的专业化发展,志愿服务已成为其国家文化的组成部分。在西方志愿服务理念的影响下,20 世纪 80 年代,我国积极参与国际志愿合作,向非洲派遣工程技术人员、医疗队等。之后,我国还形成了中国青年志愿者协会、中华慈善总会等具有影响力的组织。21 世纪初,我国实施大学生志愿服务西部计划,组织大学生深入农村进行志愿服务活动。在此期间,北京奥运会的成功举办,以及汶川地震的生死救援进一步彰显了志愿精神的重要作用,促进了志愿服务的发展。此后,在教育部《学生志愿服务管理暂行办法》(2015)和中共中央宣传部的《关于支持和发展志愿服务组织的意见》(2016)等文件政策的指导下,我国高校志愿服务经过多年的蓬勃发展,目前已形成人数众多的志愿服务群体。志愿服务也成为大学生们喜爱并推崇的生活实践方式。

[①]　吴奇程,袁元.家庭教育学[M].广州:广东高等教育出版社,2006:71-72.

志愿服务是指志愿者不以谋求利益为目的,自觉身体力行无私奉献社会,为全力推进公共效能的提高和不断壮大公益事业而从事的各类工作的总和。[①] 与西方国家的志愿服务相比,我国大学生志愿服务立足于中华文化沃土,具有非宗教性、高度的组织性、鲜明的意识形态性和重要的育人属性[②],一般通过共青团、高校社团、社会公益团体等来组织和实施。近些年来,习近平总书记曾多次对大学生志愿服务组织和个人给予充分的肯定和赞扬,并寄予厚望。志愿服务已成为新时代培育时代新人、提升育人实效的重要载体,对大学生生命价值教育的作用主要体现在以下三个方面。

一是从个体层面看,志愿服务有助于大学生在体验中提升对生命价值的认知,锤炼使命担当,培育奋斗精神,促进人的全面发展。一方面,志愿服务具有体验性,可帮助大学生获得真实的体验,这种体验方式使他们在潜移默化中深刻感悟"奉献、友爱、互助、进步"的精神内涵,更好地理解爱自己与爱他人的关系,感受爱的喜悦;从人与人的相互性中发现自我,找到生命的意义和价值,正确理解生命的价值。另一方面,志愿服务还能磨砺大学生的生命意志,培育其使命意识和担当精神,促进其全面发展。志愿服务对于大学生来说,也是一种考验和挑战,因为志愿服务的种类较多,每一种都需要相应的知识结构和能力,这对志愿者提出了相应的科学知识和专业技能要求,无形中推动他们自觉加强知识和技能学习,努力提升人文素养,在解决实际问题中锻造其使命意识,练就敢于担当的精神,培育积极向上的人生态度,全面提升综合素质。

二是从群体层面看,志愿服务有助于形成良好的社会风尚,导引精神生命价值,提升生命境界,为大学生生命价值教育的深入开展营造良好的社会环境。志愿服务是志愿者不为报酬而主动参加的一种促进社会进步和人类

---

① 沈杰.志愿行动:中国社会的探索与践行[M].北京:人民出版社,2009:30-31.

② 贺建芹,韩冰."六个下功夫"视角下大学生志愿服务育人功能及机制创新论析[J].思想理论教育导刊,2019(1):148-151.

发展的社会实践活动。它继承和弘扬中华优秀传统文化的义利观,在塑造群体的价值观、推进国家治理能力现代化、促进社会发展等方面具有深远的意义。一方面,志愿服务既能塑造大学生个体的道德观念,引导其在生活中自觉践行社会主义核心价值观,提升其精神境界,又能带动身边的同学积极参与志愿服务,产生群体效应,共同在实践中开阔视野,提升自身判断能力,积极思考人与社会、民族的关系,从"小我"走向"大我",展现精神生命的价值。另一方面,大学生志愿服务还能唤醒普通大众群体的生命意识,增强其道德感,培养其爱国主义情感,引领社会文明风尚,提升其生命境界,让人与人之间的互助互爱在社会蔚然成风,促进社会文明进步,为大学生生命价值教育的有效开展塑造有利的社会环境。

三是从国家层面看,志愿服务有助于大学生坚守伟大梦想,彰显精神生命价值,促进民族复兴大业。志愿服务有丰富多样的服务项目,关爱服务、支教服务、医疗服务、环保宣传等都能让大学生在真实的社会环境中全面地认识中国,了解社会发展现状,深刻认识中国的命运与世界关系,正确理解中国特色社会主义道路,进一步坚定走中国道路的信心和决心,树立正确的实践观,勇于开拓创新,把握时代机遇,成为中国道路的忠实践行者。同时这一过程是培养大学生坚定的马克思主义信仰、深厚的为民情怀、开拓创新的实践品格的过程,也是引导他们树立正确的人生理想,坚定党的领导,坚定中国道路自信,成为新时代知行合一的"硬核"青年,凝聚民族复兴伟业的强大力量,在实践中让生命的价值和意义在更高层面彰显的过程。

然而,当前大学生志愿服务存在一些问题,违背志愿服务活动的初衷,影响其科学、健康发展,主要表现为参与动机的功利化、活动组织的形式化、评价体系的数量化。[①] 这既不能为大学生提供良好的实践锻炼平台和机会,展现志愿服务育人的重要价值,改变他们对志愿精神实质的认识,又会滋生

---

① 杨威.大学生志愿服务的三个乱象[J].人民论坛,2018(19):1004-3381.

大学生不良的心理动机和从众心理,浪费社会的资源,影响志愿服务活动的实效性,阻碍志愿服务活动的深入开展,难以收到理想的教育效果,更不能使他们明白什么样的追求才能使生命更具有意义和价值,懂得什么样的人生才富有意义,从而树立正确的价值观念,甚至还影响社会治理的水平。这些问题值得我们高度重视,并在实践中匡正,促进其可持续发展,唯其如此,才能更好地发挥其育人价值。

为此,大学生生命价值教育主张志愿服务友爱互助,以促进志愿服务回归其初心,体现其既要奉献友爱,又要互助进步的价值导向,使大学生在志愿服务的活动中接受精神的洗礼,获得生命的成长,实现人生的升华,以此彰显志愿服务的价值取向、志愿精神的感召力与影响力。这对于深入开展大学生生命价值教育,增强大学生生命意识,帮助他们探寻生命的意义,提升其生命境界具有十分重要的作用。志愿服务友爱互助既是对志愿精神的弘扬与传播,又是对社会发展需要的有效回应,这里的友爱互助包含两方面的内容:其一,友爱互助是指大学生在志愿服务活动中用好、用对每一份善意与热情,充分展现人与人之间的友爱互助,传播志愿精神,提升人的精神境界,引领时代潮流。唯其如此,才能使大学生在实践活动中真正体会友善的力量,增进人际关爱,弘扬志愿精神,在讲好中国故事中展现新时代中国青年形象,历经生命的成长,提升精神生命价值。其二,友爱互助还指志愿者之间的友爱互助。这要求高校围绕培养时代新人的根本目标,加强大学生志愿服务管理,优化志愿服务活动的育人效果,完善志愿服务激励机制,精心组织评选志愿服务先进个人等活动,营造良好的志愿服务文化,创设交流平台,以促进志愿者之间友爱互助,共历生命成长,共同探寻生命的意义,促进精神的相遇,展现生命和谐互动的美好画面,实现生命价值教育的理想目标。

第三节　开辟新媒体空间实施生命价值主题教育

随着新媒体的广泛应用,信息的传播与交流方式发生深刻的变化,正如有的学者所言,"新媒体改变了外部世界的图景在人们心目中的认知比例;新媒体所造成的'圈子化''部落化'改变了人与世界的关联方式;新媒体丰富和拓展了人们的生活体验"①,由此可知,新媒体也深刻影响教育的诸多方面,构成了当前教育改革创新的背景和动力。高校亟须掌握新媒体的传播形式和特征,把准它的发展趋势,善用其特有功能,发挥其积极影响,探索合适的路径,并有效地运用于大学生生命价值教育实践之中,促进大学生生命价值教育与时俱进,增强教育的有效性。

一、重视新媒体对大学生生命价值教育的积极影响

新媒体一词是由美国哥伦比亚广播电视网的戈尔德马克(P. Goldmark)在 20 世纪 60 年代提出的。此后,该词的词义不断扩展,并得到普遍使用。学界和业界等从不同的视角对其进行了解读,还没有形成较为统一的说法。

1.新媒体的意义

新媒体是相对于旧媒体而言的,是指利用数字网络技术,通过固定或移动终端传输信息,实现信息互动的传播形式和手段之和。新媒体的意义可从以下三个方面来把握。

一是新媒体需要运用数字网络技术。与传统媒体(报纸、电视、广播、杂志等)相比,新媒体的传播手段和技术经历了一个不断更新和升级的过程。

---

① 喻国明.媒介革命:互联网逻辑下传媒业发展的关键与进路[M].北京:人民出版社,2015:5.

在美国的新媒体艺术理论家列夫·曼诺维奇（Lev Manovich）看来，新媒体与旧媒体的根本差异在于，新媒体是通过"数字化表征"运作的[①]，而旧媒体并不是，"但这一发现具有深远影响，特别是当数字符码使得文化形态（包括艺术、音乐和文本）的表征可以被复制、修改并以前所未有的便捷程度传播开去之时"[②]。从此意义上讲，新媒体需要运用数字网络技术，并通过电脑、手机等终端为受众传播信息，从而实现信息共享的传播。从传播内容上看，新媒体既可以实现文字信息的即时传播，又可以实现音频、视频的实时动态传播，打破了以往内容静态化传播的局限，实现动态和静态的有效结合。

二是新媒体可实现交互式的传播状态。根据荷兰特文特大学传播学教授对人类传播史革命性进程的划分：第一种方式是传播的结构性革命，比如通过狼烟、鼓声和火把等把不同的地点联系起来，用陶器上的图例实现信息的传递；第二种方式是传播的技术革命。新媒体消除了时空限制，即能在离线环境下使用。从方法和用途上看，新媒体包括门户网站、网络电视、搜索引擎、微信、播客、移动客户端等广阔的内容，其可以通过图片、文字、音频、视频等内容达到传播者和受众之间的有效互动。这种互动既可以是传播者与终端受众之间的互动，也可以使终端使用者获得实时互动的能力，实现使用者与使用者之间的交互传播。具体来说，新媒体突破了以往面向所有受众的那种信息传播方式，实现了信息传播的精准细分，造就了人人都是"传声筒"和"编辑"，都有阅读、转发和评论自由的新局面。

三是新媒体改变信息传播生态。1994 年 4 月 20 日，我国全功能接入国际互联网。经过二十多年的时间，新媒体内容丰富、形式多样、互动性强，在现代传播媒介中占据了重要的位置，并呈现出蓬勃发展态势，也深刻地改变着中国和世界。与此同时，新媒体的发展也带来了一些新的问题，如信息失真、信息安全、网络暴力等，值得高度关注。由于新媒体具有沟通成本低、覆

---

① 盖恩，比尔.新媒介：关键概念[M].刘君，周竞男，译.上海：复旦大学出版社，2015：7.
② 盖恩，比尔.新媒介：关键概念[M].刘君，周竞男，译.上海：复旦大学出版社，2015：7.

盖面广、传播速度快的优势，一旦缺乏真实性的信息在网上蔓延，就会形成其他受众的多次转发和评论，从而导致虚假信息的快速传播，制造网络信息污染，误导大众。除此之外，新媒体在方便人们生活的同时，也暗藏着安全隐患，一些不法分子利用快捷的支付方式，获取他人私人信息，盗取钱财，甚至引诱青少年走上自杀、网络犯罪的道路，值得特别警惕。

2.新媒体对大学生生命价值教育的积极作用

新媒体是互联网与数字技术在信息传播领域的深度结合，它改变大学生获取信息知识的方式，深刻地影响他们的思想观念、行为习惯和价值取向，对大学生生命价值教育的积极作用主要体现在以下三方面。

一是新媒体扩大大学生生命价值教育的覆盖面。作为一种信息传播形式和手段，新媒体具有传播即时性、传播范围全面性的特征。大学生可以在"第一时间"获得有关生命价值的信息，了解生命价值信息，并在"第一时间"以"共享"的方式传播生命价值信息，实现人人都是信息的发布者和传播者，改变过去自上而下传播信息的单一模式，增加信息流动的频次，拓展了大学生生命价值教育的空间渠道，也扩大了教育的覆盖面。从教育对象来看，所有大学生都有机会接受生命价值教育，增强了受教育者的普遍性，也兼容了家庭教育、学校教育、社会教育的不同属性。从教育内容来看，新媒体可以建立生命价值教育社区，通过扩散式的传播，在全校范围内或大学生群体中产生思想共鸣，帮助他们形成正确的生命价值观念，促进教育的全覆盖。

二是新媒体提升大学生生命价值教育的实效性。新媒体的交互性和扁平化层级为高校实施生命价值教育提供了新的机遇。一方面，新媒体的交互性激发大学生参与生命价值教育的热情。这种交互性极大地调动大学生的主体意识，使其非常便捷地选择自身所需要的生命价值信息，在视频或微信的点击分享中潜移默化地接受教育，从此意义上讲，他们既是活动的参与者，又是被教育者。另一方面，新媒体的扁平化层级增强教师与学生的亲切感，提升生命价值教育效果。与"金字塔"形层级相比，在新媒体扁平化层级下,信息传递趋向于横向结构,对于受众来说,没有任何等级的限制,能够实现无差别的传播,为大学生生命价值教育提供了平等性和无差别的教育状态,也为师生之间进行更为深刻的生命对话搭建新的平台,从而开展深入引导和全方位沟通,帮助大学生解决人生困惑、人生意义等问题。这样的教育更贴近学生,更贴近生活,能收到理想的教育效果。

三是新媒体促进大学生生命价值教育的多层次。每位大学生有不同的人生经历、家庭背景、生活习惯、个人偏好、知识储备,这种多样性和差异性是开展大学生生命价值教育必须面对的首要问题。传统的课堂教学模式往往是简单的灌输和说教,较为生硬,难以收到理想的教育效果。如何在尊重个体生命差异性的前提下,把个体生命的追求引导到社会所期待的轨道上,让生命绽放出更加耀眼的光芒,从而实现生命价值教育的个体性和社会性的统一? 这需要借助新媒体强大的功能力量,通过微信公众号或短视频等,以喜闻乐见的方式推出生命故事、人生奇迹等富有哲理性的话题,以满足不同学生的内在需求。与此同时,新媒体还推进不同专业、不同年级的大学生自主学习和与老师互动,使其根据自身的情况自主选择学习的时间,参与投稿讲述自我的生命故事,拉近师生之间的距离,走进大学生的内心世界,实现生命价值教育的层次性,达成教育目的。

二、依托新媒体实施生命自发存在价值教育

生命自发存在价值,即生命本身的价值、活着的价值。借助于新媒体实施生命自发存在价值教育应重点把握以下两方面的内容。

第一,以"珍爱生命之存在"为核心,加强新媒体内容建设,精心打造一批大学生喜闻乐见的网络文化作品。高校要根据大学生的接受特点,以"珍爱生命""树立正确的生死观和人生态度"为核心内容,从珍爱自我生命和珍爱他人生命两个维度,专门打造大学生喜爱的网络文化作品,传播热爱生命的文化。一是基于人与动物生命比较的视角,使大学生深刻认知"人之生命

的神圣性",确信人之生命存在本身的价值,感悟人之生命的唯一性、无可比拟的优越性,接受生命文化的熏陶,进而热爱生命,善待自我生命,树立生命信仰,并在学习、生活中践行热爱生命的追求。二是基于人的社会性视角,让大学生在润物无声中深刻认识生命的自发存在价值具有平等性,无论病残、性别、地位高低等,任何人都不得以非法手段剥夺他人生命,伤害他人生命,亵渎生命价值,帮助大学生树立敬畏生命的价值观念,并落实到具体的生活实践之中。

第二,以"世界预防自杀日"为契机,开展线上珍爱生命的主题教育活动,促进大学生对生命自发存在价值的深刻认知。世界卫生组织把每年的9月10日定为世界预防自杀日,主要目的是向全球公众传播预防自杀的知识,帮助人们提升应对不良生活事件的能力。在这个特殊的日子开展生命价值认知教育,讨论珍爱生命,预防自杀具有尤为重要的意义。一是利用新媒体的交互性优势,结合大学生感情与恋爱、人际交往的若干问题与困惑、人生的重大挫折与痛苦,引导大学生积极参与讨论,从他们身上的问题出发,深入剖析自杀行为,使他们深刻理解生命进程的曲折起伏性,"生命与生活紧张"之原理①,从生命价值的视角,让大学生深刻认识到自我结束生命是一种对生命本体价值放弃的行为,也是对自我家庭和社会的否定,树立正确对待挫折、痛苦与逆境的生命态度,珍爱自我及他人生命的观念。二是利用新媒体推送经典生命绘本和教学影片,以打动人心的好故事开启生命之路,将富有人生哲理的命题讲得生动易懂,进而引导大学生深入理解生命的本体价值、生命的唯一性,树立生命无价的观念。如绘本《谢谢你,生命》《生命可以看得见》、影片《春去春又回》等都可以对大学生进行精准推送。

---

① 郑晓江.生命教育演讲录[M].南昌:江西人民出版社,2008:27.

三、依托新媒体实施生命自觉存在价值教育

生命自觉存在价值，即活出来的价值。借助新媒体实施生命自觉存在价值教育应着重把握以下两方面的内容。

第一，运用新媒体破除消极的生命态度，引导大学生深刻认识生命潜能，激发其生命潜能。生命态度是指人们对生命及和生命有关的人、事、物所持有的基本态度。一般来说，拥有积极生命态度的人能够热爱生命，善待生命，积极乐观地看待生命中的一切，哪怕是不幸的遭遇；而持有消极生命态度的人则完全不同，对生命丧失自信。利用新媒体破除网上消极的生命态度，就是弘扬生命正能量，做到以"破"促"立"，让大学生认识自我生命的潜能，树立积极进取的生命态度。具体而言，可从两方面入手：一是以典型事件为例，深入分析具体人物的消极生命态度及其影响，使大学生认知"生命潜能是什么""人的生命潜能的客观存在性与多样性""生命潜能的实现需要个人的主观努力"，引导他们以认真的态度对待生命，对生命充满信心。二是以典型事件为例，深入分析具体人物的积极生命态度及其生命成长经历，从正面引导大学生充分认识生命成长的可能性和能动性、生命潜能与生命自觉存在价值之间的关系，从而学会悦纳自己，欣赏自我，挖掘自身的生命潜能，让生命得到最大限度的成长。

第二，运用新媒体推动大学生探究自我，引导大学生正确认识自己，实现自我，成为更好的自己。生命价值意识是一定社会生活的反映。大学生生命价值教育旨在促进大学生对生命价值的认知由自在向自为、由自发向自觉转化，引导其提升生命价值的社会实践活动。因此，教育不能一蹴而就，需要结合社会的发展持续不断地推进，进而达到既定的教育目标。高校应利用新媒体传播信息灵活、速度快、辐射面广的特征，以及与大学生年龄特点、知识结构相符合的优势，定期推送"探究自我"的主题活动，丰富传统的教学形式，促进大学生更好地认识自我，把握自身生命价值要素，在生命

实践中不断地设计自我,塑造自我,完善自我,实现自我。从总体上说,主题活动应围绕以下两点展开:一是结合大学生心理需求,把抽象的"大理论"分解成生动活泼的"小量表",使大学生认识自我,了解自身的优点、缺点,在探究自我中认识自我、悦纳自我。二是聚焦大学生关注的焦点问题,把抽象的"大理论"嵌入"热话题",在讨论中启迪生命智慧,引导大学生更好地认识自我,理解个体生命的独一无二性,把握个体生命与社会的辩证关系,进而倾听生命的声音,确立目标,使生命潜能在现有条件下得到充分实现,成为"最佳"的自己。这是一个生动的实践过程。

四、依托新媒体实施生命超越性价值教育

生命的超越性价值是生命从"小我"走向"大我",让生命的意义和价值在更高层次彰显。借助于新媒体开展生命超越性价值教育可从以下两方面来把握。

第一,运用新媒体引导大学生正确认识消费主义价值观,帮助他们树立正确的生命价值观念,深刻认识生命的超越性价值。消费主义是 19 世纪末美国上流社会的消费观点,后来随着福特主义的产生,逐渐成为大众的一种消费观念和价值取向。20 世纪 80 年代末,这一思想观念涌入我国,不断冲击人们的价值观。我国学者基于自身的学术背景,对消费主义进行了深入探讨。学者杨魁认为:"消费主义是一种全球性文化-意识形态,是指一种生活方式。"[1]雷安定等在其著作《消费主义批判》中指出,所谓消费主义,是一种以消耗财富和自然资源,并将其作为人生最高目的的价值观。刘晓君也指出:"所谓消费主义,主要是指以美国为代表的,在西方发达资本主义国家普遍存在,也在不发达国家发现的一种文化态度、价值观念或生活方式。"[2]

---

[1] 杨魁.消费主义文化的符号特征与大众传播[J].兰州大学学报,2003,31(1):63-67.

[2] 刘晓君.全球化过程中的消费主义评说[J].青年研究,1998(6):2-8.

王宁认为,消费主义代表了一种意义的空虚状态以及不断膨胀的欲望和消费激情。[①] 总体来说,学界一致认为,消费主义是以物质的占有和消费为人生终极目的的一种消费观和价值观。消费主义从表面来看,体现为现实生活中的盲目消费、炫耀消费、过度消费。目前,消费主义在大学校园里蔓延,侵蚀大学生的世界观、人生观和价值观,使其沉湎于物质的消费之中,追求感官刺激,似乎占有和消费的物质财富越多,就越能显示自身的与众不同,越能实现生命的价值和目的。长此以往,人逐渐陷入物质至上的虚假需要之中,无法自拔。这种通过消费来确认身份、展示价值和实现价值的方式,导致大学生理想信念淡薄,精神世界空虚,生命无意义,对他们生命成长造成不良影响。因此,引导大学生正确认识消费主义价值观,树立正确的生命价值观念,十分必要。新媒体具有传播迅速、生动形象、信息量大、导向性强等特点,大学生生命价值教育可以充分利用新媒体这一特点和服务功能,加强网络平台建设,帮助大学生正确认识消费主义价值观。

第二,运用新媒体挖掘生命超越性价值教育的信息资源,引导大学生在潜移默化中深刻认识生命的超越性价值,提升其生命境界。在新媒体时代,每个人都可以成为信息的发布者,让身边一些小事件迅速扩大并引发众人的关注。从一定程度上讲,新媒体是一种开放性的资源,涉及政治、经济、文化等多领域,拥有海量的信息资源,可打破时空限制,实现历史与现实、国内与国际的全面覆盖。只要我们及时关注、趋利避害并加以合理利用,这一优势能为我们引导大学生深刻认识生命的超越性价值、提升生命境界提供丰富鲜活的素材。新时代借助新媒体,使大学生在潜移默化中感悟生命的崇高,产生思想共鸣,对提升生命境界具有十分重要的意义。如 2020 年,在抗击新型冠状病毒的疫情防控中,我国坚持弘扬社会主义核心价值观,汇聚14 亿多中国人民的力量,铸就了抗击疫情的"精神长城",爱国主义、集体主

---

① 王宁.消费社会学:一个分析的视角[M].北京:社会科学文献出版社,2001:11.

义精神得到广泛弘扬,涌现出无数先进典型人物,书写新时代惊天动地的英雄篇章。"战疫"英雄们坚定的信念、高尚的人格魅力深入人心、感人肺腑,令世人赞叹。他们是新时代最可爱的人,是社会主义先进文化的代表。在他们的身上,我们再次见证了生命的崇高、生命超越性价值的可贵之处。因此,弘扬社会主义核心价值观,利用新媒体通过典型塑造、榜样示范等为大学生提供强大的精神动能,提升其生存境界,指引他们在实现中华民族伟大复兴的中国梦过程中探寻生命的意义,实现生命价值的升华,其意义深远。

第四节　建立常态化的大学生生命价值教育机制

2020 年春节前,突如其来的新型冠状病毒引发肺炎疫情,给人的生命安全和身体健康造成严重威胁,成为全人类必须面对的严峻问题。中国人民以大无畏的英雄气概,谱写了一曲荡气回肠的抗疫壮歌,铸就了伟大抗疫精神。这次公共卫生事件既是大学生生命价值教育的鲜活教育资源,也是审视大学生生命价值教育的一面镜子。深入分析当前大学生生命价值教育所存在的问题,探讨新冠肺炎疫情所带来的启示,以此为契机,探寻大学生生命价值教育的有效路径,构建常态化的生命价值教育机制,增强教育的针对性和实效性,促进教育的科学化和常态化,更好地培养时代新人,具有重要的理论和实践意义。

一、从新冠肺炎疫情看大学生生命价值教育

大学生生命价值教育是旨在促进大学生深刻认知生命无价,推动其精神层面的自我觉醒,使其积极主动地创造生命价值和提升生命价值的实践活动。此次新冠肺炎疫情的发生,是一次特殊的教育契机,让人们重新思考生命的意义和价值,同时以真实发生的事件为切入点,审视当下的大学生生

命价值教育,需要从以下三方面进一步改进、完善生命价值教育实践。

第一,大学生生命价值教育要由被动转为主动。我国大学对生命价值教育的探讨是包括在生命教育之中的,从 20 世纪 90 年代中期开始,虽开展了一系列的研究和实践探索,取得了一定的成效,但还不能完全满足现实的需要。此次新冠肺炎疫情暴发,并在全国范围内迅速蔓延,疫情的突发性、不确定性和严峻性使人们处于紧张、焦虑的情绪之中,加上各种传言的泛滥,极大地增加了人们的恐慌心理。大学生通过微信朋友圈、新媒体平台等主动接触与疫情相关的信息,以积极的姿态参与疫情防控,展现青年人的担当精神和社会责任感。但是也有部分大学生的思想和行为出现了波动,他们在家生活懒散、缺乏自律性、沉迷于游戏、上网课"摸鱼"、学习效率低下,陷入自卑的恶性循环状态中,阻碍生命的健康成长。因此,生命价值教育要加强对大学生的引导,激发生命活力,助力成长成才,使大学生更深刻认识生命及其属性,不仅从生物学意义上理解人的生命,还从社会学意义上理解人的生命及其所生存的环境,尤其是基于人的相互性视角理解生命,以敬畏之心对待自然生命和人类生命,关注人的生命存续,把握人的生命行为,保护人所生存的环境,确保我们自身生命安全,从而科学抗击疫情。然而,目前高校的生命价值教育往往作为一种危机之后的应对,并未从学理上予以高度的重视,具有一定的被动性和滞后性。诚然,教育需要对当今社会所发生的重大问题做出回应,但仅仅做到这一点还不够。鉴于此,大学生生命价值教育更应该增强主动性,系统规划,以较强的前瞻性,走在社会的前面,进而引导大学生更科学地认识生命价值,促进其生命健康成长。

第二,大学生生命价值教育要增强内容的完整性。在这场没有硝烟的战争中,党中央坚持生命至上,科学研判,加强组织领导,坚持全国一盘棋,统筹各方力量。截至 2020 年 9 月,346 支国家医疗队、4 万多名医务人员毅然奔赴前线;460 多万个基层党组织冲锋陷阵;400 多万名社区工作者在全国 65 万个城乡社区日夜值守①,高效构筑从省到街道的"天罗地网"。众多最美"逆行者"不畏艰险、义无反顾地投入这场疫情防控的阻击战,他们用生命护佑着其他生命,用生命支撑着其他生命群体,展现生命的社会和精神属性,彰显生命的社会价值和精神价值,让世人见证了生命的崇高和美好。同时,疫情也激发了人们的生存危机,指引人们更深刻地认识"生命共同体"。概言之,大学生生命价值教育不仅要立足于生命本体价值这一层面,还要超越该层面,从生命的社会属性或者人的社会生命价值角度,教育大学生要增强社会责任感,提升生命,实现生命价值的升华;更要从死亡教育的维度,让大学生更全面地认识"生命共同体"是生与死的共在,从而更好地理解"生命共同体"。但是,目前众多高校对生命价值的理解存在片面性,还局限于珍爱生命、预防自杀等问题,对死亡的内容较少涉及。为此,大学生生命价值教育要增强教育内容的完整性,强化死亡教育的维度,引导大学生在深刻认识生命无价的基础上,彰显生命超越性价值教育,让他们更加立体地认识生命,在实践中体悟生命的意义,成为新时代有格局的奋斗者和有德行的奉献者。

　　第三,大学生生命价值教育要实现从知识化到生活化的转变。在我国,大学生生命价值教育更多地以知识传授的方式进行。2008 年的汶川大地震,激发了人们对生命价值的敬仰,珍爱生命成为全国人民的共识。各高校也开展不同形式的生命价值教育,但一般基于知识层面,通过一些实用的应急知识传授,让大学生明白生命的脆弱和宝贵,进而珍爱生命。在对生命意义的追求与生命价值的实现这一层次上,高校较少以生活为出发点,通过真实的生活世界关注大学生当下的现实需求,引导他们思考生命的意义。诚然,知识可以保护生命,但人的生命成长还需要有超越知识层面的东西,比如爱、责任、德行、智慧,体现生命的意义和价值。新冠肺炎疫情是一次重大

---

①　习近平.在全国抗击新冠肺炎疫情表彰大会上的讲话[N].人民日报,2020-09-09(2).

的公共卫生事件,也是真实发生在大学生身边的灾难。在这场灾难中,我们看到了党中央敬畏生命、抗击疫情的坚定信心和决心;看到了全国各族人民同舟共济、守望相助;看到了众多最美"逆行者",冒着生命危险,护佑生命,为生命注入丰富的精神内涵,上演了一幕幕可歌可泣的英雄壮歌,点亮了千千万万中国人的心,彰显了中华民族对生命的信仰、对生命价值的无限敬仰,为大学生带来了鲜活、广泛、深刻的生命价值教育,促进其生命价值提升。同时,抗击疫情的伟大实践证明,经过切身体验的教育收到了良好的育人效果。一大批青年学子成为抗疫英雄的崇拜者和追随者,在生命实践中筑梦、追梦、圆梦。因此,大学生生命价值教育应基于生活,注重生命的切身体验和自我探索,以此开展形式多样的生命价值教育活动。

二、加强大学生生命价值教育的课程建设

新冠肺炎疫情是一本震撼心灵的生命价值教科书,促使我们进一步反思大学生生命价值教育实践,增强教育的主动性,加强大学生生命价值教育课程建设,以建立常态化的大学生生命价值教育机制。

1. 从思想政治理论课教学主渠道加强课程建设

根据思想政治理论课四门主干课程的教学目标,高校要将生命价值教育与思政课关涉"生命价值"的教学内容有效融合,从主渠道上凸显生命价值取向,加强课程建设,完善教材体系。

一是"思想道德与法治"课。根据教学目标,该课程可从宏观和微观两个层面考量生命价值教育融入。一方面,从宏观层面,通过主线贯通,把生命价值教育与"树立正确的生死观""新时代的爱国主义""放飞青春梦想""坚定价值观自信"等内容有效对接,使其成为贯穿课程整体的内在线索。另一方面,从微观层面,对教材第一章"领悟人生真谛 把握人生方向"、第二章"追求远大理想 坚定崇高信念"进行专题设计,围绕"生命与价值"系

统讲解和阐发,引导大学生更好地认识自我,树立正确的人生观,科学对待人生矛盾,自觉抵制错误思潮,成就精彩的人生。

二是"中国近现代史纲要"课。该课程以"开天辟地的大事变""新中国成立""社会主义现代化建设"为主线,将生命价值教育与近代以来中华民族百年抗争史、中国共产党百年奋斗史、中国共产党领导人民进行艰苦卓绝的斗争史等内容有机融合,引导大学生正确认识人之生命的"生生不息",理解人之生命的社会性,生命进程的曲折起伏,从而培养大学生的核心政治素养,促进对中华民族、中国共产党和中国道路的认同,勇于开拓进取,成为新一代栋梁之材。

三是"马克思主义基本原理"课。根据教学目标,该课程从两方面考量生命价值教育融入。一方面,将生命价值教育与"马克思主义创立、发展及其当代价值"等内容有机融合,引导大学生从实践的角度理解人的生命本质,深刻认识"生命价值意识是社会生活的反映""马克思对个体生命价值和人类命运的深切关怀""把人的自由全面发展作为人之生命价值追求的最高境界"。另一方面,将生命价值教育与"社会主义社会的产生发展""坚持发展中国特色社会主义"等有效结合,引导大学生深刻领悟人之生命价值是一个不断生成和发展的过程,实践是人的生命价值得以实现和提升的重要路径,进而用科学的理想信念照亮生命的前进之路,自觉把个人理想同人类社会发展的必然趋势相统一,实现真正完整的自由发展。

四是"毛泽东思想和中国特色社会主义理论体系概论"课。该课程以马克思主义中国化的历史进程为主线,重点将生命价值教育与"习近平新时代中国特色社会主义思想""坚定'四个自信'放飞青春梦想"等教学内容有机结合,从新时代的伟大斗争、中国制度显著优势的视角,引导大学生深刻认识信仰对于生命成长与发展的终极性意义,理性选择信仰,增强对社会主义的情感,坚定中国道路自信,在信仰的展开中丰富生命价值,彰显自为生命价值,自觉做新时代担当民族复兴大任的栋梁之材。

2.从大学生生命价值教育选修课渠道加强课程建设

目前,高校有"哲学与人生""生死关怀"等选修课开展大学生生命价值教育,根据这些选修课的教学目标和侧重点,以生命价值教育为主线,凸显生命价值取向,加强课程建设。

一是"哲学与人生"课。根据教学目标,该课程从宏观层面将生命价值教育与对哲学范畴的认知、个体生命的认知有机结合,引导大学生深刻理解人之生命;从微观层面将生命价值教育与"价值观与人生""道德观与人生""社会与人生"等内容有机融合,引导大学生自觉追寻人生的意义,提升人生境界。

二是"生死关怀"课。该课程从两方面加强课程建设:其一,回归日常生活,引导大学生认识死亡的内涵及其发展,健康看待生与死的关系,树立正确的生死观,由死观生,探寻生命的意义;其二,回归日常生活,学习预防自杀的知识,针对自杀的议题,引导大学生了解自杀的各类现象,重点对利他型自杀、利己型自杀等进行深入分析,让他们更进一步认识自杀现象,并结合大学生情感生活扭曲导致的自杀问题,引导其深刻认识自杀绝非一个人的权利,而是躲避生命责任的行为,从而树立正确的生命价值观念。

3.从其他课程渠道加强大学生生命价值教育课程建设

"中医养生与传统文化""中国古代文学""生命科学导论"等课程中蕴含着丰富的生命价值教育因子和元素,充分发掘现有教材的潜力,根据这些课程的教学特点和重点,突出教学目标的生命价值取向,加强课程建设。

一是"中医养生与传统文化"课。该课程能够激发大学生的生命情感,引导他们对自我进行生命价值教育:一方面,重点将《弟子规》《道德经》《黄帝内经》等的经典段落与日常生活中的案例相结合,让大学生了解古人对生命的感悟,加深对生命的认知,呵护生命,保持身心的健康,提升生命质量;另一方面,基于生活,结合大学生减肥、美容等形塑方面,通过中医养生引导,让大学生感受生命自我管理的愉悦,领悟生命的自在,珍爱生命。

二是"中国古代文学"课。古代文学中不乏与生命价值有关的内容,不仅能帮助大学生提高文学素养,还能拓展和提升其生命境界。因此,以中国古代文学课为载体开展大学生生命价值教育十分必要。具体而言,凸显生命价值取向,加强课程建设应着重于以下两方面:一方面,充分挖掘文学作品中所蕴含的生命意义和价值。比如:《报任安书》通过对生命"重于泰山"和"轻于鸿毛"的分析和比较,使大学生更为深刻地理解司马迁的生命价值观,认识人生理想和追求的不同,以及人之生命价值不同的原因;《离骚》讲述屈原把理想和生命融为一体,体现出屈原对理想和信念的执着,以及深厚的爱国情怀;《荆轲刺秦王》讲述荆轲的忠、义、勇,展现生命的崇高与伟大,虽然悲壮,但能引发大学生的深思,引导其汲取有益养料,直面人生的各种挑战,以勇于担当的精神铸就生命的超越性价值;《定风波》展现出苏轼淡定的心态、随缘自适的人生态度,以及对生命的大彻大悟,启迪大学生以豁达的心态看待生命进程的起伏,增强其生命的韧度。另一方面,高校结合文学作品和大学生生命体验,启发他们在现实生活中探寻生命的意义,引导其探索生命成长道路。很多古代文学作品都彰显了作者的生命体验,展现某种生命样态,他们或自强不息,或豁达洒脱,或个性张扬,这些都能够帮助大学生汲取人生智慧,树立正确的人生态度,正确面对人生的苦难,丰盈自我的生命,形成良好的个性,在学习和生活实践中自觉探寻生命的意义,实现生命的超越和升华,促进人的全面发展。

三是"生命科学导论"课。该课程属于非生物专业学生的通识课,其围绕生命现象,对生命科学的基本知识,以及生命科学与工科各领域之间的联系进行探索。生命科学包含丰富的人文价值,对人类命运产生了重要影响。利用"生命科学导论"课加强大学生生命价值教育课程建设可从以下两方面入手:一方面,根据教学目标,该课程通过生命科学知识的传授,帮助大学生更好地认识人的生命。比如:从"生命是什么""生命的本质""特殊的生命——病毒"等方面,大学生可以了解自然界生命形态的丰富多样,从极端环境中知晓生存适应的哲理,惊叹于生命的力量、人之生命的伟大;从我国科技工作者对牛胰岛素等的研究和实验中,大学生可以感悟科技工作者团结合作、拼搏进取的家国情怀;从孟德尔的豌豆杂交实验中,大学生可以体悟其坚韧不拔的优秀品质。鲜活的实际事例可以引起大学生的共鸣,使他们汲取精神动能。另一方面,通过生命科学知识的学习,激发大学生学习探索的主动性和创造性,增强创新意识,提升实现生命价值的能力。该课程以生命科学知识的导入,从人类发展所面临各种问题的视角,展现生命科学发展为经济社会的可持续发展、物质生活质量提高和精神文明建设所带来的希望,激发大学生的学习兴趣和动力,唤醒其创新意识,提升其创造能力,在自觉探索中展现生命的意义,从而实现人才创造力的培养与生命价值意识的塑造有机结合。

三、打造具有生命素养的教师队伍

党的十九大报告提出,要落实立德树人根本任务,发展素质教育[①],将培养"人"作为教育的根本目的,为新时代大学生生命价值教育提供了行动指南。教师是大学生生命价值教育课程和实践活动的开发者、组织者和实施者。因此,与一般的职业相比,教师的生命素养显得尤为重要,其不仅关乎大学生生命发展,还影响教师的专业发展、高校人才培养质量和中国特色社会主义事业的未来。

人的生命素养体现在人的生命活动之中。教师的生命素养是指教师生命在教育活动中的体现。[②] 它具有整体性、内生性和潜隐性,具体包括教师

---

① 习近平.决胜全面建成小康社会 夺取新时代中国特色社会主义伟大胜利:在中国共产党第十九次全国代表大会上的报告[M].北京:人民出版社,2017:45.
② 刘霞.教师的生命素养及其养成[J].当代教育科学,2018(5):62-66.

生命认知、生命意识、生命行动和生命意义四个方面。[①] 教师生命素养的养成是有效开展大学生生命价值教育,实现大学生生命成长的重要前提,也是建立常态化大学生生命价值教育机制的重要组成部分。新型冠状病毒的悄然来袭,打破了人们正常的生活和社会秩序,也检视人的生命现实,凸显生命价值的重要性,人们在日常生活中几乎近距离接触死亡,认识到生命的脆弱和无常,也促使人们进一步思考人与自然、人与自身、人与社会的关系,以及生命共同体的本质。对大学生生命价值教育来说,新冠肺炎疫情让我们更加清醒地认识到教师及其生命质量的重要性,以及加强教师生命素养培育的紧迫性和必要性。

就现状而言,教师群体的生命质量存在以下几方面的问题,值得进一步关注。一是基于自在生命的视角,部分教师的生命质量堪忧。自在生命即人的肉体生命。它是人之生命的基本维度,其承载着道德、理想信念、价值追求,离开自在生命,人无法建构自我的"三观"和精神世界。因此,与他人的自在生命相比,教师的自在生命也同样具有唯一性和不可逆性。然而,由于外部等多方面的因素,高校教师普遍面对日益繁重的教育教学任务和科研任务,加上部分高校过度注重教师的考核等级,各种量化的考核指标填满其生活空间,造成教师职业的不安全感,不少教师的生理和心理长期处于亚健康状态,严重影响其生命质量和教育活动。纵然长期以来,社会各界对教师这一职业的奉献精神,以及对人类文化传承的重要作用进行歌颂,但更多的是指教师的工具价值,忽视其内在生命价值。正如叶澜教授所言,教育是"直面人的生命、通过人的生命、为了人的生命质量的提高而进行的社会活动,是以人为本的社会中最体现生命关怀的一种事业"[②]。没有教师生命质量的提升,难以有大学生生命价值教育的实效。二是基于自为生命的视角,

---

[①] 刘霞.教师的生命素养及其养成[J].当代教育科学,2018(5):62-66.
[②] 叶澜,郑金洲,卜玉华.教育理论与学校实践[M].北京:高等教育出版社,2000:140.

部分教师生命理想缺失。自为生命是人基于肉体生命之上,通过生命实践活动中所形成的社会生命和精神生命展现出来。受功利主义的影响,高校教育教学中往往用数据和事实来呈现效益,如"学评教"排名、各种比赛的证书、教学业绩排名等,诚然,其有激发教师竞争性的一面,但这种为了追求效率,忽视人之生命存在的现象,严重影响育人实效的后果,值得我们深入思考。胡塞尔曾指出:"单纯注重事实的科学,造就单纯注重事实的人。"[①]在功利主义的影响下,部分高校教师的生命理想被遮蔽,倾向于用功利代替崇高的理想、信仰,因此,忽视大学生在自我意识、情感、思维、理想信念、品格修养上的表现和变化,造成"人"的缺场,教育成了无"人"的活动,由此形成的教学观进一步束缚了教师创造的内在动力,以及开展创造性教学的行为。

鉴于以上的分析可知,教师作为大学生生命价值教育的核心,重视并提升其生命素养,打造具有生命素养的教师队伍,从而构筑常态化的大学生生命价值教育机制,使其更好地培育有理想、有本领、有担当的时代新人,为党和国家培养优秀人才,既是教师促进自我发展和提升生命质量的现实需要,又是新时代开展大学生生命价值教育,提升铸魂育人实效的时代诉求。具体而言,高校打造具有生命素养的教师队伍,可从以下四个方面着手。

一是以教师的生命发展为出发点,打造具有生命素养的教师队伍。素养具有内生性,以教师的生命发展为出发点,即高校要扭转和改变教育无"人"的现象,基于教师生命发展的逻辑,注重培育教师的生命意识,使其意识到自我的存在,主动关注自身生命需求,在教育教学实践中充分发挥主动性和创造性,注重师生生命的共生意识,更好地展现自身的职业生命状态,促进其主体性的回归。具体包含两方面:其一,结合新冠肺炎疫情,唤醒教师的自我生命意识,使其思索自身的存在状态,并回到教师的角色,重新塑造自我;其二,引导教师在教学活动中自觉关注大学生的生命意识,尊重其

---

① 胡塞尔.欧洲科学的危机与超越论的现象学[M].王炳文,译.北京:商务印书馆,2001:18.

生命,以培养大学生的生命自觉为核心,把对生命的认知、对生命意义的探寻等内容有机融入教学研究和实践活动,并对如何有效开展大学生生命价值教育教学进行深入研究和探索,引导大学生获得生命成长。

二是以人文经典启迪,打造具有生命素养的教师队伍。教师的生命素养需要教育来培养。人文经典蕴含着人类的智慧,能滋养教师的心灵,培养其教育理想与信仰,让生命焕发活力。阅读人文经典书籍是教师提升其生命素养的重要方法之一。人文经典包括哲学类、文学类、历史类、教育类名著等,都是传递人类智慧,通向心灵旺盛的课堂。比如儒家的代表作《大学》《论语》《孟子》等,从一定程度上说,就是儒家的生命哲学。教师可以通过阅读体悟古人对生命存在与生命提升问题的深入思考,更好地认识生命,增强生命意识,践行生命行动,探寻生命价值,提升生命品质。教师还可以阅读陶行知的《中国教育改造》,品味伟大教育家辩证的生死观、坚定的生命信仰,理解其人生观、价值观,并展开心灵对话,从他丰富的生命教育实践中获得大学生生命价值教育的新动能,汲取生命营养,提升生命素养,增强教育工作的使命感和责任感。

三是以教师榜样引领,打造具有生命素养的教师队伍。从人学的视域来看,教师是社会的人,是发展中的人,既需要不断地学习和提高,又需要榜样来引导和示范,从而丰富生命情感,坚定理想与信仰,增强教育的责任心,提升教育教学能力,促进专业成长和自我发展。我国学者陈永明从责任心、创造性、广泛性、连续性、长期性、迟效性六个方面概括了教师劳动的特征[①],从某种程度上说,教师需要大量时间、精力、体力等投入。教师劳动的艰巨性,加上现代社会的不确定性,很容易引发教师的焦虑心理,甚至展现消极的生命样态、低下的生命质量。教师需要身边具体的、可信的榜样示范,通过学习和效仿,激发对教育事业的热情和信心,获取生命智慧,从而才能更

---

① 　陈永明.现代教师论[M].上海:上海教育出版社,1999:143-147.

好地胜任教师这一职业,有效地开展教育教学工作。同样,对于从事大学生生命价值教育的教师而言,这一点也是至关重要的。教育生活中不乏优秀的教师榜样。如"人民教育家"于漪在基础教育领域深耕 60 多年,致力于培养具有"中国心"的现代文明人,她全身心地投入课堂教学和教育改革,坚守"三尺讲台",点亮学生的生命之火,唤醒学生的生命意识。即使高龄,她也依然忙碌于教育战线上。她对生命的热爱、对教师职业价值的不懈追求,为大学生生命价值教育的教师提升生命素养提供了优秀的榜样,使他们深刻认识人之生命,激励他们尊重生命、倾听生命、唤醒生命,引导他们在践行生命自觉的行动中彰显生命的意义与价值。

四是借鉴情境意义模式,培育具有生命素养的教师队伍。情境意义模式是指在生命教育中,为更好地传递生命教育理念,发挥学生的主体性,通过教师与学生的角色调整,形成"教师教学生,教师陪学生,学生教学生,学生陪伴学生"的模式[①]。该模式营造了一幅生动和谐的"生命共在"画面,有助于塑造良好的生命教育情境,让大学生在分享交流中学会表达自我,用自我的生命去感动他人的生命,体验生命存在的价值;让大学生在传递者、督导者等角色转换的过程中获得生命教育理念的熏陶,培育其爱心、信心、责任感,发现自我的生命潜能,建立积极的生命信念,提升自我价值。经过情境意义模式的实践,这些大学生更加自信,更加愿意付出和承担,更能勇敢地面对压力和挫折[②],促进生命教育的有效开展。该模式为教师生命素养的培养提供了重要的启示和借鉴,让教师之间形成"教师教教师""教师陪教师""教师用生命影响教师生命"的生动局面,品味人生,领悟生命的意义,使生命在和谐共生的情境中成长,提升生命素养,推动教师队伍建设,培养真

---

① 陈纬,马震越.意义情境的营造:大学生种子教师生命教育模式的探索[J].教育发展研究,2017(A1):29-31.

② 陈纬,马震越.意义情境的营造:大学生种子教师生命教育模式的探索[J].教育发展研究,2017(A1):29-31.

正的"人"。

　　需要说明的是,以上所指的教师属于广义层面,包括思想政治理论课教师、心理健康教育教师、哲学课教师、专业课教师、辅导员等,他们是大学生生命价值教育的开发者、组织者和实施者,其良好的生命认知、生命体验、生命意义感是润泽大学生生命韧度、厚度、广度、高度的重要前提。教师没有生命素养,学生的生命品质很难提升,大学生生命价值教育就难以实现既定的目标,因此,打造具有生命素养的教师队伍是建立常态化大学生生命价值教育机制的重要环节。

四、探索大学生生命价值教育"全过程"模式

　　所谓大学生生命价值教育"全过程"模式,是指针对大学四年八个学期的时段要求,全面规划不同学期的教育重点,通过各个阶段的细化和各个环节的紧扣,进行持续不断的教育,实现从入学到毕业的全程覆盖,使大学生每个阶段都能在教育中认识、在活动中体验、在实践中内化,并获得生命的成长与发展,增强教育的针对性。

　　第一,以新生始业教育为起点开展大学生生命价值教育。新生始业教育重点开展"适应大学生活"主题教育,围绕"责任与爱""人生规划与未来"展开。一方面,新生始业教育以家庭为纽带,引导大学生在爱的体验中体悟生命价值。大一新生大多数是第一次远离父母,开始独立的大学生活。那么,适应人生新阶段的问题成为大学第一课。鉴于此,从"家书"或"给父母一封信"等活动入手,增强大学生对自我的责任和对父母的感恩,在爱的给予和表达中丰富父母的生活,让他们感受到爱的温暖,提升自我和家人的生命感,让大学生在此体验中感受生命的力量与爱的付出所带来的幸福感,发现生命的意义和价值。另一方面,新生始业教育还要着重挖掘校史、校训、校歌中那些勇于担当、开拓创新、自强不息的典型人物与事例,把生命价值教育融入其中,让大学生深刻领会劳动创造未来、劳动创造生命辉煌、劳动

提升生命境界的道理。通过榜样的力量,引导大学生尊重生命,热爱生命,提升生命价值。同时,激励大学生做好大学生活规划,引导他们更好地认识自我,适应大学生活,充实自我,完善自我,探寻生命的意义。

第二,以专业教育和创新创业教育为中心点开展大学生生命价值教育。一方面,在专业教育中重点开展"培养专业兴趣,提高专业技能"的主题教育活动。根据不同学科的特色和优势,将生命价值教育融入其中,激发其生命潜能,引导大学生积极参与课堂教学,提高专业学习兴趣,强化专业实践锻炼,在实践中体悟生命的价值,提升专业技能,完善自我。另一方面,在创新创业教育中着重于"培养创新思维,促成长"的主题教育活动。融生命价值教育于大学生创业实践全过程,开展大学生创新能力个性化培养项目,培养其创新思维和创新精神,鼓励他们在创新创业的生命实践中探索生命的意义,形成科学的创业规划、正确的创业价值取向和创业行为,更好地把个人理想同社会理想有机结合起来,用青春梦激扬中国梦,成为具有社会责任感、创新精神和实践能力的新一代人才。

第三,以择业、就业教育为终点开展大学生生命价值教育。择业、就业问题关乎高校人才培养,也是检验高校人才培养质量的重要方面。在择业、就业教育中,要重点开展"培养就业能力,实现人生价值"的主题教育活动。当前有部分大学生对自身缺乏较为准确的认知,其择业价值观存在一定偏差,择业理想也不够明确,就业信心需要增强。这不仅无益于自身的发展,也影响整个国家和社会的发展进步。只有通过教育引导和科学培养,大学生才能正确看待个人和社会的辩证统一关系,做出正确的职业选择和就业行为。因此,融大学生生命价值教育于择业、就业教育之中,引导他们正确处理个人与国家、社会之间的关系,树立崇高的择业理想和就业意识,弘扬爱国主义精神,坚定走中国特色社会主义道路的信心,让生命在承担责任与奉献社会中绽放出耀眼的光芒,具有十分重要的现实和理论意义。一方面,通过生命价值教育引导大学生树立正确的成才观和择业观。通过挖掘和运用先进典型,树立就业楷模形象,让广大学生从先进人物的感人事迹和优秀品质中汲取生命智慧,从而确立正确的成长目标,树立正确的就业认知心理,坚定就业信心,在中国特色社会主义的伟大实践中追寻生命的意义,实现生命价值。另一方面,通过生命价值教育引导大学生在就业实践中树立正确的压力观,提升就业成熟度。高校应着重从生命存在的角度,以生命为导向,帮助大学生正确看待就业中的挫折或逆境,理解挫折或逆境的两面性,体会生命的存在与多维,进而正视自身的问题,激发生命的成长,提升生命品质。

第五节　形成生命无价教育的合力机制

人的生命并不是孤立而单独的存在,而是处在各种社会关系中生存和发展。对大学生来说,学校、家庭和社会在其成长成才过程中产生广泛而深刻的影响。因此,大学生生命价值教育应充分发挥学校、家庭和社会的作用。从合力机制上探寻有效路径,形成协同育人的格局,从而使大学生深刻认知生命无价,追求更高、更宽广的自由理想和境界,使生命意义和价值取向在更深层面得以彰显,提升人的精神境界。

一、把握生命无价教育的合力要素

合力是一个物理术语,指当一个力的作用和另外几个力同时作用的效果相同时,这个力就是那几个力的合力。关于合力,恩格斯指出:"最终结果总是从许多单个意志的相互冲突中产生出来的,而其中每一个意志,又是由于许多特殊的生活条件,才成为它所成为的那样。这样就有无数互相交错的力量,有无数个力的平行四边形,由此产生出一个合力,即历史结果。"①虽然他阐释的是历史合力论,实质上他已经揭示了教育合力的原理,为我们协调各种力量和因素,形成生命无价教育的合力提供了重要的思路。

生命无价教育是对大学生生命价值教育的超越,是使大学生深刻认知生命无价,并让其生命意义与价值取向在更深层面彰显,是升华大学生精神生命价值的教育。生命无价教育强调人的肉体生命和精神生命的无价,引导大学生认识和体验人类整体,充分张扬其主体性,关注人类的共同命运,承担人类命运的共同职责,在自主的活动中全面地占有自己的本质②,把人的生命提升至无限而永恒的高度,把自我融入无价自我、人类自我的"大我",追求更高、更宽广的自由理想和境界,迈向至真、至善、至美的价值境界,趋向人性的真、善、美的精神世界。

生命无价教育受到学校、家庭和社会多种因素的影响,对大学生来说,学校是他们学习和生活的场所,可以有组织、有计划、有目的地向他们传授一定的知识、技能、社会规范、价值观念等,从而达到既定的生命无价教育目标。学校教育具有正式性的特点,是生命无价教育的主要阵地,可激发生命个体的自我意识,使其成为生命无价教育不可或缺的力量,发挥人的主体性,自觉承担社会责任,形成"类"精神,确保生命无价教育顺利展开。家庭是个人社会化的第一个主要单位③,其基于血缘纽带连接,与人的情感和生命联系极为紧密,具有天然的教育功能,在人的生命发展的每个阶段都扮演着不可替代的角色。大学生虽然普遍远离父母而生活在大学校园,但家庭以其丰富的情感关系对他们形成潜移默化的影响,是学校教育所不及的。家庭教育具有明显的生命无价教育优势,应充分发挥其作用,使大学生与学

---

① 中共中央马克思恩格斯列宁斯大林著作编译局.马克思恩格斯选集:第 4 卷[M].2 版.北京:人民出版社,1995:697.

② 王坤庆.人性、主体性与主体教育[J].华中师范大学学报(哲学社会科学版),1997(4):117-121.

③ 关冬生,关淑凡,石军.青少年社会教育与学校教育、家庭教育的比较研究:以广东为例[J].中国青年研究,2013(3):9-13.

校、社会互动，促进大学生深刻认知生命无价，提升其精神生命，实现人的自由全面发展。社会作为社会化能力的实战场，是关键的社会化载体[①]，纵贯人的生命历程，影响大学生对生命价值的认知，以及他们对生命意义的探索与追求。

因此，生命无价教育可充分利用这些因素，并进行有机结合，在"学校与大学生""家庭与学校、社会""学校内部"三个范畴要素之间形成合力，通过激发大学生生命无价的自我意识、发挥大学生家庭教育的作用、实行生命无价教育与大学生心理健康教育的有机契合，达到既定的教育目标。

二、激发生命无价教育的自我意识

顾名思义，自我意识属于意识，是意识的一种形式，指作为主体的"我"对于自我的状况及其活动的意识；自我意识也叫自我认知，是主体对其自身的认识，它是一种多维度、多层次的复杂心理现象，表现为认知、情感、意志三种形式。自我意识是意识的最高形态[②]，对个人的发展具有十分重要的作用。首先，自我意识是主体认识外界事物的条件，如果一个人连自己都不知道，也就无法把自己与周围相区别，那他就更不可能认识外界客观事物。其次，自我意识是提高人的自觉性的前提，只有当一个人意识到自己是谁、自己的优点和缺点、应该做什么事情，他才会自觉自律地行动，从而扬长避短，促进对自我的教育。最后，自我意识是主体完善自我的途径。自我意识能对自我的言语、行为等进行调控，能使人不断地观察自我，监督自我，调控自我，从而完善自我。

大学阶段是大学生自我意识形成和发展的重要时期。处于这一阶段的大学生逐渐走出朦胧而肤浅的意识状态，发现了一个活生生的自我存在，并

---

① 关冬生，关淑凡，石军.青少年社会教育与学校教育、家庭教育的比较研究：以广东为例[J].中国青年研究，2013(3)：9-13.

② 朱宝荣.心理哲学[M].上海：复旦大学出版社，2005：38.

开始长久而专注地关注、审视自己的内心世界。从外部表现来说,大学生有一种强烈的自我表现欲望,他们对自我形象高度重视,以及在交往中特别注意别人对自己的评价、意见与态度,这些都表明大学生内心深处对自我意识的强烈渴望。从内部的心理过程来说,大学生的自我意识有一个明显的分化、矛盾、同一、转化、稳定的过程。[①] 当他们从父母附属的生活中自我觉醒时,其自我意识就一分为二,即理想中的自我与现实中的自我。因此,大学生自我意识的形成阶段就是一个理想自我与现实自我的重新整合的过程。美国教育家斯坦利·霍尔把青年时期形容为"疾风怒涛",青年激切、不安、不信任,且自我意识不可避免地受到心理、生理以及社会因素等多方面的影响。理想的自我往往是完美主义型的,而现实的自我却不可避免受到各种复杂的社会条件制约,如何使理想的自我与现实的自我达到统一,是每个大学生所需要面对的问题。

从总体上看,当代大学生的自我意识已经历了早期的急剧发展而进入趋于相对稳定的阶段[②],其自我意识发展的整体水平较高,对自我的认识更加主动,经常思考一些关于自身的问题,尤其是自我实现的问题。大学生的自我评价有较高的独立性,能摆脱成人和同龄团体的依赖。他们的自我体验也较为丰富,但情绪波动较大,有强烈的自我保护意识,自尊心较强。与高中生相比,大学生的自觉性、自制性水平明显提高,其自我设计、自我实现的愿望强烈,他们的内心矛盾而冲突,常常围绕自我设计、自我价值实现的问题而产生痛苦的思索、挣扎。虽然大学生自我意识发展的主旋律是积极的、健康的,但也存在一些问题。他们的生活阅历、理性思考能力相对欠缺,在东西方文化的交流与碰撞、价值多元化和思想观念多样化面前,不知如何

---

① 刘佳.用埃里克森自我同一性理论透视大学生自我意识的形成过程[J].高教发展与评估,2010,26(1):100-105.

② 孙世民,陈选华.大学生自我意识及其培养[J].安徽师范大学学报(人文社会科学版),2000(2):308-311.

选择,而感到深深的迷茫。这需要教育者激发他们的自我意识,引导其正确选择人生的方向,消除其无助感,促进其重新认识自我,塑造自我,完善自我,成为生命无价教育的真正主体,从自发走向自觉,更好地发挥人的主体性,担当社会重任,实现个体生命、社会生命和人类生命的融合,形成"类"精神。

大学生是生命无价教育的对象和主体,因此,激发生命无价教育的自我意识就是要激发大学生的自我意识,使他们重新审视自我,塑造自我。这对于大学生能否承担时代所赋予的重任与使命,真正形成生命无价教育的合力,具有十分重要的意义。

激发生命无价教育的自我意识可从三个方面展开:第一,引导大学生正确地认识自我,悦纳自我,使他们认识到自我内心的矛盾与冲突是人生发展的必然现象,充分认识自我意识形成的科学规律,客观地对待自我意识形成过程中所遇到的问题,避免自我出现偏激、片面化的倾向。第二,引导大学生理性地审视自我,完善自我。人是理性的人,理性是人类通过所掌握的知识和法则进行各种活动的意志和能力,是只有人才具有的能力,使人能够在意识中能动地反映客观世界和创造新的世界。[①] 大学生理性地审视自我,首先需要了解自我的能力与素质结构,明晰自己所处的人生环境、现实的社会条件,以及社会对大学生的要求与期望。其次,大学生要切合实际地制定近期或远期的目标和计划。在追求自我实现的过程中,大学生要学会适当地调整自我的行为或预期目标,善于向他人学习,并从中发现自身的不足,完善自我。最后,大学生要培养坚韧不拔的毅力。大学生自我意识形成与发展的过程是一个与自我进行抗争的过程,这一过程充满矛盾与冲突,需要强大的精神力量来支撑,也是练就坚韧不拔的毅力的过程。第三,激励大学生超越自我,达到自我意识的最高境界,发挥人的主体性,承担社会责任。人

---

① 陈志尚.人学理论与历史[M].北京:北京出版社,2004:267.

的生命具有超越性,激励大学生超越自我就是要使他们在精神层面上逐步走出自我的范围,超越个体的"小我",融入社会自我、无价自我的"大我",在实现中国梦的生动实践中彰显其生命价值,自觉地为社会的进步与发展贡献自己的聪明才智,在激扬青春、奉献社会的进程中升华其精神生命价值,提升其境界,形成"类"精神。

三、发挥大学生家庭教育的作用

家庭是生命的摇篮,是大学生生命健康成长的土壤。关于家庭教育,目前理论界并没有统一的定论。从狭义上讲,家庭教育是指在家庭生活中,由家庭的长者(其中主要是父母)对其子女进行的培养教育。从广义上讲,家庭教育是指家庭成员之间有目的的影响过程,不仅包括父母对子女、长者对幼者的影响,还包括子女对父母、幼者对长者的影响。① 本书的家庭教育主要指在家庭成员的互动过程中,父母对子女进行的教育影响。

我国自古以来就非常重视家庭教育,早在战国时期,著名的思想家韩非就曾提出不能溺爱子女。公元 6 世纪,颜之推写《颜氏家训》,对家庭教育的作用、内容、原则与方法等都进行了深刻的论述。在他看来,家庭教育具有其他教育不可替代的作用,家庭教育必须遵循威严而有慈、戒溺爱、重熏陶影响、爱子当均等原则。② 清代有丰富的关于家庭教育的图书,其中具有代表性的是《曾国藩家书》。我国历史上著名的史学家司马光在《温公家范》中,从"治家"与"治国"的关系上对家庭教育的社会意义进行了论述。可见,家庭有其独特的教化功能,它以其教育的天然性、弥散性、终身性和个别性的特征而具有明显的教育优势③,不仅对个人的成长与发展起着不可替代的作用,还能履行社会职能,传承社会文明,促进社会道德建设,对社会的发展

---

① 关颖.社会学视野中的家庭教育[M].天津:天津社会科学院出版社,2000:37.
② 马镛.中国家庭教育史[M].长沙:湖南教育出版社,1997:118-123.
③ 关颖.社会学视野中的家庭教育[M].天津:天津社会科学院出版社,2000:32.

与进步也有特殊的意义和作用。因此,家庭教育的作用应被重视。

每个大学生从出生起,都不同程度地受到家庭的直接影响或者间接熏陶。家庭教育缘于家庭关系,融于家庭生活,具有厚重的情感和强烈的针对性,是生命无价教育的重要阵地。教育的好坏直接影响大学生生命的健康成长、理想信念的确立,以及生命无价教育的成效。但是,受功利主义和实用主义的影响,当前大学生的家庭教育存在一些问题,无法和学校教育一起形成教育合力,影响了大学生对生命价值的认知、对人生理想的追求,其主要表现在以下几个方面。

第一,忽视非智力因素的培养,分离了完整的生命。人的生命是完整的存在,它不仅拥有理智、情感,还有对生活的渴望、对生命意义和价值的追求等。生命总是以完整的形式参与其成长和发展的全部过程,这是个体生命形成和发展的基本条件,不管其哪一部分的变化都会影响整体生命的发展。但是受功利主义和实用主义思想的影响,家长较为注重大学生的知识学习和技能素质,更多地关注大学生将来的就业、工作等问题,而忽视非智力因素的培养,把完整的生命割裂开,使他们成为"单面人"。虽然他们拥有较高的智商,但其生命情感干枯,生命责任感丧失,既不知道如何珍爱自己的生命,又缺乏生存的智慧。诚然,高智力能给人带来高的起点,是任何人都梦寐以求的事情,但非智力因素的提升,更是开发智力因素的先决条件。家长不应再片面地以知识和技能取代大学生良好的个性和意志品质等多方面的内容,割裂完整的生命。

第二,错位的人性之爱,生命不能承受之重。爱作为人类文明中美好的情感之一,既是父母对子女进行教育的首要素质,又是家庭教育中具有影响力的教育因素。家庭教育具有天然的优势,父母对子女无私和博大的爱,为世世代代的人们所称颂,它能以潜移默化的形式,在亲情融融的氛围之中,打开大学生的心扉,开展生命的对话。大学生要珍爱自己的生命,同时也尊重他人的生命,懂得欣赏生命的独特之美、生命的差异之美,知晓人类"生命共同体"，家庭教育对于大学生培养完美的人格，树立远大的理想具有其他教育所不可替代的重要作用。但是，家庭教育对生命的呵护是盲目的，家长并没有发挥其应有的作用，帮助大学生坚定他们的生命价值信念，教育和引导他们探寻生命的意义和价值，而是为了大学生的成才，偏重在物质上不惜一切代价的付出。这种过度的"爱"造成大学生生命抗挫折能力弱化，使大学生不能承受挫折。这种过高期望是对爱的异化，一旦大学生无法达到父母的期望，无法获得成功的体验，年轻的生命就会变得脆弱、不堪一击，出现消极的自我评价，否定自我生命的存在，甚至采取结束生命的行为寻求解脱。

第三，人生观教育的扭曲。家庭是人生的第一课堂，也是人生永久的学校。在家庭教育中，家长是教育的组织者、担当者，对于大学生的生命价值观念的形成具有重要的影响。如新加坡十分重视家庭教育的作用，认为虽然学校也可以传授思想与价值观念，但是，教师不能代替父母作为孩子最重要的模范，而选择通过家庭来传授价值观念，培养大学生的自信，取得相互的支持。[①] 目前，在家庭教育中，部分家长受社会环境的影响，将更多的视线停留在功利、实用的层面，更关心子女所学专业的效用，用他们的话来说，就是把知识作为一种有用的工具，将来能够派上用场，比如获取文凭，找到理想的工作，拥有较高的收入等，而对于生活的目的、意义和终极价值等则较少涉及。部分家长奉行唯技术至上的价值观念，甚至给予物质刺激，使子女误以为人生的追求就是对物质的占有，当人生观的追求转化为物质上的贪婪时，何谈健全人格的塑造。家庭本是生命无价教育的启蒙之地，但令人遗憾的是，仍有部分家长不能理性引导子女追求人生理想，提升其精神生命，这对于大学生生命价值教育必然产生负面的影响。

通过以上的分析可知，家庭教育的作用有待于进一步的完善和发挥，从

---

① 李小红，靳玉乐.新加坡儒学价值观教育：历史、经验及启示[J].中国教育学刊，2015(1)：47-53.

而与学校、社会形成生命无价教育的合力。

家庭教育伴随家庭生活而进行，具有教育的天然性。虽然大学生普遍生活在大学校园，但家庭以其血缘联系和亲情纽带仍对大学生具有强大的影响力，是生命无价教育非常宝贵的资源和力量，可与学校、社会之间紧密结合、协同运行，从而形成生命无价教育的合力，具体可从以下几方面完善。

首先，家庭要认同生命无价教育，自觉营造良好的家庭氛围，从而与学校、社会的生命无价教育目标一致。家庭教育往往体现的是家长的意志，以及他们的经历、思想觉悟、文化素养、职业、兴趣和爱好的影响。[①] 它在很大程度上取决于家长，甚至出现与学校、社会脱节的现象，影响生命无价教育的有效性。在生命无价教育中，发挥家庭教育的作用需要家长认同生命无价教育，家长只有认同生命无价教育，才会自觉调整家庭教育的目标，使其与学校、社会的教育目标保持同向性；才会主动营造良好的家庭氛围，使生命浸润于温暖、疏朗、融洽的人文氛围之中，为大学生的生命健康成长提供宽松、融洽、民主、平等的精神氛围；才会主动调整家庭教育的内容，与大学生展开对话与交流，探讨人生，为其人生方向把脉，发掘和激发子女的潜能，促进其精神上的自我觉醒，激励其追求远大的理想。总之，家长只有认同生命无价教育，才能有效地发挥家庭教育的作用，开展生命无价教育。

其次，树立家长的教育主体意识，深度整合学校和社会的教育资源，有意识、有选择地对大学生进行生命无价教育。教育主体意识包括自觉教育的意识、教育中的责任意识、教育发展的意识等。[②] 在生命无价教育中，要发挥家庭教育的作用，还需要树立家长的教育主体意识，充分整合学校与社会的教育资源，有意识地对大学生进行价值引领。这主要包括三方面的内容：第一，家庭要加强与学校的联系，积极听取学校生命无价教育的有益建议和

---

　　① 黄河清.家庭教育与学校教育的比较研究[J].华东师范大学学报(教育科学版),2002(2)：28-34.

　　② 李辉.现代思想政治教育环境研究[M].广州：广东人民出版社,2005：280.

指导，自觉探索家庭与学校的交流渠道，开拓多样的合作方式，与学校共同探索生命无价教育的方式方法，提高家庭对生命无价的认知能力，以及对大学生进行生命无价教育的教育能力。第二，家庭是社会的细胞，家庭还要紧密融合于社会之中，学习其生命无价教育的成功经验，掌握科学的教育方法，有意识地选择与大学生生活息息相关的社会教育资源对子女进行生命无价教育，从而与学校、社会形成合力，共同促进大学生的生命健康成长，提升其精神生命。第三，家长应主动挖掘关涉生命无价教育的有效载体，如新媒体等，与学校、社会的生命无价教育资源相结合，利用一切可能利用的条件和机会对大学生实施生命无价教育，巩固学校生命无价教育的影响，着重情感的熏陶，激发和保护其积极性情感，转化其消极性情感，有意识、有目的地进行生命无价教育，鼓励其追求更高、更宽广的人生理想和境界，促进其精神生命的升华。

四、推进生命无价教育与大学生心理健康教育的有机契合

实行生命无价教育与大学生心理健康教育的有机契合，形成生命无价教育的合力机制，不仅能引导和帮助大学生深刻认知生命无价，提升其生命价值，还能更好地促进大学生自由而全面的发展。

大学生心理健康教育是生命无价教育的基础。大学生心理健康教育是指教育者运用心理科学的方法，根据大学生心理发展的特点，对大学生施加积极的影响，缓解其心理压力，优化其心理素质，促进其心理发展，维护其心理健康的教育实践活动。[①] 它不仅能维护大学生的心理健康，提高其心理素质，使大学生的认知更加科学、情感更加丰富、意志力得到增强，还为大学生树立崇高的理想信念和形成科学的世界观、人生观、价值观提供良好的心理基础。而且，大学生心理健康教育能对大学生进行动机的引导，为大学生精

---

① 周先进.高校思想政治教育前沿问题研究[M].北京:中国书籍出版社,2015:27.

神生命的升华提供心理动力。生命无价教育是使大学生深刻认知生命无价，让他们的生命意义和价值在更深层面彰显，升华其精神生命价值的教育。生命无价教育关怀大学生的精神生命价值，追求人性的发展和完善的超越精神。从某种意义上讲，它具有根本性、全面性，包括生物层面、心理层面、精神层面及社会层面的内容。心理健康是生命自在存在的心理条件，也是生命意义存在的心理要求。[①] 人的精神生命以心理健康为基础而不断向高级方向发展。生命无价教育是在尊重生命、维护大学生心理健康的基础之上，关注大学生的精神发展，强调"心"到"灵"的突破，张扬其主体性，促进其生命价值实现，提升他们的精神境界。因此，大学生心理健康教育是生命无价教育的基础，大学生心理健康教育与生命无价教育的有机契合可以使大学生实现从"心"到"灵"的生命引领和守护，提升他们的精神境界，更好地促进大学生自由而全面的发展。

具体来讲，生命无价教育与大学生心理健康教育的有机契合，应以大学生心理健康教育为载体进行生命无价教育，从而形成生命无价教育的合力，使大学生深刻认知生命无价，自觉追求人生理想，在实践中创造生命的价值，提升其生命价值，实现人的自由全面发展。

第一，充分利用已经形成的大学生心理健康教育服务网络，开展生命无价教育。从目前高校心理健康教育的机制来看，心理健康教育和心理咨询已经在各高校普遍开展，并形成了大学生心理健康教育服务网络。[②] 大学生心理健康教育服务网络是一个"校—院—班"三级工作平台[③]，其中：校级网络负责制定相应的方针和政策，组织协调各级心理健康教育的开展；院级网络主要开展大学生心理健康教育，为大学生提供及时的心理咨询和辅导，是整个大学生心理健康教育服务网络的重点；各班级设置心理委员，或称"心

---

① 梅萍.当代大学生生命价值观教育研究[M].北京:中国社会科学出版社,2009:109-110.

② 卢爱新.新时期大学生心理健康教育发展研究[M].北京:中国社会科学出版社,2008:221.

③ 卢爱新.新时期大学生心理健康教育发展研究[M].北京:中国社会科学出版社,2008:221.

理气象员"，直接与校级心理咨询机构建立联系，并开展班级心理工作。"校—院—班"服务网络覆盖了全体的大学生，具有多方位的支持性，是高校开展心理健康教育的有效渠道，为促进大学生的健康成长起到了重要的作用。因此，高校可以充分发挥大学生心理健康教育服务网络，以及心理健康教育工作队伍和平台的作用，有效开展生命无价教育，使大学生深刻认知生命无价，在热爱生命的实践中提升其生命价值，把自我的生命融入国家、社会以及人类的"大我"，升华其精神境界。

第二，充分利用大学生心理健康教育的显性教育资源，推动生命无价教育。课程教育是高校心理健康教育的重要途径。随着心理健康教育的发展，高校普遍开设了大学生心理健康教育的相关课程，既有选修课，又有必修课，可以充分利用这些课程资源，并将生命无价教育的相关内容融入其中，通过价值引导，促进大学生在认知、情感、意志及人生观、价值观等方面的共同发展。同时，大学生心理健康教育宣传活动是高校心理健康教育的另一主渠道[①]，如心理讲座、心理剧场、心理沙龙等活动，可充分发挥其固有的优势，开展生命无价教育，推动生命无价教育。

第三，充分发挥大学生心理健康教育的隐性教育载体，拓展生命无价教育的空间。除显性教育方式之外，隐性教育方式也在大学生心理健康教育中发挥独特的作用。目前，高校心理健康教育不仅有心理情景剧、成长工作坊、心理文化活动、社会实践活动、校园文化活动等有效的载体，还有音乐治疗、舞动治疗、绘画治疗等艺术形式的载体。[②] 高校可充分发挥这些载体的作用，广泛而深入地开展生命无价教育，拓展生命无价教育的空间，使大学生在潜移默化中接受生命无价教育，体验生命存在的意义和价值，领悟生命的真谛，促进人的自由而全面的发展。

---

① 卢爱新.新时期大学生心理健康教育发展研究[M].北京：中国社会科学出版社，2008：153.
② 赵军燕.构建生命教育视域下的心理健康课程体系[J].北京教育，2016(C1)：10-11.

五、结　语

当代大学生是一个重要的社会群体,肩负着实现中华民族伟大复兴中国梦的重要使命,其生命价值取向、理想目标的定位对于国家富强和民族振兴具有十分重要的意义。因此,引导和帮助大学生深刻认知生命无价,树立正确的理想信念,在实践中探索生命价值,提升生命价值,成为具有担当精神的新一代栋梁之材,促进人的自由而全面的发展,是时代赋予高等教育的历史使命,还是新形势下进一步加强大学生思想政治教育的重要课题。

引导大学生深刻认知生命无价,促进其精神层面的自我觉醒是大学生生命价值教育的本质。生命无价不仅是肉体生命的无价,还是精神生命的无价。在大学生生命价值教育中,通过生命价值认知教育、生命情感教育、生命责任教育、人生理想信念教育,使大学生对生命价值的认知由自在向自为、由自发向自觉转化,促进其以更主动的姿态,在实践中探索生命价值、提升生命价值。

大学生生命价值教育的内在依据为探寻生命价值教育的有效路径提供了前提和基础。外因只有通过内因才能发挥其作用,在大学生生命价值教育中,大学生既是教育的主体,又是教育的客体,只有充分调动其主观性和能动性,教育的内容和目标才能真正落到实处。在内在依据的基础上,大学生生命价值教育通过建构敬畏生命价值的文化,促进和谐互动的实践活动,利用新媒体空间实施生命价值主题教育,建立常态化的生命价值教育机制,形成生命无价教育的合力机制,整合教育资源,协同育人,进而引导大学生深刻认知生命无价,追求人性的发展和完善的超越精神,迈向人性的真、善、美的精神世界,使大学生生命价值教育达到理想的教育目标。

生命无价教育是对大学生生命价值教育的超越。当前,世界正经历大发展、大变革、大调整,充满新机遇与新挑战。新时代是奋斗者的时代,也是奋力实现中华民族复兴伟业,为人类做出更大贡献的时代。当代大学生是在改革开放不断深化和中国特色社会主义事业不断推进的进程中成长起来的一代,其个人发展与国家和民族的前途命运紧密相连,实现中国梦是当代大学生义不容辞的使命和责任。这不仅需要大学生有远大的理想、正确的人生态度、坚定的信念,还需要他们有超越自我的精神境界,从而使其生命意义与价值取向在更高、更深层面彰显。因此,大学生生命价值教育要形成生命无价教育的合力机制,引导大学生在深刻认知生命无价的基础上,追求更高、更宽广的自由理想和境界,升华其精神生命价值,成为新时代有天下观的爱国者、有担当的开拓者、有格局的实践者、有德行的奉献者。

行文至此,一些问题似乎解决了,但本书还有许多未尽之处,需加强研究。其一,生命价值并不是某件具体的事物,它代表希望、梦想以及境界,我们每个人都渴望获得和实现生命价值。同时,生命价值又是一个在实践中不断生成与发展的过程,本书的根本目的在于提升大学生对生命价值的认知能力,促进其在热爱生命的实践中自觉追寻生命意义,提升生命价值。其二,大学生生命价值教育现存问题的分析。目前我国高校既有单独的大学生生命价值教育,又有融入式和渗透式的大学生生命价值教育,其组成部分多样,而且在教育方法上或多或少有差异。对这一问题的分析,还需在以后的研究中进一步加强。其三,大学生生命价值教育的思想资源,还需在实践中进一步挖掘和完善,以增强大学生生命价值教育的理论参考和实践指导。其四,大学生生命价值教育的有效路径探讨。本书从建构敬畏生命价值的文化、促进和谐互动的实践活动、开辟新媒体空间实施生命价值主题教育、建立常态化的生命价值教育机制、形成生命无价教育的合力机制五个方面进行了探讨,有待在大学生生命价值教育的实践中不断探索。

生命是美好的、短暂的、无价的。人的生命不仅是一种自然存在,具有本能的自在生命,还是一种社会存在,富含社会生命、精神生命和价值生命。生命无价,我们期待大学生生命价值教育能让每个大学生茁壮成长,让生命之花绚烂多姿,让生命之世界美好而高尚!

参考文献

[1]中共中央马克思恩格斯列宁斯大林著作编译局.马克思恩格斯选集:1-4 卷[M].2版.北京:人民出版社,1995.

[2]中共中央马克思恩格斯列宁斯大林著作编译局.马克思恩格斯全集:第 1卷[M].2版.北京:人民出版社,1995.

[3]中共中央马克思恩格斯列宁斯大林著作编译局.马克思恩格斯全集:第 3卷[M].2版.北京:人民出版社,2002.

[4]马克思.1844年经济学哲学手稿[M].北京:人民出版社,2014.

[5]习近平.习近平谈治国理政:第1卷[M].2版.北京:外文出版社,2018.

[6]习近平.习近平谈治国理政:第2卷[M].2版.北京:外文出版社,2017.

[7]习近平.决胜全面建成小康社会　夺取新时代中国特色社会主义伟大胜 利:在中国共产党第十九次全国代表大会上的报告[M].北京:人民出版 社,2017.

[8]费尔曼.生命哲学[M].李健鸣,译.北京:华夏出版社,2000.

[9]卡西尔.人论[M].甘阳,译.上海:上海译文出版社,1985.

[10]海德格尔.存在与时间[M].陈嘉映,王庆节,译.北京:生活・读书・新 知三联书店,2006.

[11]弗洛姆.为自己的人[M].孙依依,译.北京:生活・读书・新知三联书

店,1989.

[12]弗洛姆.爱的艺术[M].孙依依,译.北京:工人出版社,1986.

[13]弗洛姆.自我的追寻[M].孙石,译.上海:上海译文出版社,2013.

[14]弗洛姆.逃避自由[M].刘林海,译.北京:国际文化出版公司,2007.

[15]舍勒.人在宇宙中的位置[M].陈泽环,译.上海:上海文化出版社,1989.

[16]博尔诺夫.教育人类学[M].李其龙,译.上海:华东师范大学出版社,1999.

[17]赫舍尔.人是谁[M].隗仁莲,译.贵阳:贵州人民出版社,1994.

[18]奥伊肯.生活的意义与价值[M].万以,译.上海:上海译文出版社,2005.

[19]弗兰克尔.追求意义的意志[M].司群英,郭本禹,译.北京:中国人民大学出版社,2015.

[20]弗兰克.活出意义来[M].赵可式,沈锦惠,译.北京:生活·读书·新知三联书店,1991.

[21]辛格.我们的迷惘[M].邹元宝,译.桂林:广西师范大学出版社,2001.

[22]马斯洛.动机与人格[M].许金声,译.北京:中国人民大学出版社,2012.

[23]马斯洛.自我实现的人[M].许金声,刘锋,译.北京:生活·读书·新知三联书店,1987.

[24]马斯洛.马斯洛人本哲学[M].成明,译.北京:九州出版社,2003.

[25]池田大作.我的人学:下卷[M].铭九,译.北京:北京大学出版社,1990.

[26]别尔嘉耶夫.人的奴役与自由[M].徐黎明,译.贵阳:贵州人民出版社,1994.

[27]别尔嘉耶夫.论人的使命　神与人的生存辩证法[M].张百春,译.上海:上海人民出版社,2007.

［28］海德格尔.海德格尔存在哲学［M］.孙周兴,译.北京:九州出版社,2004.

［29］马尔库塞.单向度的人［M］.刘继,译.上海:上海译文出版社,2006.

［30］加缪.西西弗神话［M］.沈志明,译.上海:上海译文出版社,2010.

［31］黑格尔.精神现象学(上)［M］.贺麟,王玖兴,译.北京:商务印书馆,1996.

［32］卢梭.爱弥儿:论教育［M］.李平沤,译.北京:人民教育出版社,2001.

［33］迪尔凯姆.自杀论［M］.冯韵文,译.北京:商务印书馆,2009.

［34］门林格尔.人对抗自己:自杀心理解读［M］.冯川,译.2版.贵阳:贵州人民出版社,2004.

［35］哈贝马斯.交往行为理论［M］.曹卫东,译.上海:上海人民出版社,2004.

［36］萨特.萨特哲学论文集［C］.潘培庆,汤永宽,魏金声,译.合肥:安徽文艺出版社,1998.

［37］罗斯.成长的最后阶段［M］.孙振青,译.台北:光启出版社,1993.

［38］尼采.快乐的知识［M］.黄明嘉,译.北京:中央编译出版社,2001.

［39］尼采.查拉图斯特拉如是说［M］.莫辛幸,译.广州:中山大学出版社,2011.

［40］柏格森.生命的真谛［M］.冯道如,唐慧,陈聪,等译.南京:江苏凤凰文艺出版社,2015.

［41］柏格森.创造进化论［M］.肖聿,译.北京:华夏出版社,2000.

［42］华特士.生命教育:与孩子一同迎向人生挑战［M］.林莺,译.成都:四川大学出版社,2006.

［43］爱泼斯坦.大教育:学校、家庭与社区合作体系［M］.曹骏骥,译.哈尔滨:黑龙江教育出版社,2016.

［44］加缪.鼠疫［M］.李玉民,译.南京:江苏凤凰文艺出版社,2020.

[45]袁贵仁.马克思的人学思想[M].北京:北京师范大学出版社,1996.

[46]袁贵仁.对人的哲学理解[M].上海:东方出版中心,2008.

[47]冯友兰.理想人生:冯友兰随笔[M].北京:北京大学出版社,2007.

[48]冯友兰.三松堂全集:第4卷[M].郑州:河南人民出版社,1986.

[49]王国维.人间词话新注[M].滕咸惠,译评.北京:北京出版社,2014.

[50]季羡林.季羡林谈人生[M].北京:当代中国出版社,2006.

[51]张世英.自我实现的历程:解读黑格尔《精神现象学》[M].济南:山东人民出版社,2001.

[52]孙正聿.人的精神家园[M].南京:江苏人民出版社,2014.

[53]孙正聿.探究真善美[M].长春:吉林人民出版社,2007.

[54]孙正聿.属人的世界[M].长春:吉林人民出版社,2007.

[55]高清海,胡海波,贺来.人的"类生命"与"类哲学"[M].沈阳:辽宁电子图书有限公司,2004.

[56]高清海.人就是"人"[M].沈阳:辽宁人民出版社,2001.

[57]冯契.人的自由和真善美[M].上海:华东师范大学出版社,1996.

[58]傅伟勋.死亡的尊严与生命的尊严[M].北京:北京大学出版社,2006.

[59]陈志尚.人学新论:马克思主义人学基本理论和重大现实问题研究[M].北京:人民出版社,2015.

[60]陈志尚.人的自由全面发展论[M].北京:中国人民大学出版社,2004.

[61]韩庆祥.马克思开辟的道路:人的全面发展[M].北京:人民出版社,2005.

[62]陈伯海.回归生命本源:后形而上学视野中的"形上之思"[M].北京:商务印书馆,2012.

[63]张曙光.生存哲学:走向本真的存在[M].昆明:云南人民出版社,2001.

[64]邱仁宗.生命伦理学[M].北京:中国人民大学出版社,2010.

[65]冯沪祥.中西生死哲学[M].北京:北京大学出版社,2002.

[66]李德顺.新价值论[M].云南:云南人民出版社,2004.

[67]杨国荣.成己与成物:意义世界的生成[M].北京:北京大学出版社,2011.

[68]孙美堂.文化价值论[M].昆明:云南人民出版社,2005.

[69]张耀灿,郑永廷,吴潜涛,等.现代思想政治教育学[M].北京:人民出版社,2006.

[70]郑晓江.感悟生死[M].郑州:中州古籍出版社,2007.

[71]郑晓江.生死两安[M].南宁:广西人民出版社,1998.

[72]毕治国.死亡哲学[M].哈尔滨:黑龙江人民出版社,1989.

[73]靳凤林.死,而后生:死亡现象学视阈中的生存伦理[M].昆明:云南人民出版社,2007.

[74]王善超.关于人的理解[M].郑州:河南人民出版社,2011.

[75]陈新汉.自我评价论[M].上海:上海人民出版社,2011.

[76]罗崇敏.生存 生命 生活[M].昆明:云南人民出版社,2008.

[77]车文博.人本主义心理学[M].杭州:浙江教育出版社,2003.

[78]王德军.生存价值观探析[M].北京:社会科学出版社,2008.

[79]胡宜安.现代生死学导论[M].广州:广东高等教育出版社,2009.

[80]李惠.生命、心理、情境:中国安乐死研究[M].北京:法律出版社,2011.

[81]韩跃红.护卫生命的尊严:现代生物技术中的伦理问题研究[M].北京:人民出版社,2005.

[82]史仲文.生死两论[M].北京:中国社会出版社,2009.

[83]张文质.生命化教育的责任与梦想[M].上海:华东师范大学出版社,2006.

[84]冯建军.生命化教育[M].北京:教育科学出版社,2009.

[85]刘济良.生命的沉思[M].北京:中国社会科学出版社,2004.

[86]王北生.生命的畅想[M].北京:中国社会科学出版社,2004.

[87]王晓虹.生命教育论纲[M].北京:知识产权出版社,2009.

[88]刘济良.价值观教育[M].北京:教育科学出版社,2007.

[89]刘济良.生命教育论[M].北京:中国社会科学出版社,2004.

[90]梅萍.当代大学生生命价值观教育研究[M].北京:中国社会出版社,2009.

[91]彭运石.走向生命的巅峰:马斯洛的人本心理学[M].武汉:湖北教育出版社,1999.

[92]冯建军.生命化教育[M].北京:教育科学出版社,2009.

[93]刘慧.生命的德育论[M].北京:人民教育出版社,2005.

[94]刘济良.生命的沉思[M].北京:中国社会科学出版社,2004.

[95]何仁富,肖国飞,汪丽华,等.大学生命教育的理论与实践[M].北京:中国广播电视出版社,2012.

[96]王定功.生命价值论[M].北京:教育科学出版社,2013.

[97]李芳.大学生生命观教育[M].北京:光明日报出版社,2013.

[98]王东莉.论德育的人文关怀[M].北京:中国社会科学出版社,2005.

[99]崔德华.爱育论[M].北京:中国社会科学出版社,2011.

[100]邴正.发展与文化:马克思主义辩证法与当代社会转型分析[M].长春:吉林大学出版社,2008.

[101]陈少雷.文化价值观的哲学省思[M].北京:社会科学文献出版社,2015.

[102]张兴国,史娜.当代中国社会转型与价值观嬗变[M].北京:中国社会科学出版社,2012.

[103]李丽.文化困境及其超越[M].北京:人民出版社,2013.

[104]熊晓红,王国银.价值自觉与人的价值[M].北京:人民出版社,2007.

[105]何颖.非理性及其价值研究[M].北京:中国社会科学出版社,2003.

[106]王玉梁.当代中国价值哲学[M].北京:人民出版社,2004.

[107]江畅.比照与融通:当代中西价值哲学比较研究[M].武汉:湖北人民出版社,2010.

[108]马俊峰.价值论的视野[M].武汉:武汉大学出版社,2010.

[109]赵玉英,张典兵.教育学新论[M].济南:山东人民出版社,2012.

[110]汪丽华.身心灵全人生命教育:历史、理论与应用[M].北京:中国广播电视出版社,2014.

[111]中共中央文献研究室.十八大以来重要文献选编(上)[M].北京:中央文献出版社,2014.

[112]洪明.合育论:学校家庭社会合作共育的理论与实践[M].合肥:安徽教育出版社,2016.

[113]王敬川.大学生生命价值理论与生命教育实践[M].北京:知识产权出版社,2017.

[114]何仁富,汪丽华,张方圆,等.生命教育理念下高校思想政治工作创新研究[M].北京:人民出版社,2019.

[115]刘向兵.新时代高校劳动教育论纲[M].北京:社会科学文献出版社,2019.

[116]高清海."人"的双重生命观:种生命与类生命[J].江海学刊,2001(1):77-82.

[117]张曙光.生命及其意义:人的自我寻找与发现[J].学习与探索,1999(5):49-56.

[118]冯小平.从人的价值与价值的关系看人的价值[J].哲学研究,1997(1):20-28.

[119]路日亮.试论人的生命价值[J].洛阳师范学院学报,2008(6):24-27.

[120]路日亮.人的生命价值与人的全面发展[J].中国特色社会主义研究,2012(5):36-41.

[121]郑晓江.论现代人之自杀问题及其对策[J].南昌大学学报(人文社会

科学版),2001(4):25-33.

[122]郑晓江.论人类生命的二维四重性:以自杀问题与生命意义问题为中心[J].广东社会科学,2010(5):51-56.

[123]郑晓江.论生活与生命[J].江西师范大学学报(哲学社会科学版),2001(3):107-112.

[124]崔新建.略论人的生命价值[J].人文杂志,1996(3):6-11.

[125]欧阳康.爱心体验和责任担当中践行和提升生命价值:关于实践性生命教育的初步思考[J].南昌大学学报,2012(2):44-47.

[126]许世平.生命教育及层次分析[J].中国教育学刊,2002(4):5-8.

[127]陆树程,朱晨静.敬畏生命与生命价值观[J].社会科学,2008(2):141-147.

[128]程广云.生命人学论纲[J].江海学刊,1999(2):103-109.

[129]余玉花.从生命哲学到生命伦理学[J].华东师范大学学报(哲学社会科学版),2008(6):68-72.

[130]程红艳.生命与道德:兼从生命的角度谈道德教育[J].教育理论与实践,2002(3):56-60.

[131]肖川.生命教育的三个层次[J].福建论坛(社科教育版),2006(3):53-55.

[132]王晓红.生命价值教育的理论依据新探[J].社会科学论坛(学术研究卷),2005(10):9-11.

[133]刘铁芳.生命情感与教育关怀[J].湖南师范大学社会科学学报,2000(5):65-72.

[134]金生鈜.生命教育:使教育成为善业[J].思想理论教育,2006(11):19-24.

[135]王东莉.生命教育与人文关怀:青少年教育的终极使命[J].当代青年研究,2003(6):1-6.

[136]任晓伟."中国近现代史纲要"课教学与生命价值教育[J].思想理论教育,2010(3):63-66.

[137]唐英.价值、生命价值、生命价值观:概念辨析[J].求索,2010(7):87-89.

[138]梅萍,陈饶燕.大学生生命责任感的培养与自杀预防[J].中国高等教育,2006(21):31-32.

[139]梅萍.当代大学生生命意识与价值取向的实证分析[J].高教探索,2007(3):108-113.

[140]林楠.论生命价值教育的目标取向[J].理论与改革,2011(4):124-125.

[141]郑爱明,江宁玉,王志琳.大学生自杀现象引发的生命教育的思考[J].医学与哲学,2007(1):52-54.

[142]王定功,高爱荣.刍议人的生命价值的四种形态[J].教育教学论坛,2011(2):14.

[143]张等菊.教育与人的生命价值:从人类学视角的思考[J].教育导刊,2001(19):8-10.

[144]李晓华.论关注生命价值与教育[J].教育科学,2006(4):17-18.

[145]赵野田,潘月游.论生命价值的道德支撑[J].东北师大学报(哲学社会科学版),2010(2):10-14.

[146]金丽娜.论社会关爱对生命价值的彰显[J].求索,2010(7):109-110.

[147]康琼.人的生命价值与死亡的超越[J].江汉论坛,2009(12):58-61.

[148]蒲新微.论实践视域下人的生命价值及其实现路径[J].理论探讨,2009(5):82-85.

[149]莫文斌.高校大学生生命价值观的异化与关怀[J].求索,2008(5):158-159.

[150]辛世俊.试论人的提升[J].郑州大学学报(哲学社会科学版),2005

（1）：27-31.

[151]段文灵.试论马克思主义人学理论与思想政治教育的逻辑关系[J].学习与探索,2007(6)：42-46.

[152]贺才乐.生命价值教育:当代大学生的一门必修课[J].思想教育研究,2006(12)：52.

[153]陈文斌,刘经纬.大学生生命教育探析[J].中国高教研究,2006(9)：83-84.

[154]周宏岩.高校开展生命价值教育的必要性及其途径[J].福建论坛(社科教育版),2008(4)：130-133.

[155]朱晓明.略论教师在我国生命教育中的特殊价值及其素质要求[J].学校党建与思想教育,2012(29)：43-46.

[156]石艳华.大学生生命教育初探[J].学校党建与思想教育,2005(6)：72-73.

[157]王利华.略论"90后"大学生生命价值观教育的着力点[J].学校党建与思想教育,2011(2)：45-46.

[158]林德发.大学生人生价值观形成与发展的影响因素分析[J].思想教育研究,2003(10)：9-12.

[159]冯建军.生命教育的内涵与实施[J].思想理论教育,2006(11)：25-29.

[160]倪伟.大学生生命教育探析[J].思想理论教育,2011(9)：66-70.

[161]赖雪芬.在大学生中开展生命教育的途径[J].教育评论,2005(1)：29-31.

[162]林常清,王海平.大学生生命教育的基本内涵及现实需求分析[J].中国医学伦理学,2009(1)：28-29.

[163]黄培清.当前大学生生命教育存在的问题与对策[J].教育探索,2011(5)：140-141.

[164]夏禹.我国生命教育的理论及实践探析:由大学生轻身引发的思

考[J].思想政治教育研究,2010(2):134-137.

[165]韩延明.论现代社会生命教育面临的难题及对策[J].山东社会科学,2011(2):50-53.

[166]梅萍.论马克思的生命意义观对生命教育的启示[J].现代大学教育,2011(1):1-5.

[167]路晓军.大学生生命教育的价值探索[J].黑龙江高教研究,2005(5):38-40.

[168]李芳,刘彤.大学生生命观教育与思想政治教育探析[J].思想理论教育导刊,2011(10):98-100.

[169]冯建军.生命教育论纲[J].湖南师范大学教育科学学报,2004(5):5-12.

[170]刘新波.我国大学生生命教育研究综述[J].黑龙江高教研究,2010(10):60-62.

[171]柳延延.现代人的精神追求[J].上海师范大学学报(社会科学版),2001(3):22-30.

[172]冯建军.生命教育实践的困境与选择[J].中国教育学刊,2010(1):35-38.

[173]薄存旭.儒家视阈下现代生命教育的实施路径[J].山东社会科学,2011(2):54-58.

[174]陈飞.论思想政治教育与生命教育的契合[J].思想教育研究,2011(11):22-25.

[175]徐秉国.英国的生命教育及启示[J].教育科学,2006(8):84-87.

[176]梅萍.生命的意义与德育的关怀[J].高等教育研究,2005(10):73-77.

[177]于伟.终极关怀教育与现代人"单向度"性精神危机的拯救[J].东北师大学报(哲学社会科学版),2001(1):92-98.

[178]包爱民,斯瓦伯.自杀和生命的意义:来自脑科学研究的解读[J].浙江

大学学报(人文社会科学版),2015(4):109-120.

[179]佘双好,"90后"大学生价值观念发展特点的多元透视[J].青年探索,2013(2):5-10.

[180]梅萍,宋增伟.90后大学生生命意识与人生态度的调查报告[J].国家教育行政学院学报,2015(9):70-76.

[181]潘明芸,吴新平.大学生生命观调查及对高校大学生生命教育的思考[J].思想政治教育研究,2012(2):129-133.

[182]祖嘉合.试论"90后"大学生理想信念教育的高层引领[J].教学与研究,2011(4):10-13.

[183]胡可涛.汶川地震与生命教育[J].郑州大学学报(哲学社会科学版),2009(1):12-13.

[184]靳凤林.让生命价值铭刻为民族记忆:汶川大地震中的生死伦理[J].郑州大学学报(哲学社会科学版),2009(1):10-11.

[185]申明.发展人的"类"精神:当代教育的神圣使命[J].求索,2002(5):127-129.

[186]陈新汉.论人生价值[J].山东社会科学,2010(11):16-21.

[187]郑永廷.当代青年的历史责任与崇高使命:学习胡锦涛总书记在庆祝中国共产党成立90周年大会上的讲话[J].思想理论教育,2011(9):4-9.

[188]刘建军.习近平理想信念论述的历史梳理与理论阐释[J].河海大学学报(哲学社会科学版),2015(3):1-8.

[189]陈纬,马震越.意义情境的营造:大学生种子教师生命教育模式的探索[J].教育发展研究,2017(A1):29-31.

[190]朱小曼,王平.在职场中生长教师的生命自觉:兼及陶行知"以教人者教己"的思想与实践[J].南京师大学报(社会科学版),2017(3):67-74.

[191]冯刚.论青年全面发展与青年教育[J].国家教育行政学院学报,2018
(2):3-9.

[192]吴云志.习近平青年理想信念重要论述研究综述[J].思想理论教育导
刊,2019(9):145-150.

[193]骆郁廷."小我"与"大我":价值引领的根本问题[J].马克思主义研究,
2019(12):64-74.

[194]骆郁廷.新时代大学生成长预期的调适[J].马克思主义与现实,2019
(4):179-185.

[195]刘慧.让生命回到教育的主场[J].人民教育,2020(7):28-31.

[196]谷照亮,林伯海.重大疫情应对中促进大学生成长成熟的方式方法初
探[J].思想教育研究,2020(4):59-63.

[197]陈红敏."00后"大学生个人奋斗的特点与启示[J].中国青年社会科
学,2020(4):103-110.

[198]王海建."00后"大学生的群体特点与思想政治教育策略[J].思想理论
教育,2018(10):90-94.

[199]骆郁廷.时代新人与家国情怀[J].马克思主义与现实,2020(2):
174-180.

[200]冯刚,王莹.习近平总书记关于时代新人重要论述的基本内涵与时代
特征[J].湖南大学学报(社会科学版),2021(1):1-7.

[201]一个有远见的执政党,是这样关注青年:学习习近平总书记给北京大
学援鄂医疗队全体"90后"党员的回信有感[N].中国青年报,2020-03-
24(1).

[202]沈壮海.为伟大民族精神注入不竭青春能量[N].光明日报,2018-05-
29(11).

[203]中共中央国务院印发《关于加强和改进新形势下高校思想政治工作的
意见》[N].光明日报,2017-02-28(1).

［204］习近平.把思想政治工作贯穿于教育教学全过程　开创我国高等教育事业发展新局面［N］.人民日报,2016-12-09(1).

［205］习近平.在知识分子、劳动模范、青年代表座谈会上的讲话［N］.人民日报,2016-04-30(2).

［206］习近平.青年要自觉践行社会主义核心价值观:在北京大学师生座谈会上的讲话［N］.人民日报,2014-05-05(2).

［207］REDSAND V F. A life worth living ［M］. New York:Clarion Books,2006.

［208］STEGER M F,FRAZIER P,OISHI S,et al. The meaning in life questionnaire:assessing the presence of and search for meaning in life［J］. Journal of counseling psychology,2006,53(1):80-93.

［209］CLARK V. Death education in the United Kingdom［J］. Journal of moral education, 1998,27(3):393-400.

附　　录

当代大学生生命价值取向的调查问卷

亲爱的同学:

　　您好! 为了更深入了解大学生的生命价值取向情况,为当代大学生生命价值教育提供第一手资料,我们邀请您参与此项调查。问卷采取不记名方式,您所填答的资料仅用于统计研究,期待您真实完整地填写问卷,对于您的回答我们将严格保密。

感谢您对本次调查的支持!

2016 年 3 月

　　请您在合适的选项上打钩:

　　1.您的年级:①大学一年级　　②大学二年级

　　　　　　　　③大学三年级　　④大学四年级

　　2.您的专业类别:①文科　②理工科　③艺术体育类　④其他

　　3.您的性别:①男　②女

一、单选题

1.您对大学生活的感受是什么?

①时好时坏,说不清楚　　　　②生活迷茫,前景暗淡

③生活平淡,内心乏味　　　　④丰富多彩,充满希望

2.对于您现在的生活状态,您大部分时间觉得如何?

①空虚、无聊、没有意思　　　　②充实、有趣、有活力

③一般,不太满意但还可以改变

3.您觉得每一天:

①单调、枯燥　　　　②生活内容偶尔有些变化,时而有趣,时而无聊

③都是崭新的,让人期待

4.在哪种情况下您觉得自己的生命最有意义?

①被别人需要的时候　　　　②实现了自我的人生目标时

③赚了很多钱的时候　　　　④使父母能够安享晚年的时候

⑤其他

5.您是否对生命及生命价值进行过深入的思考?

①经常思考　②偶尔思考　③很少思考　④没有思考

6.您认为生命的价值主要体现在哪个方面?

①自我价值　　　　②生命的社会价值

③社会对生命的尊重与满足　④其他

7.您认为生命的价值主要取决于:

①生命存在本身　②生命的社会价值

③拥有财富的多少　④社会地位的高低　⑤其他

8.在选择职业时,您认为最重要的择业标准是什么?

①工作岗位有广阔的发展前景　②可观的收入

③较为稳定和轻松,生活有保障　④单位适合自我的发展

⑤无标准,找到工作就行

9.如果您身边有大学生自杀,您对自杀的态度是什么?

①自杀是对家人和社会不负责任的行为

②自杀不应该,太可惜

③要具体问题具体分析

④自杀是痛苦的解脱和解决问题的一种方法

10.您认为人生的理想信念与生命价值的实现有关吗?

①没有关系　　　　　　　②关系不大

③理想信念是人的精神依托,一定有关系

④理想是变化的,未必有关系

11.您认为下列哪些东西最能体现您的生命价值?

①幸福美满的家庭　②健康的身体　　　　③拥有的财富

④权力的大小　　　⑤有较高的社会地位　⑥其他

12.在日常生活中,您关注最多的是什么?

①找到理想的工作　　　　②择业能力的提升

③保持愉快的心情　　　　④怎样拥有更多的财富

⑤其他

13.在日常聊天和谈话中,您和父母讨论最多的话题是:

①学习成绩　　　　　　　②未来的择业问题

③学习生活压力　　　　　④人际关系状况

⑤身体健康状况　　　　　⑥其他

14.在大学生活中,您主要做了什么?

①考取各种资格证书　　　②提高交往能力,增加就业砝码

③思考生命意义　　　　　④强身健体

15.目前,以下哪些是您的人生理想?

①帮助他人、奉献社会、服务人民　②个人发展、事业成功、家庭幸福

③说不清　　　　　　　　　　④在为社会服务中提升自我

16.目前,您正在寻找某种使生活有意义的事情吗?

①是　②不确定　③不是

17.当您遇到严重的挫折或者压力时,您是否有过自杀的念头?

①没有　②很少有　③偶尔有　④经常有

二、多选题

18.在大学生活中,您考虑最多的问题是什么?(选三项并排序)

①身体的健康　　②提升择业能力　　③赢得他人的认可与喜欢

④取得好的成就　　⑤每天心情愉快　　⑥做兼职挣钱

⑦父母的近况

19.您认为人生成功的标志是什么?(选三项并排序)

①拥有较高的社会地位　　　　②实现自我人生价值

③对社会有较大贡献　　　　④经济收入可观

⑤人生境界高远

20.您认为如何才能实现生命的价值?(选三项并排序)

①在为他人和社会服务中完善自我　②为自己及家人谋得名利

③实现自己的理想　　　　　　④让我所爱的人幸福　　⑤其他

21.下列哪些选项是您所认可的人生理想内容?(选三项并排序)

①拥有理想的职业　　　　　　②履行肩负的责任

③用艺术创作给他人带来美的享受　④拥有财富

⑤发现和创造新事物　　　　　⑥让家人幸福快乐

22.您的人生理想主要是由什么决定?(选三项并排序)

①社会的需要　　②自己的兴趣爱好　　③榜样的示范

④父母的决定　　⑤利益方面的影响　　⑥师友的建议

⑦其他(请注明)

　　本次问卷调查面向上海、武汉、杭州和嘉兴四个地区的五所代表性高校（包括上海大学、上海政法学院、华中师范大学、浙江理工大学和浙江嘉兴学院），分别在 2016 年 3 月和 6 月共发出问卷 1000 份，回收 956 份，有效问卷 956 份，有效回收率达 95.6%。

附表　样本分布情况

单位：人

年级	性别		专业分类			有效问卷/份	共计
	男	女	文科	理工科	艺术体育类		
大学一年级	135	143	135	96	47	278	956 人，其中文科 404 人，占 42.3%；理工科 374 人，占 39.1%；艺术体育类 178 人，占 18.6%
大学二年级	120	107	80	102	45	227	
大学三年级	116	138	95	106	53	254	
大学四年级	104	93	94	70	33	197	

后　记

　　2014 年,我幸运地考入上海大学攻读博士学位,来到上海这座充满创新活力、令人无限向往的大都市,走进上海大学这所被誉为"武有黄埔(军校)、文有上大"的著名学府。至今还记得第一次见导师时的情景,我们散步在美丽的校园里,她告诫我:三年转瞬即逝,如果能够把自己以前专业的所学所得与思想政治教育这个专业相结合,将有助于发挥自身的独特优势,促进自我成长,要规划好求学生涯。导师的一席话犹如一盏明灯,为我指明了前行的方向。至今还记得第一次在上海大学上课时的情景,60 多岁的陈老先生为我们仔细讲述自我的学术成长和心路历程,他告诫我们:读博就是"修炼",要坚定信念。可以说,在上海大学求学的三年,是我生命中令人难忘、美好的三年。在这里,我领略了女教授的风采,感受到学者的风范,接受了学术的熏陶,也对思想政治教育专业和马克思主义理论学科有了更深的认识,增强对学科的自信。

　　博士毕业后,我来到嘉兴学院工作。作为一名高校教师,我一直在思索:如何更加有效地开展大学生生命价值教育? 如何寻求有效教育路径? 回首确定选题、进行写作的辛苦历程,至今我仍然感慨良多。确定选题之前,我两次参加前几届学长的开题报告会,希望从中汲取经验和教训,少走弯路。然而,博导们多次提及"问题意识",听完开题报告后,我却更迷茫了,不知道该选择什么样的主题研究才更具有问题意识、现实意义。围绕"问题意识",我苦思冥想,当时的心境用"急"字都无法形容,导师问我:"你最近在读什么书? 做读书笔记了吗?"一语惊醒"梦"中的我,实际上我当时正在安心读书,一是精读《马克思恩格斯选集》,查找关于"人"的论述,有些地方还一知半解;二是品读刘济良教授的《生命教育论》,感受生命的神奇力量。于是,我的选题范围基本敲定。接下来,我按部就班地看书,收集资料,写读书笔记,有条不紊地推进研究计划。开题之后,我初步拟定看似详细的写作计划。但是,随着资料的收集、消化和思考的深入,我发现现实完全不是我所想象的那样,我几次下笔才写二三百个字,又停下,不知道如何展开,思维受阻。那时我深刻地体会到什么叫"书到用时方恨少"。几年来,我无数次在城市间匆匆行走,在无数个节假日静享寂寞,有过困惑、迷茫,但经过知识的积累,也体验到了不断求索而顿悟的喜悦。这段历练思想与灵魂的日子,承载着我无尽的感激之情。

本书的研究凝结着多位专家和教授的大量智慧和汗水。首先,感谢我的导师宁莉娜教授,能够拜师于她门下是我的荣幸。几年来,恩师严谨的治学态度、孜孜不倦的敬业精神、高尚的人格品质深深感染着我,使我既探寻了知识的奥秘,又学会了做人的道理。从确定选题到开篇布局再到整体架构,整个过程都记录了恩师的辛苦付出;从读书笔记到学术会议,导师每次的指导与点评都令我茅塞顿开;从办公室谈话到书稿修改,导师每次的点拨与匡正都令我醍醐灌顶,尤其是在我面临困难而苦闷、徘徊时,恩师多次在学校景色宜人的夜空下,为我指点迷津,给予我前行的力量,我才能从"山重水复疑无路"走向"柳暗花明又一村"。可以肯定地说,导师独特的人格魅力必将影响我的一生! 其次,感谢上海大学社会科学学部的王天恩教授、陈新汉教授、刘铮教授、张丹华教授、陶倩教授、吴德勤教授、欧阳光明教授,他们用学术智慧引领和感染我,用独到的学术见解为我的研究提出宝贵的意见,本书初稿的完成才变得更加顺利。在此谨向各位老师表达真诚的谢意! 再次，感谢中国陶行知研究会生命教育专业委员会副理事长、大学生命教育联盟召集人、浙江传媒学院的何仁富教授、汪丽华教授，他们是生命教育研究和实践的专家，曾多次提出中肯意见和指导，他们的不吝赐教使我获得生命成长！感谢浙江嘉兴学院的康文龙教授、浙江丽水职业技术学院的吴地花教授，他们给我莫大的鞭策和鼓励！最后，还要感谢为本书提出宝贵意见的各位专家。上海社会科学院胡振平教授、复旦大学顾钰民教授、上海师范大学何云峰教授在百忙之中认真审读并给予全面评析。感谢浙江省哲学社会科学规划课题的评审专家对《当代大学生生命价值教育研究》的认可！

在本书即将出版之际，我要特别感谢一直以来支持我的父母和亲人，他们的期盼与鼓励，让我在漫长的枯燥学习中坚持下来，这种浓浓的亲情，让我难以忘怀，对他们的感激之情无以用语言来表达，唯有努力工作和生活才是感恩的最好表现。我将在实践中努力为之。在此，我对本书撰写过程中诸多前人的成果和观点，深表谢意。最后，还要感谢浙江大学出版社的陈静毅编辑为本书出版付出的辛苦劳动。

由于作者学识水平有限，书中不当之处在所难免，还请各位专家、学者批评指正。

蒋少容

于浙江嘉兴南湖之畔

2021 年 9 月